S A G G I   G I U N T I

PSICOLOGIA

Dariusz Dolinski
Tomasz Grzyb

100 tecniche efficaci di persuasione sociale

Come portare le persone dalla nostra parte

GIUNTI

Traduzione di *Francesca Barbanera*

Titolo originale:
100 Effective Techniques of Social Influence: When and Why People Comply

Traduzione autorizzata dell'edizione in lingua inglese pubblicata da Routledge, un marchio di Taylor & Francis Group.

www.psicologia.io
www.giuntipsy.it
www.giunti.it

via Fra' Paolo Sarpi 7/A, 50136 Firenze – Italia

Prima edizione: gennaio 2024

MISTO
Carta da fonti gestite in maniera responsabile
FSC® C005461
www.fsc.org

Stampato presso Rotolito S.p.A. – Pioltello (MI)

Indice

Prefazione all'edizione italiana degli Autori

L'Italia è conosciuta in tutto il mondo per molte ragioni diverse. La prima, naturalmente, è il cibo: pizza, pasta, salumi e formaggi di qualità eccellente... Ma l'Italia è rinomata anche per i suoi monumenti unici, per la sua storia straordinaria e per i suoi paesaggi spettacolari. Tuttavia, c'è un'altra eccellenza italiana che forse non viene sempre ricordata tra le prerogative di questo Paese, ma che è molto importante per alcune persone, ed è il settore delle auto sportive. Tutti conoscono la feroce rivalità tra "il cavallino rampante" e "il toro", ossia tra la Ferrari e la Lamborghini. Forse vi sorprenderà sapere che questa inimicizia non sarebbe mai esistita se non fosse per uno dei principi fondamentali dell'influenza sociale: il *principio di scarsità*.

Molti italiani probabilmente conoscono già questa storia, ma la riassumeremo brevemente in modo che i lettori possano rendersi conto di come viene percepita fuori dal loro Paese. Fondare una casa d'auto di lusso non era mai stata l'intenzione di Ferruccio Lamborghini. Ferruccio nacque in Emilia Romagna nel 1916, in un periodo molto difficile della storia italiana. I suoi genitori erano viticoltori; Ferruccio li aiutava nei campi, ma il suo vero interesse non erano le vigne, bensì le macchine utilizzate per coltivarle. La sua passione non passò inosservata e Ferruccio si iscrisse alla Facoltà di Ingegneria meccanica dell'Università di Bologna. Dopo la laurea in Ingegneria, si arruolò nell'esercito e, una volta terminata la seconda guerra mondiale, partecipò alla ricostruzione del suo Paese. In questo periodo, realizzò che l'Italia aveva bisogno di un'industria agraria più moderna, così iniziò a produrre trattori. Nel giro di dieci anni la sua ditta, la Lamborghini Trattori, si affermò come la più grande azienda produttrice di trattori in Italia e una delle più importanti anche a livello mondiale.

La vera passione di Ferruccio, però, erano sempre state le auto e, nel tempo, ne aveva acquistate parecchie. Il suo interesse riguardava soprattutto le auto sportive, e in particolare quelle prodotte dalla Ferrari. Nel 1958 Ferruccio acquistò una Ferrari 250 GT e si recò a Modena per ritirarla personalmente. Negli anni successivi, ampliò la sua collezione, aggiungendo una Ferrari 250 SWB Berlinetta, una 250 GT 2+2 e altri 250 modelli di serie. Anche se amava molto queste auto, spesso le criticava aspramente, sostenendo che avevano buone prestazioni solo su pista, che gli interni erano sgradevoli e che i modelli avrebbero potuto essere migliorati con qualche semplice modifica al design. Un giorno Ferruccio visitò lo stabilimento di produzione Ferrari, dove offrì i suoi suggerimenti agli ingegneri presenti affinché potessero risolvere i problemi da lui segnalati. Sperava anche di essere ricevuto da Enzo Ferrari per discuterne di persona con lui, ma l'incontro non avvenne. Tempo dopo, scoprì che Enzo non aveva voluto incontrarlo intenzionalmente in quanto – sue affermazioni – non era interessato ad accettare consigli da un «produttore di trattori». Proprio in quel momento le regole dell'influenza sociale produssero il loro effetto: se mi dici che una certa cosa non fa per me, che non mi riuscirà o che non è alla mia portata, questa cosa diventerà straordinariamente interessante e desiderabile ai miei occhi.

E quale fu la reazione di Ferruccio? Decise di aprire una casa automobilistica tutta sua, che producesse auto migliori, più veloci e più lussuose di quelle realizzate da Ferrari. Così, nel 1963 nacque la Automobili Lamborghini. Il successo dell'azienda nel corso del tempo fu altalenante: si alternavano periodi floridi a momenti di difficoltà, ma la casa produceva sempre auto sportive straordinarie. Se non fosse stato per l'orgoglio ferito di Ferruccio Lamborghini di fronte all'idea di non essere considerato all'altezza di quel compito, non avremmo avuto modelli come la Gallardo, la Murciélago, la Aventador o la Huracán. Il successo di questo marchio è evidente anche nella sua popolarità attuale: durante la prima mondiale della Lamborghini Revuelto (modello sostitutivo della Aventador) sono state vendute tutte le unità previste in produzione per i due anni successivi!

Ad essere sinceri, gli autori di questo libro non guidano una Lamborghini, anche se i figli di uno dei due giocano spesso con i modellini del marchio. Anche noi, però, abbiamo un episodio personale riguardo all'Italia e alle tecniche di influenza sociale. Una decina di anni fa, uno di noi trascorse le vacanze sul mare Adriatico, nella caratteristica cittadina di Caorle. Mentre era a passeggio per il centro con la moglie, entrò in un negozio che vendeva bigiotteria e souvenir. «Da dove venite?» chiese il commerciante, sentendo una lingua straniera. «Dalla Polonia» risposero lui e la moglie. «Oh! La Polonia!» esclamò allegramente l'uomo dietro il bancone, felice come se avesse appena trovato 500 euro per strada. Si tratta di un trucchetto semplice e, a dire il vero, fin troppo abusato dai commercianti in presenza dei turisti: ti comunico che ti apprezzo, perciò ricambia il mio apprezzamento e compra un sacco di cose nel mio negozio. Tuttavia, come i nostri protagonisti stavano per scoprire, l'uomo aveva solo iniziato a tessere la sua tela di ragno esperto, ma la parte migliore doveva ancora venire. Ecco cosa aggiunse: «Mi piacciono i polacchi perché i turisti degli altri Paesi girano per il negozio e fanno mille domande senza comprare niente, invece i polacchi, quando entrano, comprano sempre qualcosa!». E quindi, dato che i coniugi erano polacchi, dovevano assolutamente comprare qualcosa.

Siamo sicurissimi che, se i visitatori fossero stati giapponesi, i presunti turisti che compravano sempre qualcosa sarebbero stati giapponesi e che, se i due fossero stati francesi, allora sarebbero stati i turisti francesi a non uscire mai dal negozio a mani vuote. Un trucco semplice che evidentemente dava buoni frutti. «E a noi piace entrare nei negozi italiani» rispose il nostro protagonista. «Perché?» chiese l'uomo. «Perché quando entro da turista nei negozi degli altri Paesi e non compro niente, i commercianti mi guardano con aria seccata, mentre qui in Italia hanno sempre il sorriso sulle labbra e sono gentili anche se la visita non si conclude con un acquisto». A queste parole, l'uomo scoppiò a ridere. «Questa è buona!» esclamò. «Venga, le offro un bicchiere di vino!». Quella bevuta decretò l'inizio di una bella amicizia italo-polacca.

Speriamo di poter instaurare un'altra bella amicizia italo-polacca attraverso le pagine che seguono. Noi autori ne saremmo davvero felici. Buona lettura!

Dariusz Dolinski
Tomasz Grzyb

Introduzione

Oltre ad essere psicologi e autori di questo libro, ogni tanto entrambi partecipiamo a eventi sociali in cui chiacchieriamo di football, politica o letteratura con le nuove conoscenze. Parlare del tempo non ci piace ma a volte, quando qualcuno porta la conversazione su questo argomento, il problema delle temperature troppo basse o troppo alte, o delle precipitazioni scarse o abbondanti diviene il tema centrale di conversazioni cortesi ma terribilmente banali. Tuttavia, prima o poi, è inevitabile restare a corto di argomenti "neutri" e incappare in un momento di silenzio imbarazzante. È a questo punto che uno dei due interlocutori manifesta interesse per l'occupazione dell'altro. «Dimmi, che lavoro fai?» ci sentiamo domandare. La risposta "Sono uno psicologo» provoca una reazione immediata, che noi chiamiamo "l'effetto inverno russo». Il nostro interlocutore indietreggia di qualche passo e ci guarda con un misto di incredulità e terrore. Infine, dopo un momento di silenzio (che si può protrarre anche per qualche decina di secondi), riesce a ritrovare la calma e replica con la seguente osservazione, che vuole essere quasi una domanda: «Allora ci avrai osservato e analizzato tutti questa sera». Naturalmente, ci affrettiamo a spiegare che, proprio come gli altri invitati alla festa, anche noi siamo lì solo per gustarci un buon vino o della vodka, chiacchierare, fare qualche battuta o ridere delle battute degli altri e che non ci passa neanche per la testa di provare ad analizzare la personalità dei presenti. Purtroppo nessuno ci crede. È infatti risaputo che, anche quando bevono vodka e chiacchierano del più e del meno, gli psicologi sono costantemente impegnati in complesse osservazioni finalizzate a elaborare diagnosi a partire da indizi che le persone comuni non sono in grado di cogliere e di comprendere. Ok. Ora che è tutto chiaro, possiamo cambiare argomento.

Ma va davvero così? Nient'affatto! In realtà la parte peggiore deve ancora venire. Il nostro interlocutore, cercando di essere gentile, ci dice: «Immagino che avrai tanti pazienti in questi tempi così difficili» (c'è da dire, come nota a margine, che i tempi sono sempre difficili in questo genere di conversazioni; l'unica cosa che cambia è la causa: a volte è la recessione economica, altre volte un boom che ha esacerbato la concorrenza tra le aziende e aumentato la pressione sui dipendenti, altre ancora una pandemia da coronavirus, ma nella maggior parte dei casi è piuttosto difficile stabilire quale sia la fonte dei problemi. Questi discorsi ci ricordano una vignetta satirica pubblicata sul *The New Yorker* dove un uomo dice a un altro: «A quanto pare siamo in un periodo di crisi, ma come mai nessuno mi ha avvisato quando eravamo in un momento favorevole?»). A questo punto, ci troviamo costretti a precisare che non ci occupiamo di pratica clinica e di psicoterapia. «Ah no?» risponde con sorpresa l'interlocutore, come se non l'avesse mai sfiorato il pensiero che uno psicologo potesse fare altro. «E allora cosa fai?» chiede. Gli spieghiamo con gentilezza che siamo psicologi sociali e che da diversi anni ci occupiamo di tecniche di influenza sociale. E questo è il passo che segna definitivamente la nostra rovina. Il nostro nuovo conoscente ha già capito che ce ne stiamo chiusi in un laboratorio sotterraneo dell'università a cercare nuovi metodi per manipolare gli altri, modificare la loro personalità, fargli il lavaggio del cervello e indurli a prendere decisioni che non si sarebbero mai sognati in vita loro. Noi proviamo a spiegargli che cosa sia la psicologia sociale "a ciclo completo", ma a questo punto l'altro ha ormai smesso di ascoltare.

Per fortuna, in questa sede possiamo spiegare in maniera chiara e metodica il concetto di *psicologia sociale a ciclo completo*. Uno psicologo specializzato in tecniche di influenza sociale che tenta di scoprire qualcosa di interessante, raramente inventa nuove tecniche di influenza sociale di sua iniziativa. Il suo lavoro consiste, più che altro, nell'osservazione delle strategie utilizzate dalle persone che, a causa della professione che svolgono o del ruolo sociale che ricoprono, sono particolarmente brave a influenzare gli altri (come ad esempio, gli accorgimenti adottati dai concessionari d'auto che vendono più degli altri, dalle cameriere che ricevono mance più alte delle colleghe, dai politici che riescono a convincere gli interlocutori a votarli o dai dialogatori delle associazioni benefiche che sono dei veri maestri nell'ottenere donazioni per una nobile causa). La principale domanda che uno psicologo esperto di influenza sociale si pone dopo tali osservazioni riguarda la reale efficacia di queste strategie. È davvero la strategia in questione a incrementare le vendite del concessionario o forse gli aspetti davvero determinanti sono la location, l'ampia scelta di vetture disponibili e il fatto che i clienti possono effettuare una prova su strada senza prendere appuntamento? E lo stratagemma utilizzato dalla cameriera ogni volta che consegna il conto ai suoi clienti è davvero efficace come sembra oppure il fatto che è una bellissima ragazza è l'unico e il solo fattore a determinare l'entità delle sue mance? Il dialogatore dell'associazione benefica ha davvero un asso nella manica che spinge i suoi interlocutori a chiedere i dati bancari dell'associazione per fare una donazione oppure ispira un senso di affidabilità tale che le persone decidono di sborsare dei soldi solo perché sentono di potersi fidare di lui (e solo di lui)? In che modo possiamo verificarlo? Chiedendo a queste persone come fanno a sapere che le loro strategie funzionano davvero? Contrariamente a quanto si potrebbe pensare, questa non è una buona idea. Le persone appena descritte potrebbero essere così sicure dell'efficacia dei loro metodi che, con ogni probabilità, non hanno mai provato a scoprire cosa accadrebbe se non li utilizzassero (del resto si tratta di un atteggiamento più che logico: se una certa cosa si è dimostrata efficace, perché dovrei smettere di farla?). Soprattutto, però, potrebbero non sapere che ricorrere a questo genere di "trucchetti" aumenta il livello di fiducia verso l'efficacia delle proprie azioni e, di conseguenza, questo porta la persona a comportarsi in maniera leggermente diversa da come farebbe in una situazione in cui non utilizza tali strategie. C'è anche un altro aspetto molto importante da considerare: il fatto che una tecnica sia efficace quando viene utilizzata da una certa persona non significa automaticamente che funzionerà anche quando viene impiegata da qualcun altro. A causa di tutti questi fattori, lo scambio di idee con chi pratica l'influenza sociale è solo il punto di partenza per elaborare altri metodi di verifica della reale efficacia di una determinata tecnica di influenza sociale.

E allora cosa dovremmo fare? La migliore soluzione in assoluto è quella di verificare la reale efficacia di una tecnica di influenza sociale attraverso esperimenti meticolosamente pianificati.

Prima di approfondire questo tema, però, dobbiamo sfatare un mito molto diffuso: sì, è vero, noi ricercatori conduciamo degli "studi sulle persone", ma questo non significa che ci trasformiamo in diabolici dottor Frankenstein che testano i limiti della resistenza al dolore o tentano di ipnotizzare le persone affinché eseguano i loro ordini, come il Golem di Praga delle leggende ebraiche. I nostri esperimenti sono concepiti in modo tale che i soggetti osservati non si rendano nemmeno conto di aver dato un contributo alla scienza. In altre parole, il nostro obiettivo, nella maggior parte dei casi, è quello di creare un contesto che si avvicini il più possibile alle situazioni che tutti viviamo nella nostra quotidianità. Vediamo come avviene questo processo attraverso un esempio.

Di solito, il nostro punto di partenza è un evento che ci lascia interdetti o meravigliati; generalmente, quindi, parte tutto da una circostanza specifica vissuta da uno dei due. Ad esempio, potrebbe trattarsi (ed è una storia vera) dell'incontro con un venditore porta a porta di un dispositivo per la depurazione dell'acqua corrente. Un giorno, questo venditore suonò il campanello di uno degli autori e chiese di presentare il suo prodotto. La verità è che entrambi troviamo a dir poco oltraggiosa l'idea di bere dell'acqua depurata, non certo perché preferiamo l'acqua contaminata, ma perché approviamo con convinzione il proverbio bavarese secondo cui bere acqua è solo uno spreco di risorse naturali preziose. L'acqua, infatti, è una materia prima essenziale per la produzione della birra, perciò berla è un vero e proprio spreco di risorse fondamentali. Tuttavia, per noi il confronto con una persona che utilizza l'influenza sociale è sempre una buona occasione per osservare nuove tecniche (o nuove versioni di quelle che conosciamo già), perciò un attimo dopo il venditore era già seduto sul divano di casa e stava presentando il dispositivo e tutte le sue funzioni. Naturalmente, si trattava di un prodotto americano costruito con componenti prodotte in Giappone e, neanche a dirlo, veniva utilizzato in una stazione spaziale internazionale; inoltre, conteneva elementi in oro puro («Del resto, con l'oro non si sbaglia mai»). Fino a quel punto, le argomentazioni del venditore non avevano nulla di nuovo né di sorprendente. A un certo punto, però, sfoderò un commento che non poteva passare inosservato: «Voglio essere sincero: la gente comune non compra questo prodotto perché non lo capisce, ma si vede subito che lei è una persona di un certo livello».

Avviso di spoiler: nessuno dei due ha acquistato un dispositivo magico per la depurazione dell'acqua. Tuttavia, qualche giorno dopo abbiamo preparato un esperimento finalizzato a verificare se sottolineare "l'eccezionalità" o "l'unicità" della persona a cui ci rivolgiamo influisce sulla sua disponibilità ad accordare una richiesta. Abbiamo predisposto il materiale per un'attività impegnativa che richiedeva molto tempo (la nostra intenzione era quella di scoraggiare la maggior parte dei soggetti dall'accettare la nostra richiesta). L'attività consisteva nel partecipare a un sondaggio che conteneva ben 248 domande, da proporre alle persone che si trovavano alle fermate dei mezzi pubblici. Eravamo certi (e non ci sbagliavamo) che, proponendo un'attività così impegnativa in simili circostanze, avremmo ricevuto un rifiuto da gran parte dei soggetti interpellati. Abbiamo quindi elaborato due messaggi diversi da utilizzare. Il primo, destinato al cosiddetto gruppo di controllo, era un messaggio standard che non faceva uso della tecnica utilizzata dal venditore porta a porta. Questo era il testo: «Buongiorno, posso chiederle un favore? Sono uno studente di psicologia e devo condurre uno studio per ottenere i crediti di uno dei corsi che seguo. Questo è un sondaggio di 248 domande. Potrebbe aiutarmi rispondendo a tutte le domande?».

L'altro messaggio era formulato in maniera molto simile; la prima parte era identica, ma poi, alla fine, c'era una frase in più: «Oggi stiamo raccogliendo le risposte delle persone con un'intelligenza sopra la media e lei sembra appartenere a questa categoria».

Una volta costruiti i messaggi, potevamo iniziare a pianificare l'esecuzione dell'esperimento. Innanzitutto, dovevamo determinare il numero di soggetti da testare. Preferiamo risparmiarvi la spiegazione di nozioni come la dimensione dell'effetto, la potenza statistica di un esperimento o la significatività statistica; vi basti sapere che, se i ricercatori vogliono ottenere dei risultati che vengano considerati applicabili alla popolazione generale, devono eseguire l'esperimento su una quantità sufficiente (ma non eccessiva!) di persone. Nel nostro caso, stabilimmo che il numero di soggetti da testare era 1060.

Sapevamo già dove condurre l'esperimento (alle fermate dei mezzi pubblici), in che modo testare i soggetti (attraverso i messaggi già elaborati) e quanti soggetti esaminare (1060). Restava ancora un aspetto da chiarire: a che genere di soggetti ci rivolgevamo? Si deve tenere presente che, quando i risultati di uno studio vengono analizzati, spesso emerge la seguente domanda: «È possibile che il gruppo sperimentale comprendesse degli individui fuori dalla norma?». Si tratta di una questione importante perché, se così fosse, l'intero esperimento sarebbe privo di validità. È proprio per evitare che si verifichi una simile eventualità che si utilizza la randomizzazione, ossia la selezione casuale dei soggetti (la cosiddetta randomizzazione di primo livello), nonché l'assegnazione causale dei soggetti al gruppo sperimentale e al gruppo di controllo (randomizzazione di secondo livello). Attraverso un software che utilizza i numeri casuali, abbiamo preparato le istruzioni per gli assistenti dei ricercatori (ossia, coloro che sarebbero andati alle fermate dei mezzi pubblici a chiedere aiuto ai passanti). Nelle istruzioni, si stabiliva chi doveva essere testato e a quale gruppo quel particolare individuo andava assegnato; il concetto importante da tenere presente è che l'intero processo avveniva in maniera del tutto casuale. In questo modo, avremmo ottenuto due gruppi con soggetti molto simili.

Fatto questo, abbiamo raccomandato ai nostri assistenti di formulare le domande sempre nello stesso modo e li abbiamo "sguinzagliati". Se tutto fosse andato secondo i piani, presto avremmo potuto esaminare i risultati. Questo è sempre il momento più elettrizzante di un esperimento. Il professor Andrzej Szmajke, nostro stimatissimo collega prematuramente scomparso, diceva sempre: «Non sei un vero ricercatore se non ti metti subito a fare i calcoli quando ricevi un'e-mail che contiene dei dati». E infatti abbiamo iniziato a fare i nostri calcoli appena possibile. Quali sono stati i risultati? Nel gruppo di controllo, più dei 2/3 dei rispondenti si era rifiutato di completare il sondaggio e solo il 32.3% aveva acconsentito. Nel gruppo sperimentale (cioè quando cercavamo persone "particolarmente intelligenti"), invece, più del 50% dei rispondenti avevano accettato di rispondere al sondaggio! La percentuale esatta era il 51.8% dei soggetti. La differenza era statisticamente significativa e la dimensione dell'effetto era ridotta ma chiara (il cosiddetto phi = 0.22). Di conseguenza, i risultati ci hanno consentito di concludere che l'effetto esiste realmente e non è di natura accidentale.

Qual era lo step successivo, a quel punto? Quando un esperimento conferma l'efficacia della tecnica oggetto di studio (come nel caso menzionato), il passo seguente è spiegare le ragioni per cui essa produce l'effetto desiderato nelle persone. Per far questo, utilizziamo le nostre conoscenze di psicologia e varie teorie che spiegano i meccanismi alla base del comportamento umano. La correttezza di queste spiegazioni deve poi essere verificata empiricamente; si deve quindi ricorrere di nuovo alle valutazioni empiriche per confermare o rifiutare le spiegazioni teorizzate. Inoltre, grazie alla quantità di ricerche ormai svolte a questo punto del processo, siamo in grado (in parte involontariamente) di ampliare le nostre conoscenze circa le condizioni di efficacia della tecnica in questione, ossia, possiamo stabilire in quali situazioni e con che genere di persone la tecnica è particolarmente efficace, in quali situazioni la sua efficacia diminuisce e in quali condizioni può perdere del tutto il suo potere. Solo a questo punto la tecnica entra a pieno titolo nella sfera del sapere psicologico e, di conseguenza, diviene uno strumento di comprovata utilità per chi ne fa uso.

Da dove viene, quindi, l'espressione "psicologia sociale a ciclo completo"? Questa definizione è stata coniata da un vero guru dell'influenza sociale, il professor Robert Cialdini (1980) della Arizona State University, autore di innumerevoli e brillanti studi sulle tecniche di influenza sociale, oltre che di diversi best-seller che trattano lo stesso argomento. Una tecnica di influenza sociale "nasce" nella vita sociale reale e viene applicata dalle persone in determinate situazioni (ad esempio, allo scopo di vendere auto o assicurazioni sulla vita). Gli psicologi osservano le persone che utilizzano la tecnica in questione e ne verificano l'efficacia effettuando degli esperimenti; elaborano poi delle spiegazioni teoriche che chiariscano il meccanismo alla sua base, le verificano con ulteriori esperimenti di follow-up e descrivono gli esiti raggiunti e le indagini teoriche svolte negli articoli scientifici che pubblicano. A questo punto, le nuove conoscenze sulla tecnica in questione vengono diffuse: diventano oggetto di formazione e di corsi specialistici, oltre che di libri destinati a tutti coloro che ne fanno uso nella vita quotidiana. È solo in seguito a questo processo che il ciclo completo (della psicologia sociale) si può considerare concluso. La tecnica è apparsa in un contesto di vita reale, è divenuta oggetto dell'interesse degli accademici e poi è tornata alla sua applicazione pratica.

Anche il libro che state leggendo in questo momento rappresenta la conclusione di un ciclo come quello descritto. Vogliamo portarvi con noi in un viaggio intellettuale attraverso le tecniche di persuasione sociale. Per ogni tecnica, inizieremo dando delle informazioni generali, che serviranno da introduzione, poi parleremo di un solo studio empirico (selezionato dagli autori con la massima cura) che dimostra la sua efficacia e infine forniremo una spiegazione che chiarisce i motivi per cui la tecnica è efficace. Da qui viene il sottotitolo: *Come portare le persone dalla nostra parte*. Ci teniamo a precisare che, per ognuna delle tecniche descritte, forniremo solo la spiegazione prevalente nella letteratura psicologica o quella che riteniamo più corretta. Ci saranno sempre dei ricercatori in disaccordo con determinate argomentazioni e il dibattito sulle ragioni che giustificano l'efficacia di alcune tecniche non avrà mai fine. In questa sede, preferiamo non addentrarci in queste complesse (seppur appassionanti) dispute, perché esulano dallo scopo del libro.

Abbiamo chiarito quali sono le ragioni che giustificano il sottotitolo del libro, ma ora dobbiamo parlare del titolo: *100 tecniche efficaci di persuasione sociale*. La domanda più ovvia riguarda il numero 100. Dobbiamo ammettere che non c'è alcuna ragione logica per cui abbiamo scelto di descrivere esattamente 100 tecniche. A dire il vero, da un punto di vista puramente pragmatico, il numero 88 o il 104 sarebbero andati altrettanto bene. Abbiamo scelto una cifra tonda, ossia il 100, perché... colpisce di più. In matematica, 100 è un numero speciale: è la somma dei primi nove numeri primi (2 + 3 + 5 + 7 + 11 + 13 + 17 + 19 + 23) e il quadrato della somma dei primi quattro numeri naturali (1 + 2 + 3 + 4). La Bibbia narra che Abramo avesse 100 anni quando nacque suo figlio Isacco e che Re David abbia dovuto portare in dote a Saul 100 prepuzi di Filistei. Cento gradi Celsius è la temperatura di ebollizione dell'acqua e la linea di Kármán, che segna il confine tra l'atmosfera terrestre e lo spazio, è situata a un'altezza di 100 chilometri dalla Terra. In molti Paesi slavi, in varie occasioni, si usa augurare alle persone di vivere fino a 100 anni. Queste ragioni ci sembrano sufficienti (per quanto, in tutta sincerità, molto poco razionali) a dimostrare la natura magica del numero 100 e a giustificare la scelta di descrivere 100 tecniche di persuasione sociale in questo libro.

A questo punto ci si potrebbe chiedere: ma quante sono le tecniche di influenza sociale, in tutto? Onestamente, non conosciamo la risposta a questa domanda e non è possibile trovarla. Chi utilizza l'influenza sociale trova sempre nuove idee per portare gli altri a comportarsi in un certo modo. Allo stesso tempo, gli psicologi sociali verificano continuamente, attraverso esperimenti, se (quando e perché) queste tecniche funzionano davvero. In ogni caso, siamo ragionevolmente certi che i 100 esempi illustrati in questo libro comprendano (quasi) tutte le tecniche descritte fino ad ora dalla letteratura psicologica e verificate empiricamente. Se qualche tecnica rilevante è stata omessa, la mancanza non è frutto di una scelta intenzionale ma di un nostro errore.

Questo libro descrive solo quelle tecniche la cui efficacia è stata dimostrata da psicologi che hanno realizzato degli esperimenti. Alcune tecniche sono state testate dai sottoscritti in quanto – come abbiamo già detto – lavoriamo stabilmente in questo campo da diversi anni, ormai. Altre tecniche sono state verificate da colleghi di tutto il mondo, che a volte incontriamo a conferenze e seminari, mentre altre ancora sono state testate da professionisti che non abbiamo mai avuto l'occasione di conoscere personalmente. Va precisato che, sebbene la maggioranza delle tecniche di influenza sociale descritte siano sorte in un contesto di vita reale, alcune sono state inventate dagli psicologi sociali. Queste tecniche sono state elaborate a partire dalle teorie psicologiche e non provengono dall'osservazione del comportamento di soggetti particolarmente abili nell'utilizzo dell'influenza sociale. Vogliamo sottolineare anche un ulteriore aspetto importante: in questo libro, non vengono analizzate tecniche volte a influenzare le emozioni, gli atteggiamenti o le convinzioni degli altri. Ci concentriamo quasi esclusivamente sulle tecniche finalizzate a indurre le persone a *comportarsi* in un certo modo (ad esempio, ad acconsentire a completare un sondaggio, ad acquistare un prodotto, a fare una donazione per beneficenza o ad aiutare una donna incinta a portare un borsone pesante fino all'autobus).

In un certo senso, le tecniche di influenza sociale sono come la dinamite: possono essere utilizzate per demolire in fretta un vecchio edificio o per estrarre marmo o granito da una cava, ma anche per uccidere le persone in guerra. Queste strategie possono essere utilizzate per persuadere più efficacemente le persone a fare beneficenza, a risparmiare elettricità o a votare per politici onesti e intelligenti, ma possono servire anche a convincere, ad esempio, un pensionato a spendere i suoi soldi per un cuscino pieno di piselli che lo proteggerà da qualsiasi tipo di cancro, o per persuadere gli automobilisti a stipulare un'assicurazione contro gli incidenti con gli UFO. Abbiamo scritto questo libro nella speranza che fosse utile alle persone che desiderano aumentare le buone azioni su questo pianeta, aiutandole a convincere gli altri a compiere gesti che contribuiscano a questo obiettivo, e che allo stesso tempo permettesse alle persone soggette a un esercizio scorretto dell'influenza sociale di rendersene conto. Sapere che qualcuno sta utilizzando una certa tecnica di influenza sociale con noi non significa necessariamente essere vittime di manipolazione, ma è meglio prestare attenzione.

Consegniamo questo libro nelle vostre mani. Quanto a noi, probabilmente cominceremo a portare il libro agli eventi sociali per regalarlo a tutti quelli che restano sorpresi quando scoprono che siamo psicologi e che non ci occupiamo di terapia. Forse ci renderà anche più credibili quando cerchiamo di spiegare che non stiamo rinchiusi in un laboratorio sotterraneo dell'università a cercare nuovi modi di manipolare le persone.

1
Tecniche sequenziali

Come suggerito sia dal titolo che dall'introduzione del libro, in queste pagine descriveremo 100 tecniche di persuasione sociale. L'ordine con cui verranno presentate è stato studiato per rendere semplice e piacevole la lettura. Inizieremo da quelle che gli psicologi sociali chiamano "tecniche sequenziali". Si tratta di tecniche basate sul presupposto che, per aumentare la probabilità che qualcuno assecondi la nostra richiesta, essa deve essere preceduta da un'altra richiesta. Alcune tecniche prevedono che la richiesta iniziale sia più semplice della richiesta reale, altre che sia più difficile e altre ancora che sia caratterizzata da un livello di difficoltà simile.

Storicamente, l'interesse degli psicologi sociali per le tecniche di influenza sociale è iniziato proprio con degli studi sulle tecniche sequenziali. Inoltre, questa è la tipologia di tecniche maggiormente oggetto di esperimenti psicologici. Pertanto, abbiamo deciso di aprire il libro con la descrizione di questa categoria.

TECNICA #1
PIEDE NELLA PORTA

Idea

Molte lingue dispongono di modi di dire che sottolineano la tendenza umana ad aumentare l'entità delle richieste. Gli americani e gli inglesi dicono «Se dai un centimetro, si prendono un chilometro», i tedeschi e i polacchi «Dai a qualcuno un dito e si prenderà tutta la mano», gli ungheresi e gli spagnoli «Se gli dai una mano, si prendono tutto il braccio» e gli italiani «Dagli un dito e si prenderanno tutto il braccio». Il concetto di base è sempre lo stesso: se si concede agli altri qualcosa di piccolo, chiederanno subito qualcosa di più. Questi modi di dire descrivono il tipico comportamento di chi è convinto che tutto gli sia dovuto. Dal punto di vista dell'influenza sociale, però, l'importante non è tanto l'escalation di richieste da parte delle persone a cui viene offerto qualcosa, ma piuttosto l'efficacia delle loro azioni. Pertanto, l'oggetto del nostro interesse non sono le persone che avanzano la richiesta, bensì quelle che la ricevono.

La domanda da porci è la seguente: *è possibile che soddisfare una richiesta semplice renda le persone più inclini ad assecondarne un'ulteriore, palesemente più complessa?* Partendo dal presupposto che raramente siamo disposti a dare tutto il braccio a qualcuno (per riprendere una delle metafore citate), il punto è capire se la nostra propensione a farlo aumenti in modo significativo quando qualcuno applica la seguente strategia: prima chiede un dito e, poi, solo dopo che glielo abbiamo concesso, chiede anche il braccio. La psicologia sociale ha dato a questa tecnica il nome di *piede nella porta.* Se vuoi entrare in casa di qualcuno, ma sai che non sarà un'impresa facile, devi portarlo ad aprirti la porta di sua spontanea volontà.

Ricerca

Immaginate di possedere una casa in California, lungo una strada trafficata. Qualcuno vi informa che è in corso una campagna di sensibilizzazione sulla sicurezza stradale e che verranno installati dei cartelloni lungo la strada per incoraggiare i conducenti a guidare con prudenza. Vi dicono che il prato di casa vostra sarebbe il posto perfetto per piazzarne uno, ma non vi offrono neanche un centesimo in cambio di questa concessione e, inoltre, la vostra proprietà ne risentirà dal punto di vista estetico. Accettereste una simile richiesta? Jonathan Freedman e Scott Fraser (1996) hanno determinato che, in simili circostanze, circa il 17% delle persone direbbe di sì. Possiamo quindi classificare questo caso come una richiesta difficile, che viene accettata molto di rado.

La percentuale di persone disposte a far installare un cartellone in giardino aumenterebbe se prima chiedessimo loro di assecondare una richiesta molto più semplice? Nello studio di ricerca in questione, un incaricato andò a far visita a un gruppo di persone selezionate in maniera casuale per avanzare una richiesta molto semplice: firmare una petizione da presentare al governatore della California. Le petizioni proposte erano di due tipi: una chiedeva di migliorare il livello di pulizia del territorio californiano e l'altra reclamava maggiore attenzione per la sicurezza stradale. A un altro gruppo di rispondenti, invece, venne chiesto di attaccare un piccolo adesivo su un finestrino o sul lunotto dell'auto, che, anche in questo caso, poteva essere di due tipi: uno conteneva un'esortazione a tenere pulito l'ambiente mentre l'altro era un invito a guidare con prudenza. Naturalmente, quasi tutti i soggetti acconsentirono a queste semplici richieste. Due settimane dopo, ricevettero la visita di un altro incaricato, che chiese il permesso di installare un cartellone nel loro giardino: la percentuale di soggetti che accettò fu molto più alta rispetto a quella registrata nel gruppo che aveva ricevuto subito questa richiesta, senza alcun intervento precedente. Come già menzionato, quando questa richiesta era stata avanzata in maniera diretta (ossia, per utilizzare il linguaggio dei ricercatori, durante l'esperimento di controllo), meno del 17% dei soggetti interrogati aveva acconsentito all'installazione del cartellone. Per quanto riguarda i gruppi sperimentali, invece, quasi la metà dei soggetti che avevano firmato una petizione o che avevano esposto un adesivo acconsentì a far installare il cartellone nel proprio giardino. Nel gruppo di partecipanti che due settimane prima avevano esposto l'adesivo con l'invito a guidare con prudenza, la percentuale di assenso raggiunse addirittura il 76%!

Questo dimostra chiaramente che la tecnica del piede nella porta è efficace. I soggetti a cui prima era stato chiesto di realizzare un compito semplice, successivamente si sono dimostrati più inclini a soddisfare una richiesta impegnativa rispetto a coloro ai quali era stata proposta subito la richiesta più difficile. Si tenga presente che Freedman e Fraser, nel loro esperimento, verificarono le conseguenze di ben 4 diverse richieste semplici. La richiesta più impegnativa, quella che interessava davvero ai ricercatori, riguardava sempre il consenso all'installazione di messaggi di sensibilizzazione (cartelloni) sulla sicurezza stradale. In due casi, anche il contenuto della prima richiesta era incentrato sulla guida sicura; in altri due casi, invece, riguardava il mantenimento della pulizia sul territorio della California. In due casi, sia la prima richiesta che la seconda avevano a che fare con messaggi visivi (attaccare un adesivo), mentre in altri due la natura della prima richiesta era diversa (firmare una petizione). Questo perché gli autori dello studio volevano verificare se le due richieste dovessero essere molto simili (sia nella forma che nel contenuto) affinché la tecnica del piede nella porta funzionasse. Dai risultati è emerso che non è necessaria alcuna analogia; è sufficiente che le due richieste abbiano qualcosa "in comune". In questo caso, l'elemento comune era il contributo a una buona causa. In ogni caso, i risultati dimostrano chiaramente che la tecnica raggiunge il massimo della sua efficacia in condizioni di elevata similarità tra le due richieste.

Meccanismo

Come capita a tutti, quando siamo infelici, talvolta piangiamo. Questo accade perché le convinzioni, il modo di vedere il mondo, le opinioni e le condizioni psicologiche di una persona ne influenzano il comportamento. Tuttavia, gli psicologi sociali sostengono che sia vero anche il contrario: a volte, quando piangiamo, ci convinciamo di essere infelici. *I nostri comportamenti possono influenzare le convinzioni e le opinioni che maturiamo.* Perché, dopo aver assecondato la prima richiesta, le persone sono maggiormente inclini ad accettare anche la seconda? Freedman e Fraser ipotizzano che gli esseri umani basino le proprie scelte non solo su ciò che sarebbe giusto fare, ma anche sulle azioni compiute in passato. Inoltre, siamo portati a interrogarci (non sempre in maniera del tutto cosciente) su cosa ci abbia spinto ad acconsentire a una certa richiesta. In primis, cerchiamo delle cause esterne. Qualcuno ci ha costretto o ricattato? Assolutamente no! Forse ci hanno dato in cambio una bella somma di denaro? Nemmeno! E allora perché abbiamo accettato? Arriviamo così alla conclusione di far parte di "quel genere di persone gentili che fanno queste cose" (nel caso dell'esperimento sopra citato, persone che agiscono per il bene della comunità). Se cominciamo a pensarla così, poi dobbiamo comportarci in maniera coerente con la nuova convinzione maturata su noi stessi. Una persona preoccupata per il benessere della propria comunità, che ritiene giusto impegnarsi per questo obiettivo, deve necessariamente acconsentire a far installare un cartellone che potrebbe ridurre il numero degli incidenti stradali. Un'altra possibile interpretazione circa l'efficacia di questa tecnica, spesso menzionata nelle ricerche sull'influenza sociale, è legata al grande valore che la nostra cultura attribuisce alla *coerenza*. Se hai detto A, allora devi dire anche B; se hai iniziato una cosa, devi portarla a termine. Pertanto, se hai già compiuto un'azione di un certo tipo e qualcuno viene a chiederti di fare qualcosa di simile, allora... devi farlo.

TECNICA #2
DUE (O PIÙ) PIEDI NELLA PORTA

Idea

Se soddisfare una richiesta semplice induce le persone ad assecondarne una successiva, è possibile che l'effetto della tecnica diventi ancora più marcato se, *prima della richiesta target, si avanzano più richieste*, e non una sola? In teoria, in questo modo, il soggetto sarebbe maggiormente portato a percepire sé stesso come "il tipo di persona che soddisfa richieste di questo genere" e ad adottare comportamenti coerenti. Prestereste un dollaro a un amico? Forse sì, forse no... Probabilmente vi risulterebbe più facile aprire il portafoglio se la persona che ve lo chiede avesse già preso in prestito 100 dollari e ve li avesse restituiti il giorno seguente. Forse, però, accettereste di prestare del denaro ancor più facilmente se, chi ve lo chiede, avesse già preso in prestito dei soldi diverse volte e ve li avesse sempre restituiti l'indomani. Se la tecnica precedente parlava di un solo piede nella porta, questa propone di metterne due o più.

Ricerca

Nicolas Gueguen, Fabien Silone e Mathieu David (2016) hanno condotto uno studio per stabilire se questa tecnica potesse essere utilizzata per convincere le persone a smettere di fumare. Il loro obiettivo principale era determinare in quali condizioni i fumatori acconsentivano a rinunciare alle sigarette per 24 ore (stare un giorno senza sigarette sembra una sciocchezza a un non fumatore, ma per chi fuma si tratta di una vera sfida). Nell'esperimento di controllo, ai partecipanti venne chiesto di astenersi dal fumo per 24 ore. I ricercatori, infatti, erano interessati a conoscere le impressioni dei fumatori che rinunciavano alle sigarette per un certo periodo di tempo. L'efficacia dell'ormai nota tecnica del piede nella porta, invece, venne verificata in due condizioni diverse. Nel primo caso, ai partecipanti è stato chiesto di rispondere a un breve questionario sulla loro dipendenza, nel quale si domandava qual era la loro marca preferita di sigarette, da quanto tempo fumavano, se anche i loro genitori erano fumatori e se avevano mai provato a smettere. Dopo aver completato il questionario, è stato chiesto loro di astenersi dal fumo per 24 ore. Nella seconda variante, invece, ai partecipanti è stato proposto di non fumare per 2 ore e, poi, dopo aver fatto passare un certo periodo di tempo, è stata avanzata la richiesta di astenersi dal fumo per 24 ore. Nelle condizioni sperimentali della tecnica dei due piedi nella porta, infine, è stato chiesto di completare il suddetto questionario, poi di non fumare per 2 ore e, infine, di astenersi dal fumo per 24 ore. In tutte le varianti descritte, i ricercatori hanno rilevato la percentuale di partecipanti che acconsentivano a rinunciare alla nicotina per 24 ore e, successivamente, hanno verificato quanti di loro erano riusciti a mantenere l'impegno preso.

La tecnica del piede nella porta si rivelò efficace mentre, nell'esperimento di controllo, in cui era stato chiesto da subito di astenersi dal fumo per 24 ore, solo il 27% dei soggetti aveva accettato di farlo e circa il 12% era riuscito a mantenere la parola data; nel caso dei partecipanti che avevano prima assecondato una richiesta più semplice le percentuali erano molto più alte. Tra coloro che avevano completato un breve questionario, il 41.5% aveva acconsentito ad astenersi dal fumo per 24 ore e quasi il 21% aveva dichiarato, in seguito, di non aver effettivamente toccato le sigarette per 24 ore. Nel caso dei partecipanti a cui inizialmente era stato chiesto di non fumare per 2 ore, entrambe le percentuali erano ancora più alte (rispettivamente, quasi il 63% e quasi il 28%). Tuttavia, l'effetto migliore in assoluto venne rilevato nella variante in cui i partecipanti avevano, per prima cosa, compilato il questionario, poi si erano astenuti dal fumo per 2 ore e, infine, avevano acconsentito a rinunciare alle sigarette per 24 ore. In queste circostanze, ben il 93% dei partecipanti accettò di rinunciare alle sigarette per 24 ore e il 46.5% dichiarò di aver tenuto fede all'impegno preso!

Meccanismo

La *tecnica dei due piedi nella porta* è una versione ampliata del piede nella porta. Questo tipo di variazione si presta ad assumere anche forme più complesse di quelle descritte, in cui la richiesta finale viene preceduta non da due richieste semplici (come nello studio appena descritto), bensì da tre, quattro o più richieste. È ovvio che il meccanismo psicologico alla base di questa tecnica ricalca quello che si innesca quando si avanza una sola richiesta prima di quella target. Tuttavia, più aumenta il numero di richieste avanzate in sequenza, più il fattore che induce la persona ad assecondare la richiesta finale (e più complessa) si rafforza, producendo un effetto maggiore. I risultati presentati sopra, oltre a quelli di molti altri studi, indicano che, effettivamente, è proprio così che funziona.

TECNICA #3
I QUATTRO MURI (RIPETERE SÌ)

Idea

Robert Cialdini e Brad Sagarin (2005) hanno il merito di aver notato che *la propensione delle persone ad adottare comportamenti coerenti* viene spesso sfruttata dai venditori porta a porta. Prima che un agente di vendita proponga il suo «Straordinario assortimento di vitamine e oligoelementi», di solito fa una breve chiacchierata con il cliente. Innanzitutto, gli chiede se ritiene che la salute sia importante, poi gli domanda se sia giusto prendersi cura del proprio benessere. L'ultima domanda, infine, potrebbe suonare più o meno così: «È meglio prevenire una malattia anziché curarla?». Si tratta di domande puramente retoriche. Il cliente non potrà far altro che rispondere «Sì», «Certo» e «Naturalmente». Solo a questo punto il venditore proporrà una sostanza sensazionale, capace di prevenire pressoché tutte le infermità e i malanni. Come può una persona che ha appena dichiarato di tenere molto alla propria salute non acquistare quello straordinario prodotto?

Ricerca

Un gruppo di psicologi francesi (Nicolas Gueguen, Robert-Vincent Joule, Didier Courbet, Severine Halmi-Falkowicz e Marie Marchand, 2013) hanno condotto uno studio incentrato esclusivamente sulla tecnica del piede nella porta. Era uno studio sul campo e i partecipanti erano degli ignari passanti. Nell'esperimento di controllo, veniva chiesto loro di compilare un questionario piuttosto lungo, composto da 45 domande. Naturalmente, i partecipanti avevano la possibilità di compilare il questionario a casa e, se accettavano, veniva consegnata loro una busta affrancata con la quale inviare le risposte ai ricercatori. Il 30% dei partecipanti accettò di farlo. In condizioni sperimentali, invece, prima di chiedere ai partecipanti di portare a casa quel lungo questionario, si ponevano alcune domande. Avete già capito di cosa stiamo parlando, vero? È il piede nella porta! Coloro che inizialmente avevano risposto ad alcune domande, erano forse più propensi ad acconsentire a compilare quel lungo questionario? Sì, i risultati lo confermarono. Tuttavia, per quanto riguarda la tecnica che stiamo presentando in questo paragrafo, l'elemento più importante è la modalità con cui quelle prime domande venivano *espresse*. Infatti, la metà delle volte erano formulate in modo tale che la risposta fosse quasi sempre affermativa (per esempio, «Hai mai montato uno scaffale?»), mentre l'altra metà delle volte miravano a ottenere una risposta negativa (per esempio, «Hai mai montato uno scaldabagno solare?»). Dai risultati è emerso che, nel gruppo dei rispondenti che avevano dato più volte una risposta negativa durante quella breve interazione, la percentuale di persone che acconsentivano a completare il questionario raddoppiava rispetto all'esperimento di controllo, raggiungendo il 60%. Tuttavia, nel gruppo dei partecipanti che avevano risposto ripetutamente «Sì», la percentuale schizzava all'83%!

Meccanismo

La *tecnica dei quattro muri* induce l'interlocutore a fare delle affermazioni che lo facciano cadere in una sorta di "trappola della coerenza". In simili circostanze, rifiutare l'offerta che viene fatta equivale ad adottare un comportamento scorretto e incoerente. Di fatto, si potrebbe dire che un rifiuto farebbe passare l'interlocutore da ipocrita. Il gruppo di ricercatori francesi ha dimostrato che pronunciare semplicemente la parola «Sì» è sufficiente per produrre un effetto evidente. Quando il «Sì» viene ripetuto più volte, la tendenza generale a mostrare accordo e approvazione aumenta. Questo accade perché, in molte situazioni, le persone agiscono in modo automatico, senza riflettere davvero sulle proprie azioni. Un individuo che, in un certo senso, si è dimostrato incline all'approvazione rispondendo di sì a svariate affermazioni è più incline a mostrare accordo anche con le dichiarazioni successive, rispetto a chi invece ha mostrato disaccordo rispondendo di no. Considerando questi risultati, è plausibile supporre che, sebbene alcuni venditori riescano a incastrare l'interlocutore nella trappola della coerenza utilizzando domande con risposta negativa (per esempio, «Ritieni giusto per la tua salute consumare un'enorme quantità di caramelle anziché assumere vitamine?»), i venditori più abili pongano domande che sollecitano risposte affermative.

TECNICA #4
CHIEDI UN FAVORE

Idea

La tecnica dei quattro muri appena illustrata prevede che alla persona vengano poste una serie di domande prima della richiesta finale. Rispondere in maniera affermativa a queste domande aumenta la predisposizione ad assentire anche alla richiesta target. Ma che succede quando, prima di chiederci qualcosa, l'altro ci rivolge una domanda di cortesia generica, come «Posso chiederti un favore?» oppure «Potresti farmi una cortesia?». A meno che non ci troviamo in un momento di particolare stanchezza, di nervosismo o di fretta, è molto improbabile che diciamo di no. In genere, la reazione più naturale è acconsentire oppure, più raramente, rispondere con un cauto «Dipende». Quando rispondiamo di sì, non possiamo rifiutare la richiesta che viene avanzata subito dopo (soprattutto se soddisfarla non richiede grande impegno). Quando invece rispondiamo «Dipende», allora... dipende. La decisione di accettare o rifiutare dipenderà dalla natura della richiesta. Per quanto riguarda le persone che rispondono di no alla domanda «Potresti farmi un favore?», probabilmente rifiuterebbero la richiesta target anche se venisse proposta subito, senza alcun preambolo. Questo lascia supporre che *introdurre la richiesta con una formula di cortesia aumenti le probabilità che essa venga soddisfatta*, ma è davvero così? Vediamo cosa è emerso dai risultati di un semplice esperimento.

Ricerca

Lo studio, condotto da Sebastien Meineri, Michael Dupre, Boris Vallee e Nicolas Gueguen (2015), è stato realizzato in Francia, in una città di medie dimensioni. L'esperimento è stato eseguito da tre giovani donne (20-21 anni di età), appositamente preparate a svolgere quel compito. Le sperimentatrici fermavano i passanti che camminavano da soli per avanzare una richiesta utilizzando due tipi di messaggio. La metà delle volte dicevano: «Buongiorno, mi scusi se la disturbo, ma devo prendere l'autobus e non ho abbastanza soldi. Potrebbe darmi 50 centesimi, per favore?». L'altra metà delle volte, invece, la richiesta era formulata in maniera leggermente diversa: «Buongiorno, mi scusi se la disturbo, può farmi un favore?». La ragazza attendeva la risposta dell'interlocutore e, se era «Sì» o «Dipende», proseguiva: «Devo prendere l'autobus, ma non ho abbastanza soldi. Potrebbe darmi 50 centesimi, per favore?». I risultati furono i seguenti: quando le ragazze avevano domandato con cortesia di ricevere 50 centesimi per l'autobus, la percentuale di passanti che aveva acconsentito era stata del 35.7%. Quando, però, avevano anteposto alla richiesta vera e propria la frase «Può farmi un favore?», avevano ricevuto una risposta affermativa nel 54.9% dei casi.

Si tenga anche presente che l'evenienza di una risposta negativa a questa richiesta "introduttiva" (o meglio, alla formula di cortesia) era estremamente rara. Solo 8 dei 111 partecipanti risposero con un no. Dei restanti 103, circa la metà (precisamente 49) risposero «Sì» e gli altri (54 persone) «Dipende». Altro dato interessante è che, in questi due gruppi, si registrarono risultati molto simili relativamente alla richiesta target. Nel gruppo che aveva risposto in modo affermativo alla domanda «Può farmi un favore?», il 57.1% dei partecipanti aveva effettivamente dato 50 centesimi alla ragazza. Nel gruppo che aveva risposto in modo più cauto («Dipende»), la percentuale era del 66.1%.

Meccanismo

La spiegazione più quotata in letteratura con riferimento a questa tecnica è la tendenza delle persone a mostrare coerenza nei comportamenti che adottano. Quando si risponde affermativamente a una domanda – o meglio, a una formula di cortesia come «Può farmi un favore?» – poi ci si sente in dovere di soddisfare anche la richiesta principale. Dal momento che abbiamo affermato A, ora dobbiamo dire B ed è quello che, in effetti, facciamo. Sembrerebbe logico supporre che chi risponde in maniera diversa e utilizza un più cauto "dipende", poi non cada nella trappola della consequenzialità. Dopotutto, vale la pena notare che nell'esperimento presentato la richiesta finale era piuttosto basilare, o almeno non difficile da soddisfare. Pertanto, in questo caso il comportamento più coerente sarebbe acconsentire alla richiesta, e non rifiutarla. Tuttavia, in base alla logica dell'argomentazione qui esposta, si potrebbe ipotizzare che i risultati dell'esperimento sarebbero stati diversi se la richiesta finale fosse stata più impegnativa (per esempio, se la ragazza avesse richiesto una somma di denaro più ingente o diverse ore di tempo per svolgere una determinata attività). In simili circostanze, il sì iniziale avrebbe ugualmente aumentato le probabilità che la richiesta venisse accettata, ma il "dipende" probabilmente no. Di fatto, però, non siamo a conoscenza di studi empirici che dimostrino la validità di questa ipotesi circa le richieste difficili.

TECNICA #5
DARE PER PRENDERE (RECIPROCITÀ)

Idea

Immaginate per un momento di sapere per certo che, prima o poi, avrete bisogno di un favore da una certa persona. Magari state per traslocare e una vostra amica ha un'auto molto grande, con la quale potreste trasportare parecchi scatoloni in un solo viaggio. Cosa potreste fare per aumentare le probabilità che acconsenta ad aiutarvi? Regalarle un libro che potrebbe piacerle? Offrirle un pranzo in un bel locale della città? Probabilmente vi sforzereste di pensare a qualcosa che lei consideri un favore, un pensiero gentile o un dono; inoltre, dareste per scontato che, quando le chiederete di prestarvi la macchina, lei si ricorderà del vostro gesto e ne terrà conto al momento di decidere se concedervi o meno il suo aiuto. Più o meno consciamente, adottereste la tecnica del *dare per prendere*: dare qualcosa a qualcuno (un oggetto materiale, come un mazzo di fiori o una bottiglia di vino, o qualcosa di meno tangibile, come il proprio tempo) per poi riprendersela sotto forma di favore.

Ricerca

Hershey Friedman e Ahmed Rahman (2011) hanno testato l'efficacia del principio del dare per prendere sui clienti di un piccolo fast food. I clienti sono stati assegnati in maniera randomizzata a diversi gruppi. Il primo era il gruppo di controllo (i clienti entravano nel locale e facevano la loro ordinazione senza alcun tipo di intervento da parte degli sperimentatori). Nel gruppo sperimentale, al loro ingresso, i clienti venivano accolti dal direttore, che dava loro un caloroso benvenuto e un piccolo omaggio (un portachiavi). Si è proceduto poi a misurare la quantità di denaro spesa dai clienti. Mentre nel gruppo di controllo la media era di 7.11 dollari, nel gruppo sperimentale l'importo saliva a 9.39 dollari (il 32% in più!). I lettori più attenti potrebbero obiettare che non possiamo sapere se la ragione per cui i clienti del gruppo sperimentale hanno speso di più fosse davvero l'omaggio o il benvenuto del direttore e, in effetti, questo è un aspetto molto importante dello studio. Per fare chiarezza su questo punto, Friedman e Rahman hanno creato un terzo gruppo di clienti che venivano accolti dal direttore, ma non ricevevano alcun omaggio. La media di spesa di questo gruppo era di 8.39 dollari: maggiore di quella del gruppo di controllo, ma notevolmente inferiore a quella del gruppo che aveva ricevuto il portachiavi omaggio.

Meccanismo

In molti luoghi del mondo, soprattutto nelle piccole comunità, vige un'usanza interessante. Quando si porta qualcosa a un vicino (per esempio, una fetta di torta o della frutta), l'omaggio va presentato su una stoviglia di qualche genere, per esempio un vassoio o una ciotola. L'usanza vuole che, al momento di riportare il contenitore al proprietario, il destinatario del primo omaggio non lo restituisca vuoto, ma porti a sua volta un pensiero (solitamente qualcosa di valore simile all'omaggio iniziale). La ragione per cui questa usanza è tanto diffusa è il principio della reciprocità, secondo il quale si devono sempre ricambiare i favori ricevuti. Si tratta di un principio molto radicato e, dal punto di vista evolutivo, piuttosto antico. Il sociologo Alvin Gouldner l'ha addirittura definito "la prima regola della società". Gouldner (1960) sostiene che se non avessimo un profondo bisogno di ricambiare i favori, non ci saremmo potuti evolvere formando tribù, comunità e gruppi. Sono state proprio le norme riguardanti il reciproco scambio di favori ad aver reso possibile la nostra evoluzione sociale.

TECNICA #6
RECIPROCITÀ INDIRETTA

Idea

In base al principio di reciprocità appena illustrato, siamo più inclini ad assecondare le richieste di quelle persone che in passato hanno, a loro volta, assecondato le nostre richieste o hanno spontaneamente (ovvero, senza alcuna sollecitazione da parte nostra) fatto qualcosa di bello per noi, per esempio un regalo di compleanno inaspettato. In questo caso, pertanto, abbiamo a che fare con un'interazione simmetrica tra due parti. Tuttavia, si possono verificare situazioni più complesse, che coinvolgono più persone. Supponiamo, ad esempio, che John ottenga un aiuto da Kate, che gli presta alcuni appunti presi a lezione. Pochi minuti dopo, Mary chiede a John di rispondere a un questionario molto lungo sulle preferenze estetiche. Mary deve sottoporre il questionario a decine di persone per ottenere dei crediti in uno dei corsi che segue. John non è "in debito" con Mary, nel senso che lei non lo ha mai aiutato in passato. A dire il vero, i due nemmeno si conoscono. È possibile che il fatto di aver appena ricevuto un aiuto spinga John a fare lo stesso per qualcun altro? Se fosse vero che ricevere aiuto da una persona ci rende più inclini a fare lo stesso per qualcun altro, potremmo elaborare una tecnica di influenza sociale specifica. Per farlo, dovremmo individuare dei soggetti che hanno appena ricevuto un aiuto disinteressato e chieder loro di fare qualcosa per noi.

Ricerca

Redzo Mujcic e Andreas Leibbrandt (2017) hanno condotto una ricerca nel parcheggio di un grande shopping village, che contava 350 posti auto. Per quanto riguarda la realizzazione pratica dello studio, uno degli aspetti più importanti era la presenza di molte strade laterali che conducevano alla via di uscita principale del parcheggio. Ciò comportava che nei momenti di maggiore afflusso (quando è stato condotto l'esperimento), i conducenti potevano contare solo sulla gentilezza di chi si trovava già sulla strada principale per raggiungere l'uscita. Più precisamente, gli automobilisti sulle strade secondarie riuscivano a immettersi solo se quelli della strada principale si fermavano prima dell'incrocio per lasciarli passare. Dall'osservazione di questa situazione, è emerso che solo il 15% degli automobilisti si comportava con gentilezza. Mujcic e Leibbrandt si sono chiesti cosa sarebbe successo se un automobilista, poco dopo essersi immesso sulla strada principale grazie a un gesto di gentilezza altrui, avesse avvistato un altro conducente fermo all'incrocio, in attesa che qualcuno lo lasciasse passare. In queste circostanze, abbiamo a che fare con una situazione di *reciprocità indiretta*. Qualcuno ha fatto un favore a un conducente e ora questo conducente si trova a decidere se fare o non fare la stessa cosa per un terzo automobilista. I ricercatori hanno rilevato che, in questo caso, la frequenza con cui i guidatori si comportavano con cortesia era più che raddoppiata rispetto all'esperimento di controllo e raggiungeva il 32% dei casi.

Per completezza, aggiungiamo un'altra importante informazione sulla struttura dei risultati: i ricercatori hanno condotto l'esperimento durante un periodo di 6 mesi. Il tempo era prevalentemente soleggiato e sereno, ma ci sono state anche giornate grigie o piovose. Le condizioni climatiche hanno influenzato il comportamento di guida oggetto di osservazione? Nel caso dell'esperimento di controllo, sì. Nelle giornate di sole, la percentuale di cortesia arrivava al 16%, mentre con un tempo nuvoloso o con la pioggia scendeva addirittura al 9%. Tuttavia, quando i guidatori sono stati osservati in condizioni di reciprocità indiretta, il maltempo non ha mai influito in maniera negativa sul loro comportamento. Questo significa che, nelle giornate di pioggia, la gentilezza dei guidatori nelle condizioni di controllo era ben tre volte più bassa di quella dei guidatori nelle condizioni di reciprocità indiretta (9% contro 32%!).

Meccanismo

La letteratura psicologica è concorde nell'affermare che la reciprocità indiretta costituisca il fondamento sociale dell'altruismo. Gli esseri umani aiutano gli altri perché pensano che quando anche loro avranno bisogno di aiuto, qualcuno glielo offrirà. Naturalmente, non tutti credono con la stessa convinzione che il mondo sociale funzioni così e la fiducia che un certo individuo ripone in questo principio può variare a seconda della situazione. Tuttavia, possiamo ragionevolmente supporre che, quando un individuo riceve un aiuto disinteressato da un altro, tende a pensare che le persone si aiutano a vicenda. Di conseguenza, se poco dopo qualcun altro ha bisogno di aiuto, sarà più incline ad adottare un comportamento che rispetti questa regola. Va anche sottolineato che *le persone ricercano sempre l'equilibrio nelle interazioni sociali* (per esempio, stimano coloro da cui ricevono stima, sostengono coloro che a loro volta le sostengono). Quando qualcuno offre loro un aiuto, sono più propense a ricambiare il gesto. Restituire un favore le fa sentire meglio perché l'equilibrio è stato ristabilito: hanno aiutato qualcuno da cui sono state aiutate. Hanno ripagato il loro debito. È così che funziona il classico principio di reciprocità. Se però, per qualche ragione, non possono restituire il favore al loro benefattore, ritrovano l'equilibrio facendo un bel gesto per qualcun altro ed è proprio su questo che si fonda l'efficacia della reciprocità indiretta.

TECNICA #7
ABBIAMO GIÀ DATO (RECIPROCITÀ PER PROCURA)

Idea

Come abbiamo visto, la reciprocità è uno dei metodi più efficaci per influenzare il comportamento degli altri: quando una persona scopre che abbiamo fatto qualcosa per lei, nella maggior parte dei casi sarà più propensa a restituire il favore. Questa idea di gentilezza reciproca solitamente si basa sul mutuo scambio di benefici: io ho fatto qualcosa per te, ora tu dovresti fare qualcosa per me. Cosa accadrebbe, però, se aggiungessimo un terzo tassello a questo puzzle, per esempio aiutando qualcuno (una persona fisica o un'organizzazione) per conto della persona che vogliamo influenzare? Prendiamo, ad esempio, Mark e Andrew: Mark vuole influenzare il comportamento di Andrew, ma sa che Andrew non ama ricevere regali o favori in maniera diretta. Tuttavia, Mark sa anche che Andrew è un animalista, perciò decide di donare diversi sacchi di cibo al canile locale e di dare a Andrew la cartolina che attesta questa donazione come regalo di compleanno. Questo farà nascere in Andrew un sentimento di gratitudine verso Mark? Si sentirà in dovere di fare ciò che Mark gli chiederà in futuro? La questione è piuttosto complicata perché, di fatto, Andrew non ha ricevuto niente per sé stesso.

Ricerca

Noah Goldstein, Vladas Griskevicius e Robert Cialdini (2011) hanno ideato un ingegnoso esperimento per verificare se tale principio di "trasferimento" della reciprocità rappresenti un metodo efficace per influenzare il comportamento delle persone. Nel loro studio, hanno chiesto aiuto agli studenti che collaboravano con il laboratorio, svolgendo dei sondaggi per ottenere dei crediti formativi (molte università incoraggiano gli studenti a partecipare alle ricerche offrendo dei crediti extra che influiscono sul calcolo dei voti finali). Una volta che lo studente aveva completato tutte le indagini previste, gli veniva posta una domanda extra: «Vorremmo sapere se saresti disposto a concederci altri 20 minuti per rispondere a un questionario, attraverso cui valuteremo le tue opinioni sulle pratiche ambientali dell'Università UCLA e, più in generale, della città di Los Angeles. Se darai la tua disponibilità a compilare il questionario, entro la fine della settimana riceverai al tuo indirizzo e-mail un link per accedere al sondaggio, che richiederà circa 20 minuti». Fino a un certo punto, tutti gli studenti ricevettero lo stesso messaggio. Poi, a seconda del gruppo al quale erano stati assegnati (sempre in maniera casuale), cominciarono a ricevere messaggi diversi. Al gruppo di controllo venne inviato un messaggio nel quale si faceva solo un riferimento generico alla salvaguardia dell'ambiente («Poiché noi ricercatori della UCLA sosteniamo la causa ambientale, invitiamo anche voi studenti ad agire in difesa dell'ambiente; compilare questa indagine è uno dei tanti modi per farlo»). Gli studenti del primo gruppo sperimentale, invece, vennero informati che, se avessero acconsentito a rispondere al questionario, la UCLA avrebbe fatto una piccola donazione in favore di un'associazione ambientalista. Il messaggio per il secondo gruppo sperimentale era apparentemente simile a quello del primo: gli studenti venivano informati che la UCLA aveva già fatto una piccola donazione per conto dei partecipanti all'indagine e che, accettando di completarla, gli studenti avrebbero aiutato l'università a sostenere quel costo. C'era anche un terzo gruppo sperimentale, che ricevette un messaggio molto simile al secondo: anche in questo caso, gli studenti venivano informati che era già stata fatta una donazione per conto dei rispondenti, ma non si specificava in modo esplicito che la partecipazione all'indagine avrebbe aiutato l'università a sostenere quel costo. Naturalmente, quello che interessava ai ricercatori era scoprire, per ogni gruppo, quanti studenti avrebbero acconsentito a partecipare al sondaggio supplementare.

La percentuale più bassa venne registrata nel primo gruppo sperimentale (il 47.4%). In questo gruppo, il numero di persone che acconsentì a compilare il questionario era perfino più basso di quello rilevato nel gruppo di controllo (52.9%)! La chiave per comprendere questo dato sta nel fatto che il messaggio destinato al primo gruppo sperimentale era basato su un'interpretazione erronea del principio di reciprocità. Infatti, nel messaggio si dichiarava che la UCLA avrebbe fatto qualcosa solo se prima i partecipanti avrebbero compiuto una certa azione, e questo è uno degli errori più gravi che si possano commettere quando si vuole far valere questo principio. Quando ti prometto di fare una cosa solo se prima tu ne farai un'altra, non c'è nessuna reciprocità. Affinché la reciprocità funzioni, sarò io a fare qualcosa per primo, in modo da generare in te la sensazione di dover ricambiare, in qualche modo, il mio gesto! Ed è proprio questo che è successo negli altri due gruppi sperimentali. Nel gruppo in cui si spiegava che l'indagine avrebbe aiutato l'università a coprire il costo di una donazione già effettuata, l'efficacia superò il 90%. Nel gruppo in cui questo dettaglio non veniva esplicitato (ma si diceva chiaramente che era già stata fatta una donazione), acconsentirono a compilare il questionario l'80% dei partecipanti.

Meccanismo

Gli studi di Goldstein e colleghi (che furono molteplici, in quanto i ricercatori verificarono questo effetto con diverse serie di esperimenti) dimostrano che il meccanismo del *trasferimento della reciprocità* funziona in modo molto efficace. Pertanto, nell'ambito della reciprocità, il senso di obbligo non emerge solo quando il "destinatario" beneficia direttamente di un gesto, ricevendo ad esempio un regalo o un aiuto, ma anche quando sono stati altri soggetti a beneficiare di una certa azione e questo beneficio è stato trasferito a loro per nostro conto. Sembra infatti che, quando qualcuno fa qualcosa "a nostro nome" (anche se non siamo stati noi a chiederglielo e non abbiamo preso parte alla cosa), avvertiamo una sorta di debito di riconoscenza nei suoi confronti o, come minimo, uno squilibrio nella relazione con questa persona. Poiché, in genere, non amiamo sentirci in debito con gli altri (e crediamo fortemente nella regola che ci impone di ripagare tutti i nostri debiti), ci adoperiamo per ristabilire l'equilibrio appena possibile. Il modo più semplice per farlo è soddisfare le richieste della persona che ha fatto un favore a qualcun altro per nostro conto.

TECNICA #8
PORTA IN FACCIA

Idea

Un gruppo di psicologi dediti allo studio delle tecniche di influenza sociale – Richard Miller, Clive Seligman, Nathan Clark e Malcolm Bush (1976) – in un interessante articolo raccontano un episodio tratto dal fumetto *Blondie e Dagoberto*. La protagonista torna a casa e mostra al marito Dagoberto gli acquisti fatti durante la giornata di shopping: un paio di scarpe, un vestito e un cappellino. Dagoberto, contrariato, le chiede quanto ha speso per tutte quelle cose e, quando scopre di che cifra si tratta, intima a Blondie di riportare tutto al negozio. Blondie scoppia a piangere e gli chiede se può tenere almeno il cappellino. Dagoberto acconsente, compiacendosi dell'ottimo risultato ottenuto da quella negoziazione: è riuscito a risparmiare parecchi soldi, dato che Blondie restituirà le scarpe e l'abito, senza deludere la moglie, che sembra piuttosto soddisfatta dell'accordo. A quanto pare, il cappellino è bastato a farla contenta.

Se il vero obiettivo di Blondie fosse stato avere un cappellino nuovo avendo previsto, fin dall'inizio, che le cose sarebbero andate in quel modo, possiamo affermare che la protagonista abbia utilizzato intenzionalmente la *tecnica della porta in faccia*. È ciò che succede quando, sapendo che la nostra richiesta verrà rifiutata, avanziamo una proposta iniziale molto più impegnativa. Se, dopo aver ricevuto un rifiuto categorico, proponiamo una richiesta più semplice (che, in realtà, è la nostra richiesta target), ci sono buone probabilità che venga accettata. Dagoberto si è opposto quando ha visto le scarpe, il vestito e il cappellino, ma dopo un attimo ha detto di sì al "solo" cappellino.

Ricerca

Il primo esperimento nella storia della psicologia incentrato sulla tecnica della porta in faccia è stato realizzato da Robert Cialdini insieme a un gruppo di colleghi (1975). In alcuni casi, la persona che conduceva l'esperimento si presentava dicendo di lavorare in un istituto per giovani problematici (minorenni delinquenti) e chiedeva all'interlocutore di dedicarsi ad attività che potessero aiutare quei ragazzi a trovare il loro posto nella società: «Uno dei problemi più grandi è che questi giovani, costretti a vivere per strada e ad arrangiarsi come possono, diventano facili prede degli spacciatori o delle gang. Noi vorremmo tenerli occupati in qualche maniera, così da riempire il loro tempo libero. Sarebbe disposto a fare 2 ore di viaggio, oggi pomeriggio, per andare allo zoo con questi ragazzi come accompagnatore?». Meno del 17% dei rispondenti accordò la richiesta. In altri casi, invece, l'introduzione sui problemi di questi giovani era sempre la stessa, ma cambiava la seconda parte del messaggio: «L'istituto ricerca addetti alla sorveglianza dei soggetti in libertà vigilata, che dovrebbero dare disponibilità per almeno 2 ore a settimana. Inoltre, poiché i ragazzi si abituano alla persona che si occupa della loro sorveglianza, è bene che l'addetto non cambi troppo spesso. Le chiedo, quindi, se sarebbe disposto a lavorare come sorvegliante per almeno 2 anni». Naturalmente, quasi tutti rispondevano di no. Una volta ricevuto il rifiuto, lo sperimentatore non insisteva e non cercava di convincere l'interlocutore ad accettare il lavoro, ma chiedeva se, in alternativa, sarebbe stato disposto ad accompagnare un gruppo di ragazzi allo zoo per un paio d'ore, solo per quel pomeriggio. Sorprendentemente, in questo caso, un partecipante su due accettò. È quindi evidente che il consenso ad accompagnare i ragazzi allo zoo è stato espresso molto più di frequente nelle condizioni sperimentali in cui questa richiesta era stata preceduta da una molto più impegnativa, che il soggetto rifiutava.

Meccanismo

La prima spiegazione che viene in mente è che questa tecnica funzioni grazie al contrasto tra il livello di difficoltà della prima richiesta e quello della seconda (la richiesta target). È simile a quanto accade quando ci troviamo in una boutique e una camicia ci sembra relativamente economica solo perché tutti gli altri articoli sono molto più costosi. Trascorrere 2 ore allo zoo è molto più semplice che lavorare come addetti alla sorveglianza di ragazzi in libertà vigilata per ben 2 anni. Gli autori dell'esperimento appena descritto, quindi, hanno ipotizzato che questa fosse una delle possibili spiegazioni, ma hanno voluto realizzare anche una variante dell'esperimento nella quale i partecipanti venivano subito messi di fronte alla scelta tra le due opzioni («Sarebbe disposto a lavorare come addetto alla sorveglianza oppure ad accompagnare i ragazzi allo zoo?»). Naturalmente, in questo caso nessuno dei rispondenti scelse di lavorare come addetto alla sorveglianza, ma uno su quattro acconsentì ad andare allo zoo. Questo risultato indica che, pur giocando un ruolo importante, il contrasto tra i livelli di difficoltà delle due richieste non può essere considerato il principale responsabile dell'efficacia della porta in faccia.

Gli autori suggeriscono che l'efficacia di questa tecnica sia legata al principio di reciprocità, del quale abbiamo già parlato. In questo caso, però, si tratta di una forma di reciprocità molto specifica. Infatti, non avviene alcuno scambio di beni materiali o di aiuto in situazioni di necessità. La reciprocità riguarda le concessioni fatte dagli interlocutori. Se la persona che formula la prima richiesta molto difficile – immediatamente respinta – non insiste nel volerla realizzare, ma fa una sorta di concessione, formulando una richiesta più semplice, il destinatario si sente in dovere di fare a sua volta una concessione. Dato che prima ha rifiutato, sarebbe giusto rispondere di sì.

Esiste anche un'altra possibile spiegazione dell'efficacia di questa tecnica, molto quotata nella letteratura di settore, che è incentrata su un meccanismo emotivo (O'Keefe e Figge, 1997): rifiutare una richiesta difficile (soprattutto quando riguarda la disponibilità a dedicarsi a un'attività nobile e ammirevole) può generare senso di colpa o imbarazzo. Accettando una richiesta più semplice, la persona si libera da tali emozioni spiacevoli. Per quanto riguarda noi autori, siamo convinti che la tecnica della porta in faccia funzioni grazie all'effetto combinato dei tre meccanismi psicologici appena descritti: il *contrasto*, la *reciprocità* e il *bisogno di liberarsi delle emozioni spiacevoli*.

TECNICA #9
DUE PORTE IN FACCIA

Idea

Se l'efficacia della porta in faccia si deve al fatto che la persona che avanza la prima richiesta poi ridimensiona le sue aspettative, formulando una richiesta meno impegnativa, è lecito domandarsi se l'effetto di questa tecnica aumenterebbe nel caso in cui il ridimensionamento delle aspettative avvenisse non una, ma due volte. In altre parole, se la porta in faccia si basa sulla sequenza richiesta-rifiuto-richiesta (target) molto più semplice, non è difficile immaginare una tecnica che segua una sequenza simile, ma un po' più complessa: richiesta molto difficile – rifiuto – richiesta un po' più semplice – rifiuto – richiesta (target) molto più semplice. Se la sequenza che prevede il rifiuto di una richiesta iniziale molto difficile si chiama "porta in faccia", allora la tecnica basata su due richieste iniziali rifiutate dovrà chiamarsi *due porte in faccia*.

Per valutare l'efficacia di questa tecnica, dobbiamo porci due domande: la prima è se, con una sequenza di tre richieste (due delle quali verranno quasi sicuramente rifiutate), la probabilità che la richiesta finale (la terza) venga accettata sia superiore rispetto alle situazioni in cui la richiesta target viene avanzata immediatamente; la seconda è se l'efficacia delle due porte in faccia sia superiore a quella della porta in faccia, tecnica che abbiamo già approfondito e che è stata verificata empiricamente in molte occasioni.

Ricerca

Tali sono le domande che hanno guidato il lavoro di Morton Goldman e Christopher Creason (1981). Goldman e Creason hanno condotto uno studio in un'epoca in cui il cellulare non era ancora uno strumento di uso comune (anche se esistevano già, dato che i primi prototipi risalgono addirittura agli anni Cinquanta). In quegli anni, negli Stati Uniti le persone utilizzavano il telefono di casa e i recapiti degli utenti erano facilmente reperibili nell'elenco telefonico. Goldman e Creason utilizzarono proprio l'elenco del telefono per il loro esperimento, assegnando in maniera casuale i contatti selezionati a condizioni di prova diverse. Nelle ore comprese tra mezzogiorno e le quattro del pomeriggio, lo sperimentatore digitava il numero e diceva: «Buongiorno, sono Chris Walter e chiamo dalla KCST, una nuova stazione radio locale». Proseguiva spiegando che la nuova stazione radio voleva farsi un'idea delle preferenze degli ascoltatori ed era in cerca di volontari disposti a realizzare delle indagini rivolte ai residenti di Kansas City. Nel caso del gruppo di controllo, lo sperimentatore andava dritto alla richiesta target e chiedeva al rispondente se fosse disposto a chiamare 25 persone per porre alcune domande sui programmi radio che apprezzavano maggiormente. Nella variante della porta in faccia, lo sperimentatore chiedeva ai soggetti contattati di chiamare 150 persone e poi, dopo aver ricevuto un rifiuto, ridimensionava la richiesta a 25 chiamate. Nella variante delle due porte in faccia, la prima richiesta era sempre di 150 chiamate; dopo il rifiuto, l'aspettativa veniva ridotta a 100 interviste telefoniche e, solo dopo un altro rifiuto da parte del destinatario, si arrivava alla richiesta target di 25 telefonate. Nel gruppo di controllo, quasi nessuno acconsentì a effettuare le interviste (per la precisione, solo il 3% delle persone contattate accettarono). La tecnica della porta in faccia si dimostrò efficace anche in questo caso. In questa variante, infatti, un rispondente su quattro acconsentì a effettuare le 25 telefonate. Tuttavia, il dato particolarmente rilevante per la tecnica che stiamo analizzando è che, nel caso delle due porte in faccia, si registrò una percentuale di assenso ancora più alta: ben il 41% dei rispondenti accettò di intervistare 25 persone.

Meccanismo

Naturalmente, il meccanismo psicologico alla base della tecnica delle due porte in faccia è lo stesso descritto per la porta in faccia. La differenza, però, è che in questo caso il meccanismo viene attivato due volte a intervalli molto ravvicinati. Presumibilmente, è proprio questo a rendere efficace la tecnica delle due porte in faccia e ad aumentarne l'effetto rispetto alle circostanze in cui la persona assiste una sola volta al ridimensionamento delle aspettative.

TECNICA #10
PORTA E PIEDE

Idea

Nelle pagine precedenti abbiamo descritto due delle tecniche di influenza sociale più classiche: il piede nella porta e la porta in faccia. In entrambi i casi, si utilizza una sequenza di richieste. Il *piede nella porta* si basa sul principio per cui, prima di formulare la richiesta reale (quella a cui puntiamo davvero), viene avanzata un'altra richiesta molto più semplice, che quasi certamente il destinatario accetterà. Questo servirà ad aumentare le probabilità che la persona acconsenta anche alla richiesta seguente e più difficile. La tecnica della *porta in faccia* si basa sul principio opposto: si inizia con una richiesta estremamente difficile, che con ogni probabilità verrà rifiutata. Questo primo rifiuto renderà la persona più propensa ad accettare la richiesta successiva, che sarà anche molto più semplice da realizzare. Sappiamo anche che questi due metodi possono assumere forme più complesse: nel caso del piede nella porta, la richiesta reale viene preceduta da due richieste, una semplice e una un po' più complessa, mentre nel caso della porta in faccia, la richiesta reale viene preceduta da due richieste difficili, la seconda delle quali è leggermente più facile da soddisfare della prima. A questo punto, si potrebbe immaginare anche un altro tipo di sequenza utile ad aprire la strada alla nostra richiesta target: per prima cosa si pone la richiesta difficile, che viene rifiutata, poi si avanza una richiesta facile, che viene accettata, e solo a questo punto si formula la richiesta reale, il cui livello di difficoltà sarà più elevato di quello della richiesta che è stata appena accettata, ma allo stesso tempo chiaramente inferiore a quello della richiesta iniziale, che la persona ha respinto.

Ricerca

Morton Goldman (2011) contattò telefonicamente un campione di soggetti selezionati in maniera casuale, presentandosi come un membro di un'associazione che dava sostegno allo zoo locale. Nelle condizioni previste per il gruppo di controllo, Goldman domandava subito al soggetto se era disposto a scrivere a mano un indirizzo su 75 lettere di richiesta di aiuti economici per il giardino zoologico (si tenga presente che, all'epoca, questa non era una richiesta insolita perché le stampanti che utilizziamo oggi per questo genere di attività non erano ancora molto diffuse). Solo il 22% dei soggetti contattati diede la disponibilità a prendere parte a questo progetto. Il ricercatore procedette, poi, verificando l'efficacia di diverse tecniche sequenziali che, oggigiorno, sono molto conosciute e rappresentano lo standard. Nelle condizioni del *piede nella porta*, la richiesta di scrivere l'indirizzo sulle lettere era preceduta dalla richiesta di rispondere ad alcune domande di un sondaggio, mentre nelle condizioni della *porta in faccia* la prima richiesta era quella di realizzare un'indagine intervistando 150 persone (richiesta che, naturalmente, veniva rifiutata). Entrambe le tecniche si rivelarono efficaci. Nel primo caso, la percentuale di soggetti che acconsentì a scrivere l'indirizzo sulle lettere fu del 42%, mentre nel secondo caso arrivò al 46%.

Ma vediamo cosa è accaduto con la tecnica che stiamo analizzando, ossia quella della *porta e piede*. In questo caso, il ricercatore, dopo essersi presentato, chiedeva al soggetto di condurre 150 interviste riguardanti il giardino zoologico. Dopo aver ricevuto un rifiuto, domandava al soggetto se, in tal caso, non fosse disposto a rispondere a qualche domanda sull'argomento. Proseguiva con un breve questionario e poi avanzava la richiesta di scrivere manualmente l'indirizzo su 75 lettere destinate a potenziali donatori. Il risultato fu che, in queste condizioni di test, ben il 57% dei rispondenti accettò di soddisfare la sua richiesta.

Meccanismo

La tecnica della porta e piede rappresenta la fusione delle due tecniche sequenziali classiche, la porta in faccia e il piede nella porta. La sua efficacia dipende anche dalla sinergia tra i meccanismi psicologici alla base delle due tecniche coinvolte. Come sappiamo, la tecnica del piede nella porta richiede al soggetto di soddisfare una richiesta relativamente semplice, ma la chiave di tutto sta proprio nella parola *relativamente*. La richiesta da soddisfare non deve mai essere troppo banale o sciocca (per esempio, rispondere a domande come «Che ora è?»), poiché questo non spingerebbe il soggetto a classificare sé stesso come una persona che accontenta le richieste altrui. Se la richiesta è di natura banale, chiunque sarebbe disposto a soddisfarla, perciò il soggetto non avrà alcun motivo per sentirsi speciale. D'altro canto, quando la richiesta iniziale non è banale, c'è sempre qualcuno che la rifiuta. In questi casi, è altamente probabile che il soggetto rifiuti anche la richiesta successiva, che è più difficile di quella iniziale, perciò la tecnica del piede nella porta non avrà alcuna efficacia. Il metodo della porta e piede è stato elaborato proprio per aumentare la disponibilità del soggetto ad assecondare una richiesta semplice ma non banale. Questo risultato può essere raggiunto ponendo al soggetto una prima richiesta estremamente difficile, che verrà rifiutata; questo rifiuto renderà il soggetto più incline ad accettare la richiesta seguente, che sarà simile alla prima, ma molto più facile. Lo sottolineiamo ancora una volta: la seconda richiesta deve essere più semplice della prima, ma non troppo ovvia né banale. Una volta che la seconda richiesta è stata accettata, è molto probabile che il soggetto sarà disposto ad accettarne un'altra più difficile. Questo è esattamente l'obiettivo di chiunque tenti di esercitare l'influenza sociale sugli altri.

TECNICA #11
PIEDE IN FACCIA

Idea

La tecnica del piede nella porta e quella della porta in faccia sono due delle tecniche di influenza sociale più studiate in assoluto. Entrambe hanno un carattere sequenziale, il che significa che, prima della richiesta vera e propria, viene avanzata una richiesta preliminare. Come abbiamo già detto, nel caso del piede nella porta la richiesta iniziale è semplice, perciò si parte dal presupposto che il destinatario la accetterà. Nel caso della porta in faccia è vero il contrario: la richiesta iniziale è difficile e si può quasi dare per scontato che verrà rifiutata. Ma cosa accade quando le due richieste hanno un livello di difficoltà simile? La probabilità che il rispondente soddisfi la seconda richiesta aumenta nel caso in cui abbia già soddisfatto la prima? Oppure, al contrario, questa probabilità aumenta quando la prima richiesta viene rifiutata? O ancora, è possibile che questo dato aumenti a prescindere che la prima richiesta sia stata accettata o rifiutata?

Ricerca

L'esperimento in questione è stato realizzato all'interno di un'università (Dolinski, 2011). Lo sperimentatore fermava gli studenti lungo i corridoi e li informava che era in corso un'iniziativa per fornire assistenza a uno studente ipovedente. Il ragazzo, per ovvie ragioni, aveva grandi difficoltà a preparare gli esami e a portare a termine le attività previste dal corso di studi. A tutti i partecipanti vennero fatte due richieste consecutive. Nella metà dei casi, i soggetti venivano informati che lo studente ipovedente doveva condurre un'indagine di ricerca, somministrando un questionario piuttosto lungo, che richiedeva mezz'ora di tempo, e si domandava loro se fossero disposti a completarlo. A prescindere che il soggetto interpellato accettasse o meno, lo sperimentatore avanzava una seconda richiesta, chiedendo al soggetto di registrare la propria voce mentre leggeva un breve capitolo di un libro di testo (circa 5 pagine). Infatti, si spiegava, gli studenti ipovedenti si preparavano agli esami ascoltando questo genere di registrazioni. Nell'altra metà dei casi, le richieste avanzate erano le stesse, ma in ordine inverso: prima si chiedeva di registrare il capitolo del libro di testo e poi di completare il questionario. Il risultato fu che, indipendentemente dall'ordine con cui le richieste venivano presentate (che venisse prima la registrazione del capitolo o l'indagine), meno della metà dei partecipanti acconsentirono a soddisfare la prima. Tuttavia, con la seconda richiesta (che quindi era stata preceduta da una richiesta alternativa) si registrò un aumento dell'assenso (fino al 58%).

In uno studio di follow-up, venne aggiunto un nuovo elemento nella struttura dell'esperimento. Che i partecipanti accettassero o meno la prima richiesta, in una metà dei casi la seconda richiesta veniva avanzata immediatamente e nell'altra metà dopo qualche tempo (due giorni, per la precisione). Dai risultati è emerso che la tecnica del piede in faccia è particolarmente efficace quando la seconda richiesta viene avanzata subito dopo il rifiuto del soggetto a realizzare la prima; quando, invece, la prima richiesta viene soddisfatta, la tecnica acquista efficacia solo se si lascia passare un po' di tempo. Nelle condizioni dell'esperimento di follow-up, quasi il 70% dei partecipanti acconsentì a soddisfare la seconda richiesta. Chi desidera esercitare l'influenza sociale, dunque, deve tenere conto di questo elemento e *avanzare la seconda richiesta subito dopo che la prima è stata rifiutata; se, invece, la prima richiesta viene accettata, vale la pena aspettare un po' di tempo prima di formularne un'altra.*

Meccanismo

La tecnica del *piede in faccia* si basa sul principio per cui, quando la persona interpellata rifiuta la prima richiesta, non è bene insistere affinché la assecondi, ma si deve formulare una richiesta alternativa, poiché l'interlocutore la percepirà come una concessione. Innanzitutto, in questo modo daremo alla persona una maggiore possibilità di scelta, offrendole due richieste alternative laddove, fino a poco prima, ne esisteva una sola. Inoltre, c'è la possibilità che, a seconda della percezione soggettiva degli interpellati, la seconda richiesta venga interpretata come più semplice della prima. Del resto, il livello di difficoltà delle due richieste non può essere calcolato in maniera oggettiva e, in genere, quando ricevono un rifiuto alla prima richiesta, i venditori e chi esercita ruoli affini abbassano le loro aspettative e formulano una nuova proposta, più favorevole, per l'interlocutore. Pertanto, è molto probabile che anche in questo caso entri in gioco il principio di reciprocità: una concessione in cambio di un'altra concessione, regola che impone alla persona che ha appena rifiutato di soddisfare la nuova richiesta avanzata. Che fare, invece, se il rispondente soddisfa la prima richiesta? Be', in teoria, la propensione a considerare sé stessi come persone che soddisfano questo genere di richieste e la tendenza umana alla coerenza dovrebbero portare a soddisfare anche la richiesta successiva, soprattutto in considerazione del fatto che non è comprovatamente più difficile di quella già realizzata. La cosa bella di questa tecnica è che, a prescindere da ciò che il partecipante fa quando riceve la prima richiesta, c'è un'alta probabilità che la seconda richiesta verrà soddisfatta.

TECNICA #12
COLPO BASSO

Idea

Questa tecnica è nata dall'osservazione del comportamento dei rivenditori di auto usate negli Stati Uniti. Di solito, questi rivenditori hanno decine o perfino centinaia di auto esposte in un grande parcheggio, ognuna con un cartello sul parabrezza che indica il prezzo (solitamente molto allettante). Il potenziale acquirente si aggira per il parcheggio, osservando i veicoli, e finalmente la trova: l'auto che stava cercando! Ha una bella linea, sembra ben tenuta, non ci sono difetti visibili e ha perfino un bel colore. Il prezzo poi non è affatto male, così l'acquirente inizia a trattare con il venditore. Dopo diversi minuti di confronto raggiungono un accordo: il venditore abbassa un po' il prezzo e il cliente acconsente a pagare subito in contanti. I due si danno la mano e vanno in ufficio per la firma del contratto. In questa fase, però, si scopre che l'auto ha gli pneumatici estivi e la legge vieta di circolare con questo tipo di gomme da novembre a marzo, perciò c'è da aggiungere questa spesa al prezzo comunicato. Inoltre, la revisione è scaduta. Il rivenditore può occuparsene, ma verrà addebitato come costo extra. E non dimentichiamoci poi delle tasse sulla vendita, che vanno sempre aggiunte al prezzo dell'auto. Il compratore cambierà idea e se ne andrà dopo tutti questi imprevisti? Nella stragrande maggioranza dei casi, no: resterà e terrà fede alla decisione presa. Sebbene l'accordo stia diventando sempre meno vantaggioso di minuto in minuto, farà di tutto per concludere la trattativa e portare a casa l'auto.

Ricerca

Le prime ricerche sulla tecnica del colpo basso sono state condotte da Robert Cialdini, John Cacioppo, Rodney Bassett e John Miller (1978). Il loro esperimento coinvolse un gruppo di studenti di psicologia, che vennero contattati telefonicamente con il seguente messaggio: «Stiamo cercando 100 studenti da inserire in un esperimento sui processi del pensiero. L'esperimento studierà le modalità con cui le persone organizzano i fatti. Ti verrà riconosciuta un'ora di credito in cambio della tua partecipazione all'esperimento». A questo punto, le istruzioni date al gruppo sperimentale differivano da quelle date al gruppo di controllo. I membri del gruppo di controllo vennero informati subito che l'esperimento sarebbe iniziato il venerdì mattina alle 7:00 in punto. Dopo aver fornito quest'informazione, lo sperimentatore chiedeva agli studenti se desideravano iscriversi per partecipare. Nel gruppo del colpo basso, invece, prima chiedeva agli studenti se fossero interessati a prendere parte all'esperimento; se rispondevano di sì, formalizzava la loro iscrizione e, solo allora, venivano informati che si sarebbero dovuti presentare in laboratorio il venerdì mattina alle 7:00. I risultati mostrarono l'efficacia della tecnica con riferimento alla conferma verbale della partecipazione all'esperimento: nel gruppo di controllo, solo il 31% dei partecipanti acconsentì, mentre nel gruppo del colpo basso il consenso arrivò al 56%. La cosa più interessante, però, accadde dopo. Gli sperimentatori verificarono quanti studenti fossero effettivamente andati al laboratorio quel venerdì mattina. Nel gruppo di controllo, solo il 24% degli interpellati si presentò, mentre nel gruppo sperimentale la presenza raggiunse il 53% (praticamente quasi tutti quelli che avevano confermato verbalmente la loro partecipazione!). Dai risultati ottenuti, si evince con chiarezza che la manifestazione di consenso verso una certa proposta era stata rispettata (sia a livello verbale che a livello di comportamento) anche quando le condizioni si erano rivelate decisamente spiacevoli per gli studenti.

Meccanismo

La ragione per cui, generalmente, le persone non vengono meno alle promesse o alle dichiarazioni fatte è la percezione di aver preso un impegno, ossia l'idea che, se ho accettato i termini di un certo accordo, non posso più tirarmi indietro. Quest'idea, a sua volta, è strettamente collegata al principio di impegno e coerenza, ovvero la profonda convinzione che se ho già detto A, dovrò dire anche B. Le persone tendono ad adottare comportamenti coerenti anche per ragioni riguardanti l'immagine di sé; in fondo, a nessuno fa piacere percepire sé stesso come una persona con opinioni incostanti, che cambia idea in continuazione. L'immagine di una persona sicura delle proprie decisioni e delle proprie opinioni, invece, è altamente desiderabile. Un ulteriore meccanismo in gioco è la percezione di sé di cui abbiamo già parlato nel caso del piede nella porta: se ho già acconsentito a una richiesta, sono una persona che "fa questo genere di cose", e che le farà anche quando si riveleranno meno vantaggiose del previsto.

TECNICA #13
SPECCHIETTO PER LE ALLODOLE

Idea

La tecnica del colpo basso è indubbiamente poco etica, ma lo è ancor meno la cosiddetta *tecnica dello specchietto per le allodole*. Mentre nel caso del colpo basso ciò che viene offerto resta invariato, ma il costo per ottenerlo aumenta (per esempio, quando si paga più del previsto, si dedica più tempo di quello concordato a un'attività o ci si deve alzare presto la mattina, come nella ricerca sopra descritta), nel caso dello specchietto per le allodole si scopre inaspettatamente che quanto promesso, per qualche ragione, non è più disponibile. In alternativa, se vuole, la persona potrà ottenere qualcosa di diverso – e, naturalmente, molto meno allettante.

Ricerca

In un esperimento condotto in Francia, Robert Joule, Fabienne Gouilloux e Florent Weber (1989) hanno invitato i loro studenti a prendere parte a un esperimento psicologico. Nella variante finalizzata a verificare l'efficacia dello specchietto per le allodole, gli studenti vennero invitati a partecipare a un interessante studio sulle emozioni, durante il quale avrebbero visionato un cortometraggio di circa 25 minuti e poi avrebbero risposto a qualche domanda sulle scene che avevano trovato più toccanti. In cambio del loro contributo, avrebbero ricevuto 30 franchi (circa 6 dollari). Quando gli studenti si presentarono al laboratorio, però, vennero informati che "purtroppo" l'esperimento sulle emozioni non era più in programma. Tuttavia, se erano d'accordo, avrebbero potuto partecipare a una ricerca sulla memoria, che però non prevedeva alcun compenso (agli studenti del gruppo di controllo, invece, era stata offerta solo questa possibilità fin dall'inizio). Dai risultati emerse che l'uso dello specchietto per le allodole aveva triplicato le probabilità di reclutare dei partecipanti per lo studio sulla memoria. Nel gruppo di controllo, solo il 15.4% degli studenti aveva accettato di partecipare allo studio, mentre nel gruppo sperimentale la percentuale era balzata al 47.4%.

Meccanismo

Oltre ad assomigliare, sotto molti aspetti, alla tecnica del colpo basso, lo specchietto per le allodole si basa anche sullo stesso meccanismo psicologico, ossia il senso di obbligo e la motivazione a portare a termine un'azione già iniziata. Con riferimento all'esperimento appena descritto, quando i partecipanti avevano scoperto che l'esperimento per cui erano andati al laboratorio non avrebbe avuto luogo, ma che comunque potevano partecipare a un altro esperimento che non prevedeva ricompense economiche, avranno pensato: «Ormai sono qui, tanto vale prendere parte a una ricerca psicologica, qualsiasi essa sia». Un aspetto importante da considerare è che, per lo studente, rifiutare di partecipare a un esperimento che non prevedeva ricompense economiche sarebbe equivalso ad ammettere che si era recato al laboratorio solo per il denaro, e non per un reale interesse verso la psicologia e gli esperimenti psicologici. Alcune persone sono estremamente restie a far passare questa immagine di sé.

TECNICA #14
DUE IN UNO: COLPO BASSO E PIEDE NELLA PORTA

Idea

Conosciamo già le tecniche del piede nella porta e del colpo basso. La principale differenza tra le due è che il *piede nella porta* prevede una sequenza di due richieste dove la seconda è più impegnativa della prima mentre nel *colpo basso* la richiesta resta sostanzialmente la stessa e l'unica cosa che cambia è il costo da sostenere per soddisfarla. All'inizio della trattativa, realizzare la richiesta sembra semplice, ma una volta che il soggetto ha deciso di intraprendere l'azione, scopre che gli costerà più tempo, più fatica o più denaro di quanto prospettato in un primo momento.

Quale può essere il risultato dell'unione di queste due tecniche? La cosa funzionerebbe più o meno così: si inizia chiedendo alla persona di soddisfare, nel giro di poco tempo, una richiesta abbastanza impegnativa ma ragionevole e, una volta che la persona ha accettato, "già che ci siamo", le chiediamo se magari è disposta ad aiutarci nell'immediato con una richiesta simile, ma molto più semplice, che richiede poco impegno da parte sua. È ovvio che accetterà. Dopo qualche tempo, come previsto, ci rivolgiamo di nuovo a questa persona dicendole che, a causa di alcune novità impreviste, siamo costretti a chiederle qualcosa di più impegnativo rispetto a quanto prospettato all'inizio. Questa tecnica funziona? Vediamo qualche studio sperimentale in proposito.

Ricerca

Quando si realizzano ricerche di marketing al telefono, in genere, il problema principale è che i destinatari delle chiamate rifiutano di partecipare ai sondaggi. Jacob Hornik, Tamar Zaig, Dori Shadmon e Gabriel Barbash (1990) hanno contattato i residenti di Tel Aviv durante i weekend, tra le 16:00 e le 21:00, chiedendo loro di realizzare un'intervista su vari argomenti relativi alla salute. I partecipanti vennero informati che l'intervista avrebbe avuto una durata di 20 minuti e che sarebbe avvenuta dopo qualche giorno (se il rispondente accettava di sostenere una telefonata così lunga, veniva richiamato dopo 3 giorni, ma l'intervista in realtà durava circa 6 minuti). In queste condizioni sperimentali, il 48.1% dei rispondenti accettò di realizzare l'intervista. Poi, Hornik e i colleghi verificarono quale fosse la percentuale di assenso quando venivano applicate alcune delle tecniche di influenza sociale più conosciute. Scoprirono che la percentuale di rispondenti disposti a dedicare 20 minuti del proprio tempo a un'intervista telefonica arrivava al 59% quando questa richiesta veniva preceduta dalla richiesta di rispondere a 3 brevi domande nell'immediato.

La tecnica del colpo basso, poi, si dimostrò ancora più efficace. In questo caso, inizialmente si chiedeva ai rispondenti la disponibilità a partecipare nell'immediato futuro a un'intervista di 10 minuti su temi legati alla salute. Se il rispondente accettava, veniva ricontattato 3 giorni dopo e gli veniva comunicato che il team di ricerca aveva deciso di aggiungere qualche domanda all'intervista, che quindi sarebbe durata circa 20 minuti. Il risultato fu che il 73.8% dei rispondenti acconsentirono a rispondere alla versione estesa dell'intervista. D'altro canto, sapevamo già che le tecniche del piede nella porta e del colpo basso sono efficaci. Ciò che ci interessa, ora, è capire come funziona l'unione di queste due tecniche: in questo caso, al rispondente si chiedeva di partecipare, nel giro di qualche giorno, a un'intervista telefonica di 10 minuti. Una volta che il rispondente aveva accettato, veniva posta la seguente domanda: «Già che siamo al telefono, le dispiacerebbe rispondere a 3 domande su alcuni temi legati alla salute?». Naturalmente, a questa richiesta seguivano le 3 domande menzionate. Dopo 3 giorni, il rispondente veniva ricontattato e gli veniva comunicato che il team di ricerca aveva deciso di aggiungere qualche domanda e che quindi l'intervista concordata sarebbe durata 20 minuti. La tecnica ha funzionato? Decisamente sì. Il risultato fu che addirittura l'84.1% dei rispondenti accettò di realizzare l'intervista!

Meccanismo

L'efficacia della tecnica risultante dalla combinazione di due metodi sequenziali classici (il colpo basso e il piede nella porta) non si deve solo al fatto che sfrutta gli elementi di base di due grandi classici dell'influenza sociale, ma anche al fatto che fa leva sui diversi meccanismi psicologici responsabili dell'efficacia delle due tecniche coinvolte. Ricordiamolo ancora una volta: la tecnica del *colpo basso* è efficace perché il soggetto accetta di intraprendere una certa attività e il sopraggiungere di circostanze sfavorevoli impreviste non è sufficiente ad annullare l'impegno preso all'inizio. Nel caso del *piede nella porta*, invece, si pensa che la sua efficacia sia legata al meccanismo dell'autopercezione (Ben, 1967). Una persona che abbia accettato di assecondare una richiesta tende naturalmente a cercare delle spiegazioni sul motivo che l'ha spinta ad agire in quel modo. Se non riesce a individuare motivazioni esterne che giustifichino la sua reazione (nessuno l'ha costretta e nessuno l'ha pagata in cambio della sua condiscendenza), inizia a percepire sé stessa come il tipo di persona che fa quel genere di cose, o come qualcuno che soddisfa le richieste degli altri, e questa nuova immagine di sé si rivela coerente con la nuova richiesta più impegnativa che le viene posta. La tecnica ibrida che stiamo illustrando, volta a massimizzare l'effetto dell'influenza sociale, attiva entrambi i meccanismi illustrati, uno dopo l'altro. Pertanto, questa tecnica può essere definita come un veicolo a due motori che viaggia veloce verso un obiettivo, ovvero, persuadere una persona a soddisfare una certa richiesta.

TECNICA #15
INCASSA E INSISTI

Idea

Quando avanziamo una richiesta a qualcuno, possiamo ricevere un consenso o un rifiuto. In quest'ultimo caso, possiamo reagire come se la conversazione fosse conclusa oppure provare a portarla avanti per persuadere il nostro interlocutore ad accettare la richiesta. A volte il problema si risolve facilmente. Per esempio, il nostro interlocutore ci dice che non può accontentarci perché non ha tempo. In tal caso, possiamo rispondere che gli ruberemo meno di un minuto perché vogliamo solo porgli 3 brevi domande. Che fare, però, quando l'interlocutore risponde solo «No» e chiude, bruscamente, la conversazione? Possiamo domandargli educatamente il motivo del suo rifiuto e forse, solo allora, ci dirà che non ha tempo. È possibile, a questo punto, trattare questa nuova situazione come un'opportunità per esercitare l'influenza sociale?

Ricerca

Franklin Boster e colleghi (2009) hanno studiato le reazioni dei passanti a una richiesta avanzata da una donna, che li fermava dicendo di dover sbrigare una commissione in un edificio della zona ma, poiché aveva dimenticato a casa la catena per chiudere la bicicletta, temeva che gliela rubassero. Quindi, la donna chiedeva ai passanti di sorvegliare la sua bicicletta per circa 10 minuti. Il 40% dei passanti accettò di aiutarla. Quelli che rifiutarono, talvolta diedero delle spiegazioni, che fornivano alla donna l'opportunità di controbattere con argomentazioni che li portassero a cambiare idea. Se, per esempio, dicevano: «Vado un po' di fretta», la donna rispondeva: «Capisco, ma ci metterò al massimo 10 minuti, forse anche meno». Ma cosa accadeva quando le persone non offrivano delle giustificazioni per il loro rifiuto? In questo caso, la donna domandava educatamente come mai si rifiutassero di aiutarla. Dopo aver ascoltato la risposta, trovava delle falle nel loro ragionamento e le sfruttava per convincerli a sorvegliare la bicicletta. Il risultato fu che la percentuale di persone che acconsentirono a concederle 10 minuti del loro tempo raggiunse il 60%.

Meccanismo

Esistono molti modi per rifiutarsi di soddisfare una richiesta. Alcuni dicono semplicemente di no e chiudono la conversazione, altri spiegano perché non vogliono o non possono dare il loro aiuto. Nel primo caso, ci troviamo di fronte a un rifiuto categorico, nel secondo caso il no è solo un ostacolo. Mentre il rifiuto categorico porta a un esito sfavorevole, *l'ostacolo apre la porta a ulteriori confronti e negoziazioni*. Per esempio, potrebbe offrire l'occasione di fornire nuove informazioni o di utilizzare argomentazioni diverse, che persuadano l'interlocutore ad acconsentire alla nostra richiesta.

Ma un rifiuto categorico segna necessariamente la conclusione di ogni trattativa? E se provassimo semplicemente a chiedere all'interlocutore come mai non vuole o non può soddisfare le nostre aspettative? Se ci risponderà, il rifiuto si trasformerà in un ostacolo e avremo l'occasione di fargli cambiare idea.

2
Le emozioni

Molti considerano le emozioni come qualcosa di superfluo, un elemento che ostacola il pensiero razionale: affermare che una persona si è comportata in modo "emotivo", talvolta, è un eufemismo per dire che ha fatto qualcosa di stupido. Ma quando dichiariamo che qualcuno ha preso una decisione emotiva, in realtà, intendiamo dire che ha fatto una scelta affrettata e poco saggia. Le emozioni sono necessarie per il corretto funzionamento della nostra mente: immaginate per un momento di non essere più in grado di provare alcuna emozione; se, per esempio, voleste comprarvi un paio di scarpe nuove, sareste costretti a confrontare i diversi modelli in base a una serie di parametri (robustezza, aderenza della suola al terreno, impermeabilità, ecc.) e passereste l'intera giornata dentro al negozio per scegliere quelle giuste. Grazie alle emozioni, invece, vi rendete conto fin da subito che gran parte dei modelli esposti non vi trasmettono alcuna sensazione positiva e concentrate la vostra attenzione solo su alcuni. Alla fine, sceglierete uno dei pochi modelli selezionati, oppure andrete in un altro negozio. Le emozioni possono anche favorire o ostacolare gli effetti dell'influenza sociale esercitata su di noi. Le prossime pagine saranno incentrate proprio su questa problematica.

TECNICA #16
SFRUTTA IL BUONUMORE

Idea

È risaputo che il buonumore favorisce un atteggiamento positivo e ci rende più gentili e più disponibili. Quando siamo sereni, vediamo il mondo a colori e abbiamo fiducia nel futuro. Inoltre, questo stato d'animo tende ad aumentare la nostra disponibilità a soddisfare le richieste che ci vengono fatte. I bambini lo sanno bene, infatti aspettano che i genitori siano di buonumore per chiedere il permesso (a seconda dell'età) per comprare un giocattolo nuovo, andare in discoteca, rientrare dopo la mezzanotte o acquistare un'auto nuova. Tutti sappiamo che questa strategia funziona – se la persona a cui vogliamo rivolgere la nostra richiesta è di buonumore, le probabilità che ci risponda di sì aumentano. Ma questa "regola" si applica in qualsiasi circostanza o dipende dal tipo di richiesta che viene avanzata? Le ricerche dimostrano che la questione è molto più complessa di quanto si potrebbe pensare. Vediamo cosa suggeriscono i risultati di uno di questi studi.

Ricerca

Nel loro studio, Alice Isen e Stanley Simmonds (1978) vennero supportati dal fatto che negli anni Settanta non esistevano ancora i cellulari. Non avendo a disposizione questa tecnologia, le persone erano costrette a utilizzare altri mezzi per comunicare quando erano fuori casa, come ad esempio le cabine telefoniche, che ancora si vedono in giro di tanto in tanto. Ormai sono praticamente dei reperti da esporre in un museo delle telecomunicazioni, perché nessuno le usa più (e probabilmente i giovani di oggi non saprebbero nemmeno come farle funzionare). Nel caso in cui i lettori più giovani non lo sappiano, spiegheremo brevemente come funziona una cabina telefonica: si tratta di una cabina contenente un telefono a pagamento, che poteva essere utilizzato inserendo delle monete nell'apposita fessura. Conteneva, inoltre, un vano per la restituzione delle monete nel caso in cui il destinatario della chiamata non avesse risposto. Alcuni telefoni davano il resto anche quando la chiamata terminava prima di aver esaurito il credito. A volte (non si sapeva il perché, forse a causa di un malfunzionamento dell'apparecchio), succedeva che il telefono restituisse le monete inserite anche quando la chiamata era andata a buon fine. All'epoca, praticamente tutti utilizzavano le cabine telefoniche e non c'era persona che non controllasse il vano del resto dopo aver riagganciato.

I ricercatori ipotizzarono che riavere indietro i 10 centesimi utilizzati per una chiamata andata a buon fine potesse mettere di buonumore il chiamante – si tenga presente che negli anni Settanta il potere di acquisto di 10 centesimi era molto più alto rispetto a oggi, e che in genere le persone amano le sorprese piacevoli. Pertanto, misero una moneta da 10 centesimi nel vano del resto prima che le persone, inconsapevoli di essere oggetto di studio, entrassero nella cabina telefonica. Una volta che il chiamante aveva riagganciato e aveva trovato il regalo inatteso (i 10 centesimi), veniva avvicinato da uno sperimentatore che si presentava come il responsabile di una ricerca sull'umore. Questa persona mostrava all'interlocutore un libro e gli spiegava che le frasi contenute in quelle pagine erano state elaborate per migliorare oppure per peggiorare l'umore delle persone, a seconda del gruppo sperimentale a cui il soggetto era stato assegnato. Lo scopo della ricerca, proseguiva, era realizzare uno studio empirico che confermasse l'effettiva efficacia di quegli enunciati nel generare l'effetto desiderato. Il libro conteneva davvero delle affermazioni pensate per suscitare nelle persone stati affettivi di un certo tipo (positivi in una metà del libro e negativi nell'altra metà). Nel gruppo di controllo lo sperimentatore avanzava la stessa richiesta a tutti i partecipanti ma, in questo caso, si trattava di persone che, nel vano del resto, non avevano trovato niente. L'osservazione dei ricercatori si concentrava sui seguenti due aspetti: la quantità di tempo che i partecipanti dedicavano alla lettura delle affermazioni e il numero di affermazioni lette.

Dall'analisi dei risultati, i ricercatori rilevarono che, quando lo sperimentatore chiedeva di leggere le affermazioni positive, le persone che avevano appena trovato 10 centesimi nel vano del resto collaboravano più a lungo (mediamente, il 50% in più) e leggevano un numero maggiore di affermazioni (mediamente, il 55% in più) rispetto alle persone che erano uscite dalla cabina senza riavere indietro i soldi. Nel caso delle affermazioni che avevano lo scopo di mettere di cattivo umore il lettore, la distribuzione dei risultati seguiva l'andamento opposto: le persone che erano di buonumore perché avevano trovato i 10 centesimi dedicavano meno tempo allo sperimentatore (il 70% in meno!) e leggevano un numero inferiore di affermazioni (addirittura il 90% in meno) rispetto a chi faceva parte del gruppo di controllo.

Meccanismo

Il nostro umore, a differenza dell'attivazione fisiologica (di cui parleremo più avanti), non è legato a cambiamenti nel ritmo cardiaco o respiratorio. Si potrebbe affermare che è uno stato affettivo molto più lieve e, nella gran parte dei casi, più duraturo. Essere di buonumore è molto piacevole, tanto che le persone sono disposte a fare di tutto per raggiungere questa condizione e per mantenerla una volta che l'hanno conquistata. A volte soddisfare le richieste degli altri ci mette di buonumore (è piacevole vedere la gioia degli altri e lo è anche sapere che siamo delle persone gentili), mentre altre volte può essere causa di malumore (per esempio, se rinunciamo ai nostri soldi per fare una donazione a un'associazione benefica, se perdiamo del tempo prezioso perché ci è stato chiesto di compilare un questionario oppure se ci sporchiamo le mani per aiutare qualcuno a portare un sacco dal bagagliaio dell'auto in casa).

Se una persona è di buonumore, questo la renderà più incline a soddisfare le richieste che le vengono poste, ma solo se queste richieste non sono eccessivamente lesive del suo buonumore. Se avete bisogno di aiuto in un'attività difficoltosa e seccante, che di certo ridurrà il livello di emozioni positive sperimentate dalla persona a cui avete intenzione di rivolgervi, non dovete aspettare che questa sia di buonumore (a meno che non sia talmente euforica che niente potrebbe rovinare il suo stato d'animo, ma tenete presente che, per quanto ne sappiamo, finora gli esperti di psicologia sociale non hanno mai osservato un caso simile).

TECNICA #17
SFRUTTA IL CATTIVO UMORE

Idea

La tecnica appena descritta si basa sul presupposto che tutti desideriamo mantenere il buonumore. Quando sono di buonumore, le persone acconsentono volentieri alle richieste degli altri, ma solo se questo non rovinerà il loro stato d'animo. Cosa succede, invece, con il cattivo umore? Probabilmente penserete che, quando le persone sono di cattivo umore, non hanno voglia di fare niente per gli altri e che le richieste che ricevono sono vissute solo come una seccatura. Ci preme sottolineare che, in questa sede, non stiamo parlando di emozioni vere e proprie (per esempio, la rabbia o l'irritazione rivolte verso una persona in particolare), ma solo di *stati emotivi*, che sono meno intensi e meno specifici delle emozioni (ossia, non sono rivolti a un oggetto sociale in particolare). Gli esperimenti svolti in ambito psicologico dimostrano che, in alcuni casi, *anche il malumore può rendere le persone più inclini a soddisfare le richieste degli altri.* Esaminiamo uno di questi esperimenti.

Ricerca

Robert Cialdini e Douglas Kenrick (1976) invitarono un gruppo di adolescenti di età compresa tra i 15 e i 18 anni a prendere parte a un esperimento, che era di natura individuale.

Lo studente selezionato per lo studio usciva dalla sua aula e si recava in un laboratorio di psicologia improvvisato all'interno della sua scuola. Una volta al laboratorio, veniva informato che avrebbe partecipato a due test consecutivi: il primo riguardava l'udito e il secondo l'immaginazione. In cambio del suo contributo, avrebbe ricevuto dei coupon speciali che avrebbe potuto scambiare con una ricompensa (non meglio specificata). Durante il test dell'udito, ascoltava alcune coppie di suoni e doveva identificare quale dei due aveva il volume più alto. Una volta fornita la risposta definitiva, gli veniva detto che il suo punteggio era simile a quello della maggioranza degli studenti che avevano fatto il test e gli venivano consegnati 10 coupon. Il secondo test si svolgeva poco dopo. Il soggetto riceveva altri 5 coupon prima di iniziare. A questo punto, i partecipanti venivano assegnati a due gruppi diversi. Nel gruppo di controllo, veniva mostrata una sedia con un libro appoggiato sopra. I partecipanti dovevano chiudere gli occhi e immaginare questi due oggetti separatamente. Nelle condizioni sperimentali, invece, si chiedeva di ricordare e immaginare una serie di eventi negativi. Come avrete già capito, l'obiettivo era quello di portare il primo gruppo a mantenere lo stesso stato d'animo e di peggiorare l'umore del secondo gruppo.

Indipendentemente dal gruppo a cui i soggetti erano stati assegnati, subito dopo il test dell'immaginazione, veniva detto loro che non tutti gli studenti avevano avuto l'opportunità di partecipare all'esperimento e di ricevere i coupon con cui ritirare una ricompensa. «Se vuoi, però», continuava lo sperimentatore, «Puoi donare i tuoi coupon a questi ragazzi. La decisione è tua, naturalmente; non sei costretto a farlo». Ecco i risultati: i soggetti che avevano mantenuto sempre lo stesso umore donarono, in media, circa uno 0.8 dei loro coupon agli altri studenti (ma va precisato che molti non cedettero nemmeno un coupon). Nel gruppo in cui l'umore era peggiorato, i soggetti si mostrarono più inclini a seguire il suggerimento del ricercatore e a donare i coupon agli altri studenti. In queste condizioni di prova, infatti, i partecipanti cedettero in media più di 4 coupon a testa.

Meccanismo

Siamo tutti d'accordo sul fatto che essere di cattivo umore non è piacevole. Le persone utilizzano strategie di vario genere per uscire da questo stato d'animo negativo. Alcuni vanno al cinema, altri prendono una birra con gli amici, altri ancora si infilano le cuffiette e ascoltano la musica. Secondo il Modello del sollievo dagli stati d'animo negativi elaborato da Cialdini e Kenrick, *è possibile ridurre il malumore anche aiutando gli altri.* L'altruismo ci fa sentire "persone migliori" e tale convinzione, specificamente supportata dal comportamento adottato, migliora il nostro umore all'istante. Pertanto, se la richiesta non è difficile e non richiede un grande sacrificio, è possibile che la persona a cui la rivolgiamo dia la sua disponibilità a soddisfarla. Ci preme precisare che qui si fa riferimento solo a persone con un umore lievemente "calante" e non affette da gravi forme depressive – che sono prive della motivazione necessaria per portare a termine qualsiasi attività e hanno un livello di autostima così basso da non poter essere ristabilito solo soddisfacendo una richiesta altrui.

TECNICA #18
ATTIVAZIONE FISIOLOGICA

Idea

Ognuno di voi, cari lettori, ha sicuramente notato che, di tanto in tanto, il battito cardiaco accelera e il ritmo respiratorio aumenta. A volte sapete perché questo accade, mentre altre volte ignorate le cause di questa risposta fisiologica. Tali cambiamenti nelle reazioni corporee, che possiamo osservare a occhio nudo (e altri che invece possono essere misurati in modo preciso con degli strumenti appositi), sono sintomi di un'aumentata attivazione fisiologica (o arousal). L'attivazione fisiologica, negli esseri umani, può essere innescata da fattori di vario genere. Può essere la conseguenza della mera vicinanza fisica con altre persone, nel caso in cui si entri in contatto con un individuo molto attraente o con un personaggio famoso. Può anche essere causata da stimoli come un odore molto intenso (sia gradevole che sgradevole) o la vista di una persona sul tetto di un edificio che minaccia di commettere suicidio. All'interno di un concessionario d'auto, il cliente può entrare in uno stato di attivazione alla vista di una meravigliosa auto sportiva, mentre in un negozio di scarpe questo fenomeno può essere innescato da un paio di scarpe elegantissime a metà prezzo, che gridano «Comprami!». Si può sperimentare uno stato di attivazione aumentata anche ascoltando una canzone dei Pink Floyd, soprattutto se non la sentivamo più da diversi anni, o quando c'è una scena di sesso nel mezzo di un film noioso. Stilare un elenco completo degli eventi che possono indurre un aumento dell'attivazione è praticamente impossibile.

Ricerca

Arnie Cann e Jill Blackwelder (1984) decisero di verificare se le persone con un'elevata attivazione fisiologica fossero più propense ad assecondare le richieste degli altri. L'esperimento venne condotto in un edificio universitario. Alcuni soggetti (in gran parte studenti dei primi anni) vennero fermati mentre uscivano dal bagno e altri poco più in là, in mezzo al corridoio, per porre loro delle domande. I ricercatori partivano dal presupposto che essere avvicinati da uno sconosciuto mentre si esce dal bagno rappresenta un fattore scatenante di elevato arousal. Il bagno è il luogo per eccellenza in cui abbiamo bisogno di privacy, una privacy che, nel caso dell'esperimento, veniva in qualche misura violata. Il ricercatore che conduceva l'esperimento si rivolgeva a tutti con la stessa modalità: diceva loro che un suo amico lo stava aspettando all'ingresso del palazzo per ricevere degli appunti molto importanti ma che, essendo di fretta, non poteva portarglieli. Alla persona veniva chiesto di andare all'ingresso e consegnare, per suo conto, il materiale all'amico (anche in questo caso si tenga presente che, all'epoca, i cellulari non esistevano). Il risultato fu che, nel gruppo dei soggetti interpellati a metà del corridoio, il 45% acconsentì alla richiesta, mentre nel gruppo di studenti avvicinati sulla porta del bagno si arrivò quasi al doppio degli assensi (80%).

Meccanismo

Numerosi studi psicologici hanno sistematicamente dimostrato che *l'attivazione fisiologica negativa ostacola la corretta valutazione della situazione in cui ci si trova e la capacità di prendere decisioni razionali.* Secondo alcuni psicologi, la causa di queste difficoltà va ricercata nel fatto che una forte attivazione fisiologica diminuisce leggermente l'afflusso di sangue al cervello. Poiché in queste condizioni il livello di "carburante" è basso, funzioniamo come un'auto con il serbatoio in riserva: continuiamo comunque a muoverci, ma il motore inizia a strattonare. Allo stesso tempo, però, quando siamo soggetti all'influenza sociale, ci viene chiesto di prendere velocemente una decisione: «Come devo comportarmi in questa situazione? Devo assecondare la sua richiesta o no?». Posto che la richiesta deve essere avanzata in modo educato e che non deve essere particolarmente bizzarra o impegnativa, è probabile che la persona che si trova in uno stato di forte attivazione non riesca a trovare delle valide ragioni per rifiutare e che, quindi, scelga di acconsentire.

TECNICA #19
SENSO DI COLPA

Idea

Iniziamo con un'affermazione ovvia: il senso di colpa è un'emozione. Un'emozione è una condizione che viene sperimentata anche a livello fisiologico, ma che, in termini qualitativi, è molto diversa dall'attivazione fisiologica pura e semplice, di cui abbiamo parlato nel paragrafo precedente. Un'emozione, infatti, ha un oggetto e dei contenuti tutti suoi ed è accompagnata da determinati pensieri che, nella maggior parte dei casi, arrivano in modo spontaneo. Quando ci arrabbiamo, ce l'abbiamo con qualcosa o con qualcuno in particolare; quando siamo tristi, lo siamo sempre per una causa ben precisa. Il senso di colpa è un'emozione molto particolare, poiché il suo oggetto è il soggetto che la vive. Il senso di colpa emerge quando ci rendiamo conto che, comportandoci in un certo modo, abbiamo infranto i nostri valori, quelli che consideriamo più importanti. Per fare alcuni esempi, ci sentiamo in colpa quando facciamo del male a una persona innocente, quando ci comportiamo in modo sleale con un amico o quando non riusciamo a rispettare la dieta e mangiamo un'intera barretta di cioccolato. Il senso di colpa è uno stato fortemente aversivo e, spesso, è molto difficile liberarsene. Inoltre, è un'emozione "privata". Ciò significa che non importa che gli altri sappiano che abbiamo violato una regola o una norma etica; perché il senso di colpa emerga è sufficiente che lo sappiamo noi.

Ricerca

Nel loro esperimento, Paula Konoske, Sandra Staple e Richard Graf (1979) crearono delle condizioni tali per cui alcuni dei partecipanti, mentre svolgevano un'attività, facevano inavvertitamente scivolare a terra una pila di schede perforate per gli elaboratori (o, per lo meno, credevano che l'evento fosse accidentale). Le schede perforate si sparpagliavano a terra, perciò era impossibile rimetterle nello stesso ordine in cui erano state sistemate. Ecco quindi che i soggetti si sentivano in colpa perché la loro goffaggine aveva distrutto il lavoro di un'altra persona. Poco dopo, veniva chiesto loro di contattare i futuri/potenziali partecipanti agli studi di laboratorio con due finalità diverse: ad alcuni venne detto che queste persone non avevano ancora confermato la data in cui si sarebbero presentate al laboratorio, perciò la chiamata serviva a ricordargli l'appuntamento; ad altri venne chiesto di reclutare nuovi partecipanti per un esperimento che aveva l'obiettivo di testare le reazioni agli stimoli della paura. Poiché è difficile trovare persone disposte a partecipare a studi di questo genere, il chiamante doveva celare la vera natura dell'esperimento durante la telefonata e assicurare al potenziale partecipante che sarebbe stata un'esperienza piacevole. Le stesse due richieste (ovvero ricordare ai futuri partecipanti il luogo e l'ora dell'esperimento oppure mentire circa la vera natura dell'esperimento in programma) vennero rivolte anche al gruppo di controllo, cioè ai partecipanti che non avevano fatto cadere le schede perforate e che, quindi, non si sentivano in colpa.

I ricercatori si concentrarono sul numero di persone che ognuno era disposto a contattare. Nel caso della richiesta sul ricordare ai futuri partecipanti la data e il luogo dell'esperimento, i soggetti ai quali era stato indotto il senso di colpa si erano resi disponibili a chiamare un numero di persone molto più alto (in media, 21.00) rispetto ai membri del gruppo di controllo (in media, 10.33). Nel caso della richiesta di mentire, invece, i soggetti con senso di colpa indotto avevano dato la disponibilità per un numero di persone (in media, 12.27) leggermente inferiore a quello indicato dai membri del gruppo di controllo (13.07).

Meccanismo

Analizziamo la struttura dei risultati ottenuti nell'esperimento appena descritto. È vero che il senso di colpa ha aumentato la disponibilità dei soggetti ad assecondare le richieste altrui, ma solo nel caso in cui il contenuto della richiesta non prevedeva la violazione di una norma etica. Quando è stato chiesto loro di mentire, invece, i soggetti con senso di colpa indotto si erano mostrati addirittura meno disponibili del gruppo di controllo ad assecondare la richiesta fatta.

Il senso di colpa non provoca solo emozioni spiacevoli, ma genera anche dei pensieri negativi su di sé e questa immagine negativa, a sua volta, riduce la capacità di autovalutazione e l'autostima. Il rischio è di non poter soddisfare uno dei bisogni psicologici fondamentali per gli esseri umani, ovvero il bisogno di avere un'opinione positiva di sé stessi. Ecco perché, quando vivono questa condizione, le persone sono fortemente motivate a fare qualcosa che le aiuti a ristabilire il giusto livello di autostima. Il senso di colpa, dunque, è accompagnato da una *maggior propensione ad assecondare quelle richieste che possono far sentire meglio la persona*, ma la sua tendenza generale a soddisfare richieste di altro tipo resta inalterata.

TECNICA #20
VERGOGNA

Idea

Spesso, l'emozione della vergogna si presenta in concomitanza con il senso di colpa. È il sentimento che insorge quando gli altri assistono alla violazione di una norma o di una regola da parte del soggetto. Affinché emerga la vergogna, però, non è necessario che i testimoni siano fisicamente presenti e vedano commettere la violazione. Infatti, la vergogna emerge anche quando il soggetto che ha infranto la norma si chiede come reagirebbero gli altri se lo sapessero, cosa penserebbero di lui e come lo giudicherebbero. Altre emozioni che si possono manifestare in associazione alla vergogna sono il rimorso e il pentimento. La vergogna assume una dimensione pubblica quando la persona comunica agli altri questi sentimenti. La cosa davvero interessante è che questa comunicazione è, in parte, indipendente dalla propria volontà. Solitamente, infatti, la vergogna è segnalata da un arrossamento del volto improvviso, come un messaggio non verbale: «Sono pentito per ciò che ho fatto, so di aver violato una norma o una regola, mi vergogno di me stesso e giuro che non succederà mai più». Naturalmente, la vergogna, così come il senso di colpa, è uno stato fortemente aversivo. A questo punto, viene spontaneo domandarsi: *è possibile che una persona in preda alla vergogna sia maggiormente incline ad assecondare le richieste degli altri, come accade quando ci si sente in colpa?*

Ricerca

John Wallace ed Edward Sadalla (1966) condussero un brillante esperimento finalizzato ad analizzare la relazione tra il senso di vergogna e la tendenza ad accondiscendere alle richieste altrui. Dal punto di vista storico, è stato uno dei primi esperimenti psicologici nel campo delle tecniche di influenza sociale. Ogni seduta sperimentale coinvolgeva due persone, che si trovavano al laboratorio per compilare dei questionari. Mentre erano impegnate in questa attività, lo sperimentatore verificava in maniera piuttosto plateale il funzionamento di alcuni strumenti appoggiati sul tavolo accanto. A un certo punto, lo sperimentatore se ne andava con la scusa di dover preparare dei questionari e delle scale di valutazione da sottoporre loro. In sua assenza, potevano accadere due cose: i soggetti restavano tranquilli ad aspettare il suo ritorno, oppure uno dei due (complice dei ricercatori) cercava di convincere l'altro a giocherellare con uno degli strumenti sul tavolo. Questo provocava invariabilmente un grave danno all'apparecchio, che cominciava a lampeggiare e a emettere fumo. Il tutto era accompagnato da un forte odore di cavi bruciati.

Quando lo sperimentatore rientrava, il complice, a seconda delle condizioni sperimentali, agiva in due modi diversi: o ammetteva subito che volevano vedere come funzionava l'apparecchio e lo avevano involontariamente danneggiato, oppure dichiarava che entrambi avevano notato qualcosa di strano nell'apparecchio mentre erano intenti a completare i loro test. Lo sperimentatore controllava il dispositivo e, a seconda dei casi, confermava che i due lo avevano danneggiato oppure concludeva che il danno era sopravvenuto in maniera del tutto spontanea. Nell'esperimento di controllo (ossia, dove non si tentava di persuadere il soggetto ad armeggiare con il dispositivo), lo sperimentatore verificava il funzionamento dello strumento e dichiarava che era difettoso. In tutti e tre i casi, dopo questo episodio, annunciava che l'esperimento doveva concludersi prima del previsto sempre per la stessa ragione: un malfunzionamento della strumentazione. Pertanto, l'esperimento in corso veniva dichiarato concluso, ma lo sperimentatore chiedeva ai soggetti di partecipare a un altro studio riguardante i fattori scatenanti delle reazioni di stress, durante il quale i soggetti, di tanto in tanto, sarebbero stati sottoposti a delle piccole scariche elettriche. Nel gruppo di controllo, solo il 15% dei soggetti accettò di partecipare a un simile esperimento. Tra coloro che credevano di aver danneggiato il dispositivo all'insaputa del ricercatore, invece, si registrò una percentuale di assenso molto più alta (circa il 38%). Tuttavia, nelle condizioni in cui il ricercatore era stato messo al corrente della responsabilità del soggetto nel danno al dispositivo, la stragrande maggioranza dei partecipanti (precisamente il 69%) acconsentì a prendere parte al fastidioso esperimento.

Meccanismo

La vergogna è un'emozione estremamente aversiva e, compiere qualcosa di positivo, come soddisfare la richiesta di un'altra persona, aiuta a liberarsi di questo sentimento spiacevole. Se l'individuo che chiede un favore è la stessa persona che ha subito le conseguenze negative dal comportamento del soggetto (come nelle circostanze create ad hoc nell'esperimento appena descritto), assecondare la sua richiesta potrebbe quasi essere un tentativo di redenzione: «Ho danneggiato la sua strumentazione, ma lo aiuterò partecipando a un altro esperimento». Si tenga presente che le condizioni che generavano il senso di vergogna («Il ricercatore sa che, sebbene nessuno mi avesse autorizzato a farlo, ho armeggiato con la strumentazione e l'ho danneggiata») si sono dimostrate particolarmente efficaci nell'indurre le persone ad accettare la richiesta avanzata dallo sperimentatore. Va sottolineato, inoltre, che altre ricerche condotte sulla capacità della vergogna di favorire la condiscendenza hanno dimostrato che *gli individui dominati da questo sentimento sono più propensi ad assecondare le richieste altrui anche quando queste richieste non provengono da una persona che ha assistito al comportamen-*

to scorretto tenuto dal soggetto. Questo dato suggerisce che fare qualcosa di positivo (aiutare qualcuno che ha richiesto il nostro contributo) rappresenta l'occasione di liberarsi dell'emozione negativa della vergogna o, per lo meno, di ridurne l'intensità.

TECNICA #21
IMBARAZZO

Idea

L'imbarazzo è un'emozione che si presenta di rado, ma è fuor di dubbio che tutte le persone adulte l'abbiano provata almeno una volta nella vita. Ci sentiamo in imbarazzo, per esempio, quando non sappiamo come comportarci in una certa situazione: quando ci presentano qualcuno, dobbiamo tendere la mano per primi o aspettare che sia l'altro a farlo? Ci sentiamo in imbarazzo quando riceviamo un regalo e non abbiamo niente da offrire in cambio, circostanza in cui violiamo il principio di reciprocità trattato nel capitolo precedente. Ci sentiamo in imbarazzo anche quando non sappiamo se parlare o rimanere in silenzio, oppure quando facciamo qualcosa che non si addice a una persona rispettabile ed educata. L'imbarazzo è un'emozione negativa, ma meno aversiva della vergogna o del senso di colpa. Gli psicologi che si occupano delle emozioni rivolgono raramente l'attenzione agli stati di imbarazzo; anche gli studi empirici sul potere dell'imbarazzo nel campo dell'influenza sociale sono relativamente scarsi. Di seguito illustriamo uno dei pochi studi realizzati in questo ambito.

Ricerca

Questo studio, realizzato da Robert Apsler (1975), coinvolgeva un gruppo di individui suddivisi in coppie, in cui un membro della coppia era sotto osservazione mentre l'altro era un complice del ricercatore, che fingeva di essere un partecipante.

Il ricercatore lanciava una moneta per assegnare in maniera (fintamente) casuale i ruoli della coppia e, in base ai ruoli assegnati, la persona sotto osservazione doveva eseguire 4 compiti diversi in maniera consecutiva mentre l'altro la osservava dalla stanza attigua attraverso un vetro unidirezionale. A seconda delle condizioni sperimentali, i compiti da svolgere potevano consistere in attività neutre e prive di implicazioni particolari (come accendere uno stereo e ascoltare un brano musicale, leggere ad alta voce un brano di un libro, contare da 1 a 50 ad alta voce o camminare per la stanza), oppure in attività potenzialmente imbarazzanti se realizzate di fronte ad altre persone (come accendere lo stereo e ballare da solo, ridere per 30 secondi senza alcuna ragione, cantare una canzone o imitare la reazione incontrollata di un bambino che non vuole andare all'asilo).

Una volta che aveva completato le 4 attività assegnate, veniva raggiunto dall'altro che gli chiedeva aiuto per un problema: l'università l'aveva incaricato di far compilare un questionario a un campione di individui; in teoria, i rispondenti avrebbero dovuto ripetere il questionario ogni giorno per 20 giorni, ma anche compilarlo una sola volta sarebbe bastato a fornire dati preziosi. Sarebbe stato disponibile a completare il questionario? E per quanti giorni sarebbe stato disposto a sostenere l'impegno? Dai risultati emerse che la risposta a queste domande dipendeva, in gran parte, dal genere di attività che la persona aveva svolto poco prima. Chi si era occupato di compiti standard accettò di compilare il questionario per un periodo medio di 8.7 giorni. Nel caso di chi, con ogni probabilità, aveva provato imbarazzo a causa delle attività svolte, il valore medio rilevato fu molto più alto: 14.9 giorni.

Meccanismo

Il meccanismo psicologico su cui si fonda l'efficacia di questa tecnica, che sfrutta il sentimento di imbarazzo vissuto dalla persona a cui rivolgiamo la richiesta, non è del tutto chiaro. Si potrebbe ipotizzare che questa reazione sia legata al desiderio della persona imbarazzata di salvare la faccia. Soddisfare la richiesta avanzata da un'altra persona equivale a comunicare il seguente messaggio: «Non sono stravagante come potresti aver pensato poco fa, assistendo al mio comportamento. Sono contento di aiutare, sono una persona di buonsenso e meritevole di stima». Tuttavia, sono stati condotti degli studi sperimentali nei quali il soggetto in imbarazzo riceveva una richiesta da parte di una persona diversa da quella che l'aveva osservato ed è emerso che, anche in queste circostanze, *l'imbarazzo aumenta la propensione ad assecondare le richieste*.

Ciò non significa che la spiegazione riguardante la volontà di ristabilire la propria immagine sia del tutto priva di validità, ma dimostra che l'efficacia della tecnica non si basa *necessariamente* sul desiderio di migliorare l'opinione di chi ci ha visti comportarci in modo imbarazzante. La cosa più probabile è che il meccanismo che rende gli individui imbarazzati maggiormente sensibili all'influenza degli altri sia di natura intrapsichica. Soddisfacendo la richiesta di un'altra persona, ci sentiamo meglio con noi stessi, ci liberiamo delle emozioni negative e ci valutiamo in modo più positivo.

TECNICA #22
PAURA E ANSIA

Idea

È risaputo che l'ansia e la paura portano le persone a eseguire qualsiasi ordine. È per questo che gli psicologi non conducono quasi mai degli studi empirici incentrati su questo tema. Ciò non significa che non esistano studi di questo genere. Per ovvie ragioni, le poche ricerche disponibili non sono state realizzate in circostanze estreme, puntando una pistola alla tempia di qualcuno o minacciandolo di rivelare qualcosa che poteva rovinargli la vita. La paura più intensa in assoluto, quella di perdere la vita, si manifesta solo in circostanze molto rare ed eccezionali. D'altro canto, però, capita spesso di provare ansia o preoccupazione per i motivi più disparati: la salute, un incendio che scoppia in casa, i figli che iniziano una nuova scuola, ecc. Questi stati emotivi negativi possono motivare le persone a fare una visita medica, a stipulare un'assicurazione sulla casa o a cercare un docente privato che aiuti i figli. Più l'ansia è intensa, più è probabile che ci induca a compiere le azioni menzionate. In altre parole, è ragionevole supporre che l'intensità dell'ansia provata sia direttamente proporzionale alla nostra sensibilità a tutte quelle forme di persuasione mirate a farci compiere una certa azione. Più siamo spaventati, più siamo disposti a fare ciò che ci viene suggerito. Eppure, gli esperimenti realizzati dimostrano l'esatto contrario.

Ricerca

Clive Skilbeck, James Tulip e Phillip Ley (1977) invitarono un gruppo di donne visibilmente sovrappeso, di età compresa tra i 20 e i 60 anni, a partecipare alla loro ricerca. Le donne vennero assegnate in maniera casuale a 3 gruppi diversi. Tutti i gruppi assistettero a una lezione di 20 minuti sui rischi di salute collegati all'obesità. Al primo gruppo venne indotto un basso livello di paura: il messaggio della loro lezione era che le persone sovrappeso, soprattutto dopo una certa età, avevano problemi di mobilità ed erano maggiormente soggette ad alcune patologie. Con il secondo gruppo, l'intenzione dei ricercatori era quella di indurre livello medio di paura. Nel loro caso, la lezione verteva sulla relazione tra obesità e cardiopatie minori, oltre che su alcuni problemi di natura artritica. Con il terzo gruppo, al quale si voleva indurre un elevato livello di paura, le cardiopatie e i problemi artritici presentati erano molto gravi. Dopo la lezione, venne distribuito a tutte le partecipanti un questionario elaborato appositamente per misurare il livello di paura. Contrariamente a quanto previsto dai ricercatori, le tre lezioni non erano riuscite a indurre il livello di paura desiderato nei tre gruppi poiché alcuni soggetti erano maggiormente preoccupati per le potenziali cardiopatie mentre altri temevano di più i potenziali problemi di mobilità. I ricercatori, pertanto, procedettero a una nuova suddivisione dei soggetti in 3 gruppi (poco preoccupati, moderatamente preoccupati e molto spaventati), basata non sui contenuti della lezione che avevano ascoltato, ma sul livello di paura che la lezione era riuscita a indurre nel soggetto. A quel punto, tutti i soggetti ricevettero delle indicazioni dietetiche dettagliate da seguire per perdere peso. Naturalmente, i ricercatori sapevano di non poter verificare se e quanto le donne avrebbero seguito le loro istruzioni, ma c'era un modo molto semplice per ottenere ugualmente delle informazioni rilevanti in questo senso: far salire le partecipanti sulla bilancia. La misurazione del peso venne ripetuta 4 volte: dopo 2 settimane dalla lezione, dopo 4 settimane, dopo 8 settimane e dopo 16 settimane. Tutte le misurazioni diedero risultati con una distribuzione identica: la perdita di peso minore si registrava tra le donne che avevano sperimentato il livello più intenso di paura, mentre la perdita di peso maggiore era avvenuta nel gruppo con un livello medio di paura. Per esempio, in base ai dati rilevati con l'ultima misurazione (realizzata 16 settimane dopo la lezione sulla relazione tra l'obesità e i problemi di salute): le donne che avevano sperimentato livelli ridotti di paura erano riuscite a perdere in media 6.7 kg; le donne che avevano sperimentato livelli medi di paura ne avevano persi 9.2 kg; mentre le donne che avevano sperimentato elevati livelli di paura avevano perso solo 6.3 kg.

Meccanismo

La distribuzione dei risultati dell'esperimento descritto potrebbe sembrare anomala, ma non è così sorprendente se si considera l'andamento di questo schema psicologico, che presuppone una relazione curvilinea tra la paura indotta da un messaggio mirato a far compiere una certa azione e la disponibilità della persona a seguire le istruzioni ricevute. Un livello ridotto di paura non è sufficiente a risvegliare l'interesse del soggetto, né tantomeno a indurlo a comportarsi nel modo sperato (soprattutto se il comportamento richiesto è difficoltoso o molto impegnativo per lui). Un livello di paura molto elevato, di contro, attiva una serie di reazioni psicologiche difensive. La persona tende a considerare inattendibili le informazioni che riceve, oppure le reinterpreta, assicurando a sé stessa che, per tutta una serie di ragioni, quel rischio spaventoso, pur riguardando la maggioranza delle persone, nel suo caso non sussiste. In altre parole, in simili circostanze, l'obiettivo principale è ridurre il senso di pericolo, e non eliminare il rischio stesso. Nel caso della paura di medio livello, le cose sono molto diverse: la preoccupazione è abbastanza intensa da spingere la persona a riflettere seriamente sulla sua condizione ma, allo stesso tempo, non così forte da innescare quei meccanismi di difesa che le impedirebbero di ragionare lucidamente sui rischi della situazione.

TECNICA #23
RIMPIANTO ANTICIPATO

Idea

Le persone rimpiangono molte cose: alcune di essersi sposate, alcune di aver divorziato, altre sia l'una che l'altra cosa. Il rimpianto è un'emozione spiacevole che si riferisce a eventi passati. Se potessimo tornare indietro nel tempo, prenderemmo decisioni diverse, ci impegneremmo di più per un certo obiettivo o sceglieremmo un'altra strada. Il rimpianto appartiene, per definizione, alla dimensione del passato: a volte riguarda un passato molto lontano (ad esempio, quando gli anziani ricordano la loro gioventù), altre volte un passato piuttosto recente (come quando le persone si pentono di ciò che hanno appena fatto). Nonostante questo, gli esseri umani hanno anche la capacità di provare il rimpianto anticipato. Infatti, a tutti può capitare di pensare: «Se adesso non faccio questa cosa, in futuro potrei rimpiangerlo», oppure «Se ora compio questo passo, poi potrei pentirmene». Gli psicologi non sono concordi nell'affermare che questo tipo di rimpianto sia un'emozione vera e propria.

Alcuni pensano che non lo sia ma, ai nostri fini, la risoluzione di questo dilemma non è poi così importante. Ciò che ci interessa davvero è la seguente domanda: indurre il rimpianto anticipato può rappresentare un'efficace tecnica di influenza sociale? Stando a quanto è narrato nella Bibbia, Eva colse il frutto proibito perché il serpente la intimò: «Se non lo fai, te ne pentirai». Ok, forse le parole non erano proprie queste, ma qualcosa di molto simile. Parlando in termini più concreti, è possibile spingere una persona a fare qualcosa sfruttando l'argomentazione del rimpianto anticipato?

Ricerca

Ronan O'Carroll, Jennifer Dryden, Tiffany Hamilton-Barclay ed Eamonn Ferguson (2011) hanno condotto un esperimento che, apparentemente, sembrava un semplice sondaggio. In realtà, le domande poste ai diversi soggetti erano leggermente dissimili e queste piccole modifiche servivano a spingere alcune persone a considerare la possibilità di provare rimpianto in futuro. Per partecipare a questo sondaggio online, i candidati dovevano avere più di 16 anni, dovevano essere residenti nel Regno Unito e non dovevano essere registrati come potenziali donatori di organi nel caso di morte improvvisa. In totale, vennero considerati idonei 286 candidati. Nell'esperimento di controllo, il questionario era composto da domande demografiche standard, riguardanti l'età e il sesso del soggetto, e da 4 domande circa le procedure mediche o la donazione degli organi dopo il decesso. Le persone che erano state assegnate in maniera casuale alle condizioni sperimentali, invece, ricevettero un questionario nel quale, oltre alle domande standard sui dettagli demografici, veniva chiesto loro di esprimere il livello di accordo con le seguenti affermazioni: «Se non mi registro come donatore di organi nelle prossime settimane, lo rimpiangerò» e «Se non mi registro come donatore di organi nelle prossime settimane, in futuro mi pentirò di non averlo fatto». Un mese dopo, i ricercatori verificarono quanti soggetti avevano effettivamente manifestato il consenso a donare i propri organi. La percentuale di nuovi donatori nel gruppo di controllo era pari al 12.9% mentre, nel gruppo a cui era stato chiesto di riflettere sul potenziale rimpianto di non aver dato il consenso alla donazione degli organi, era molto più alta (20.7%).

Meccanismo

L'emozione del rimpianto emerge quando il soggetto valuta negativamente la situazione in cui si trova. Il modo più semplice e più efficace per non provare rimpianto, naturalmente, è evitare che le cose prendano una piega spiacevole. Come abbiamo visto, spesso le persone sono disposte ad adottare delle misure preventive che le proteggano da un ipotetico rimpianto futuro. Nell'esperimento descritto non è stato nemmeno necessario motivare esplicitamente le persone a immaginare il rimpianto che avrebbero provato, ma è bastato alludere alla possibilità che in futuro si pentissero della loro scelta. L'esperimento era incentrato sulla possibilità di provare, in un futuro abbastanza lontano, un sentimento di rimpianto per non aver compiuto una certa azione (in questo caso, registrarsi come potenziale donatore di organi nel caso di morte improvvisa) nell'immediato futuro. Naturalmente, in molti casi, il potenziale rimpianto futuro riguarda le conseguenze delle nostre azioni, che potrebbero comportare risvolti indesiderati. È evidente che, *se spingiamo una persona a considerare l'idea che in futuro potrebbe pentirsi di ciò che sta per fare, molto probabilmente la dissuaderemo dal compiere quell'azione.*

TECNICA #24
TI PENTIRAI DI NON AVERCI RIFLETTUTO MEGLIO

Idea

Ci si può pentire tanto di aver fatto una certa cosa quanto di non averla fatta. Molto spesso, le persone rimpiangono la loro mancanza di azione. «Se avessi fatto l'università, avrei avuto una vita migliore», «Se venti anni fa avessi accettato l'offerta del mio amico di diventare suo socio in affari, ora sarei ricco», «Se avessi sposato John, ore sarei molto più felice e non avrei un marito alcolizzato» e così via. Come ben sapete, spesso ci si pente anche delle azioni compiute. La tecnica del rimpianto anticipato, di cui abbiamo parlato nel paragrafo precedente, consiste nell'indurre le persone a immaginare una situazione in cui si troveranno a rimpiangere di aver fatto o di non aver fatto una certa cosa, poiché la loro scelta ha prodotto conseguenze negative che si sarebbero potute evitare. Anche la tecnica trattata in questo paragrafo si riferisce al rimpianto futuro, ma non specifica se il soggetto si pentirà di un'azione compiuta o mancata. In questo caso, ci si limita a raccomandare alla persona, che è sul punto di prendere una decisione, di pensare bene a ciò che sta per fare, altrimenti in futuro si pentirà di non aver riflettuto abbastanza a fondo sulla sua scelta.

Ricerca

John Hetts, David Boninger, David Armor, Faith Gleicher e Ariel Nathanson (2000) chiesero a un gruppo di studenti universitari di sfidarsi a un videogioco. In cambio di questo contributo, ogni studente avrebbe ricevuto 10 dollari. L'obiettivo del gioco era andare dalla linea di partenza al traguardo, evitando le buche che si incontravano lungo il percorso; ogni volta che il personaggio cadeva in una di queste buche, la ricompensa economica finale diminuiva. I partecipanti venivano casualmente assegnati a 2 tipi di percorso diversi: uno era molto semplice e aveva poche buche, perciò i partecipanti riuscivano a raggiungere il traguardo perdendo poco o niente della ricompensa economica; l'altro percorso, invece, era pieno di ostacoli. In queste condizioni, molti partecipanti persero tutta la ricompensa e solo alcuni riuscirono a salvarne una piccola parte. La probabilità di essere assegnati a un percorso o all'altro era identica, 1:1. Se voleva, il soggetto poteva acquistare un'assicurazione che gli avrebbe consentito di recuperare una parte del denaro perso, ma non era costretto a farlo. L'assicurazione più economica costava 1.50 dollari. Se il soggetto decideva di acquistare questa assicurazione, gli sarebbero rimasti 8.50 dollari di ricompensa e avrebbe ricevuto un rimborso pari al 25% delle perdite economiche subite durante il videogioco. C'era poi un'assicurazione più estesa, che costava 3 dollari. Se il soggetto sceglieva questa assicurazione, gli restavano solo 7 dollari, ma avrebbe ricevuto un rimborso pari al 50% delle perdite subite. Vennero quindi create 4 condizioni diverse e si procedette all'assegnazione casuale dei partecipanti ai gruppi.

Nel gruppo di controllo, i partecipanti venivano semplicemente informati che avevano le stesse probabilità di essere assegnati al percorso facile o a quello difficile e si raccomandava loro di tenere presente questo dettaglio al momento di decidere se e quale assicurazione acquistare. Nelle condizioni mirate a prospettare un rimpianto "pro-assicurazione" si diceva ai partecipanti che, se avessero deciso di non acquistare l'assicurazione e poi avessero perso tutta la ricompensa, si sarebbero pentiti della scelta fatta. Nelle condizioni "anti-assicurazione", invece, si sottolineava che, se avessero deciso di acquistare un'assicurazione e non avessero perso nulla durante il gioco, si sarebbero pentiti di aver speso del denaro inutilmente. C'era infine l'ultima condizione (rimpianto per non aver riflettuto a sufficienza), nella quale si avvisavano i soggetti che, se non riflettevano attentamente sulla loro decisione, al termine del gioco si sarebbero pentiti di non aver ponderato adeguatamente questa scelta. Naturalmente, l'oggetto di interesse dei ricercatori erano le decisioni prese dai partecipanti dei 4 gruppi in merito all'acquisto dell'assicurazione. Come facilmente intuibile, la spesa media del gruppo pro-assicurazione (1.39 dollari) era più alta di quella del gruppo anti-assicurazione (1.02 dollari). La spesa media del gruppo di controllo era compresa tra i due valori appena indicati (1.26 dollari). I risultati confermano l'efficacia della tecnica del rimpianto anticipato, descritta nel paragrafo precedente. Il dato più rilevante per la tecnica che stiamo analizzando, però, è che la spesa più elevata in assoluto (una media di 1.67 dollari) venne registrata nel gruppo di soggetti ai quali era stato detto che, in futuro, si sarebbero potuti pentire di non aver riflettuto adeguatamente sulla propria decisione.

Meccanismo

L'esperimento appena descritto dimostra chiaramente che, se spingiamo una persona a pensare che in futuro potrebbe pentirsi di non aver riflettuto a sufficienza su una decisione, questa sceglierà l'opzione più sicura per evitare il rischio. Come mai? Quando una persona viene indotta a immaginare di provare rimpianto a causa delle potenziali conseguenze negative della sua scelta (per esempio, aver acquistato inutilmente l'assicurazione o non aver acquistato un'assicurazione che avrebbe coperto parte delle perdite), non si sente persuasa a compiere alcuna azione. Pertanto, continua a pensare che la decisione spetti solo a lei e che debba prenderla in modo del tutto autonomo. Come dimostrato da innumerevoli studi, sul piano psicologico le perdite hanno sempre un peso maggiore dei guadagni, anche quando, dal punto di vista puramente matematico, si equivalgono (Kahneman e Tversky, 1979). Immaginate di ottenere un aumento di 25 dollari o euro al mese. Probabilmente penserete «È una somma ridicola, che razza di aumento è questo?» e non ne sareste particolarmente entusiasti. Ma che succederebbe se, invece, il vostro stipendio venisse ridotto di 25 dollari/euro? Una vera tragedia! (Il problema non è la quantità di denaro, ma il fatto che lo stipendio sia stato ridotto!). Quando le persone vengono spinte a credere che, in futuro, potrebbero pentirsi di non aver riflettuto a sufficienza su una decisione, *il rimpianto anticipato suscitato dalla prospettiva di non riuscire a prevenire una perdita è più intenso di quello generato dal timore di non saper sfruttare un'occasione per massimizzare i propri guadagni*. Pertanto, non deve sorprenderci che, in tali condizioni, i partecipanti all'esperimento si siano dimostrati più propensi ad acquistare l'assicurazione; anche nella vita reale, in queste circostanze, le persone tendono a prendere decisioni volte a contenere i rischi.

In definitiva, se vogliamo che una persona si comporti in maniera prudente, possiamo aumentare le probabilità di successo dicendole: «Se non ci rifletti bene, in futuro potresti pentirtene amaramente».

TECNICA #25
STATO COGNITIVO POSITIVO

Idea

Vi è mai capitato di restare rapiti da qualcosa? Per esempio, assistendo a un trucco con le carte o alla risoluzione di uno di quei rompicapo in cui si deve sciogliere un nodo particolare o si devono separare due anelli di metallo incastrati? L'ingegnosità di questi giochi, spesso, è accompagnata dalla sottile malvagità dei loro creatori, come nel caso del rompicapo della bottiglia di vino bloccata da un nodo gordiano: ti prudono le mani dalla voglia di utilizzare un cavatappi, ma no, prima devi far passare una pallina attraverso un buco nella chiusura di legno, per poter poi infilare la corda in una fessura... Sì, a volte le persone sanno essere davvero crudeli. Eppure, a volte questi rompicapo ci affascinano a tal punto da assorbire tutta la nostra attenzione. Accendono in noi un fremito di curiosità e ci fanno venire voglia di metterci alla prova... Sarò in grado di risolverlo? Ma se poi non ci riesco e qualcuno deve mostrarmi come fare? Come mi sentirò? E, soprattutto, questo stato psicologico può essere un elemento che favorisce la sensibilità all'influenza sociale?

Ricerca

Nel 1997, Bruce Rind (1977) realizzò uno studio con l'obiettivo di analizzare questo effetto, utilizzando un piccolo gioco enigmistico piuttosto popolare nei Paesi anglofoni. I partecipanti dovevano indicare quante volte compariva la lettera “f” nel seguente passaggio:

> Finished files are the result of years of scientific study combined with the experience of many years.

Il risultato di questo esercizio dipende in larga parte dal livello di padronanza della lingua inglese. Chi conosce bene questa lingua, probabilmente concluderà che in questo testo la "f" compare 3 volte. Se anche voi avete risposto così, forse vi sorprenderà sapere che vi sbagliate. La lettera "f" in realtà compare 6 volte nel passaggio citato, ma spesso la "f" contenuta nella parola "of" sfugge alla nostra attenzione e ci porta a sbagliare il conteggio. Si tratta di un errore che provoca invariabilmente stupore e incredulità. «Come ho potuto commettere un errore così stupido?», si chiedono tutti.

Rind realizzò il suo esperimento suddividendo i soggetti in due gruppi. I partecipanti assegnati al primo gruppo dovevano svolgere l'attività menzionata (e, come succede spesso, gran parte di loro diede la risposta sbagliata). Gli appartenenti al secondo gruppo, invece, dovevano contare tutte le "r" del testo (ce ne sono 5 e quasi tutti diedero la risposta giusta). Una volta terminata l'attività e ricevuto il feedback riguardante gli errori del gruppo della lettera "f" e le risposte corrette del gruppo della "r", la matricola che conduceva l'esperimento diceva di essere uno studente della facoltà di Sociologia e di dover realizzare una ricerca per superare il semestre. La ricerca consisteva in un questionario di 80 domande, ma lo studente specificava che non era necessario rispondere a tutte. A quante domande i soggetti sarebbero stati disposti a rispondere? Secondo Rind, le differenze che sarebbero emerse nel numero di domande indicato dai due gruppi rappresentava una misura dell'efficacia del gioco enigmistico come tecnica di influenza sociale.

Stando ai risultati ottenuti, Rind aveva visto giusto. Coloro che avevano sbagliato a contare le lettere (cosa che accadde solo con la "f") si resero disponibili a rispondere mediamente a 46.25 domande. Nel gruppo che aveva contato la ricorrenza della "r", invece, il risultato fu decisamente inferiore, con una media di 25.75 domande. Pertanto, è lecito ipotizzare che entrare in contatto con un enigma affascinante, soprattutto uno che non siamo in grado di risolvere, crei i presupposti giusti affinché l'influenza sociale funzioni.

Meccanismo

Al momento di illustrare le ragioni per cui le persone sono più propense a soddisfare le richieste altrui dopo aver assistito alla risoluzione di un enigma interessante, Bruce Rind utilizzò l'espressione "stato cognitivo positivo". Rind, infatti, ipotizzò che, subito dopo aver assistito a un trucco particolarmente ingegnoso, ci troviamo in uno stato d'animo molto singolare, un misto di curiosità, incredulità, sorpresa e forse un accenno di senso di colpa («Me l'hanno proprio fatta e io sono caduto in un trabocchetto così semplice»). Naturalmente, il trucco non deve per forza riguardare il numero di volte in cui una lettera compare in un testo. Nei nostri studi, condotti in Polonia con l'obiettivo di replicare i risultati ottenuti da Rind, per ovvie ragioni non abbiamo utilizzato il testo menzionato. Al suo posto, abbiamo scelto delle attività manuali (separare due anelli congiunti, tirare fuori una palla da una scatola con un'apertura, ecc.) e diverse illusioni ottiche. I risultati erano sempre gli stessi: i soggetti a cui era stato chiesto di risolvere un enigma acconsentivano a fare di più (a rispondere a un numero maggiore di domande, a donare una somma più alta) dei soggetti che avevano svolto un'attività meno interessante.

L'ipotesi di Rind secondo cui le differenze tra gruppo di controllo e gruppo sperimentale sono determinate dall'esistenza di uno stato cognitivo positivo è corretta? Non lo sappiamo con certezza. È anche possibile che i soggetti abbiano avanzato delle ipotesi circa le domande contenute nel questionario basandosi sulla natura dell'enigma proposto («Contare le "r" è stato noioso, perciò è probabile che lo sia anche il questionario. Non darò la disponibilità per molte domande»). Oppure, può essere che alcuni si siano sentiti in colpa («Non sono riuscito a risolvere l'enigma, ma posso almeno essere utile a questa persona»). Ci sono diverse spiegazioni che portano alla risoluzione di questo rompicapo, ma una cosa è certa: tutte le strade indicano chiaramente che *suscitare l'interesse di qualcuno* (chiedergli di risolvere un enigma, un indovinello o un rebus interessante) *può essere la chiave per ottenere il suo consenso a soddisfare una nostra richiesta futura.*

TECNICA #26
NASCONDI LA RABBIA, MOSTRA LA DELUSIONE

Idea

Immaginate di andare all'ufficio postale per comprare un francobollo. Volete spedire una cartolina con gli auguri di Natale a vostra nonna, che non ha un indirizzo e-mail. All'ufficio postale c'è solo uno sportello aperto. Non è poi così strano, dato che ormai si spedisce sempre meno corrispondenza in formato cartaceo. Oltre al cliente già allo sportello, c'è solo una persona in fila prima di voi. È un uomo sovrappeso, visibilmente sudato, con una grossa pila di lettere appoggiata accanto, sul bancone. Ci metterà una vita a spedire tutta quella posta! Vi avvicinate e gli chiedete gentilmente: «Mi scusi, ha idea di quanto ci metterà a spedire tutte quelle lettere?». L'uomo, seccato, risponde: «Un quarto d'ora, più o meno». «Oh cielo! Io devo solo comprare un francobollo, ci metterò 20 secondi. Mi lascerebbe passare, per favore?». Aspettate speranzosi una risposta positiva, che però non arriva. L'uomo rimane in silenzio. Esprimendo rabbia verso la sua reazione noncurante aumenterete le probabilità che vi lasci passare? O magari sarebbe meglio mostrare delusione per la mancata risposta positiva? È anche possibile che la cosa migliore sia rimanere in silenzio e non mostrare alcuna emozione, nella speranza che l'uomo, quando verrà il suo turno, vi dica: «Vada pure, ma faccia in fretta».

Il livello di efficacia della rabbia, della delusione o della totale assenza di emozioni è una questione che rientra nell'ambito del ruolo degli stati affettivi nell'influenza sociale. In questo caso, però, viene posta in termini completamente diversi rispetto alle tecniche trattate finora. In precedenza, ci siamo concentrati sulle emozioni provate dalla persona che desideravamo influenzare (per esempio, chiedendoci se provasse tristezza, senso di colpa o vergogna al momento dell'interazione). Qui, invece, la prospettiva è molto diversa: ci stiamo chiedendo se l'emozione espressa da chi desidera esercitare l'influenza possa, in qualche modo, aumentare le sue chance di successo.

Ricerca

Evert van Doorn, Gerben van Kleef e Joop van der Pligt (2015) hanno invitato alcuni studenti universitari a partecipare a un gioco nel quale potevano perdere o vincere del denaro. Lo sperimentatore dava dieci monete da 10 centesimi a ogni partecipante, informandolo che il suo partner di gioco avrebbe ricevuto la stessa somma. Dopo questo primo step, i partecipanti, che non potevano avere alcun contatto tra di loro, dovevano decidere quante monete cedere al proprio partner, sapendo che lo sperimentatore avrebbe raddoppiato la cifra donata da ogni giocatore. La cosa più vantaggiosa per entrambi i giocatori sarebbe stata cedere tutte le monete al partner. In tal caso, lo sperimentatore avrebbe aggiunto alla somma altre dieci monete da 10 centesimi, perciò i due giocatori avrebbero accumulato un totale di 2 euro ciascuno. Se il partner decideva di non donare nemmeno una moneta, il giocatore sarebbe rimasto senza niente in mano, mentre il partner avrebbe raddoppiato la somma iniziale. Anche nel caso in cui il partner avesse ceduto quattro monete, comunque, il giocatore che aveva donato tutte le sue monete ne avrebbe riavute indietro solo otto, e cioè una somma inferiore al capitale iniziale. Si tenga presente che il numero di monete accumulate alla fine del gioco determinava la possibilità di vincere un bonus speciale di 50 euro. La cosa più sensata da fare in queste circostanze è donare tutte le monete al proprio partner, giusto? O forse è meglio cederne solo qualcuna? O magari nemmeno una? È una scelta difficile. Per assicurarsi che i partecipanti avessero capito bene le regole del gioco, prima di iniziare dovevano fare una donazione "di prova", convinti che la loro decisione non sarebbe stata rivelata al partner. Una volta presa questa prima decisione, il ricercatore mostrava loro un grafico su cui era rappresentato il comportamento tenuto dalle persone che avevano partecipato a quell'esperimento prima di loro. Il grafico mostrava che, in media, ogni giocatore aveva ceduto 2.19 monete al partner. I soggetti non sapevano che i loro partner di gioco, in realtà, non erano dei partecipanti come loro, ma complici del ricercatore. Ora immaginate che il gioco stia per iniziare e il presunto partner vi dica: «Ti spiace darmi tutte le monete?». In determinate condizioni di prova, poi, aggiunge anche un commento, che può essere formulato in due modi diversi: «Sono molto seccato per la donazione che hai fatto al giro di prova» in alcuni casi e «Sono molto deluso dalla donazione che hai fatto al giro di prova» in altri. Quante monete pensate che verranno cedute da questi soggetti? Nel gruppo di controllo (ossia, quando il partner non faceva alcun accenno alle proprie emozioni), i giocatori donarono in media 3.24 monete. Quando il partner aveva espresso rabbia, il numero di monete donate era leggermente più basso (in media 3.01) ma, quando il partner aveva espresso delusione, i giocatori avevano donato in media ben 5.24 monete.

Meccanismo

Come mai mostrare delusione può avere tanta efficacia ai fini dell'influenza sociale? Iniziamo spiegando cos'è questa emozione. La delusione, come la tristezza, è uno stato emotivo caratterizzato da un'attivazione fisiologica relativamente bassa. Spesso, quest'emozione è accompagnata da un senso di impotenza e dalla convinzione di non aver alcun controllo sul corso degli eventi. A livello sociale, esprimere delusione è un segnale di richiesta di aiuto ma, a differenza della rabbia, la delusione non è indicativa dell'intenzione di agire in maniera aggressiva. Soprattutto, una persona delusa non sta dando esplicitamente la colpa a qualcuno per la situazione in cui si trova. Nell'esperimento descritto, l'informazione sulla delusione veniva trasmessa verbalmente, ma in altri studi, van Doorn, van Kleef e van der Pligt hanno dimostrato che si genera un effetto simile anche quando si utilizza l'immagine di un volto deluso. *Quando captiamo un segnale di delusione nell'altro, spesso proviamo l'istinto di fare qualcosa per migliorare il suo stato emotivo e, di conseguenza, per sentirci meglio con noi stessi.* La strada per raggiungere questi due obiettivi è semplice: basta soddisfare la richiesta della persona delusa! In questo modo, il suo senso di delusione si trasformerà in soddisfazione e chi ha realizzato la sua richiesta si sentirà capace di rendere felice gli altri.

TECNICA #27
LA SEQUENZA PAURA-SOLLIEVO

Idea

I fan dei film d'azione conoscono bene la tecnica del "poliziotto buono-poliziotto cattivo" utilizzata durante gli interrogatori. Il poliziotto cattivo rivolge delle minacce al sospettato e, a volte, arriva perfino a torturarlo o a gridargli contro mentre gli punta la pistola alla tempia. Eppure, l'interrogato non cede. Non solo non confessa, ma si rifiuta anche di testimoniare. A un certo punto, inaspettatamente, il poliziotto cattivo se ne va e al suo posto arriva il poliziotto buono, che si comporta in maniera molto diversa. Porta al sospettato una tazza di caffè e gli offre una sigaretta (chissà perché, i personaggi che vengono interrogati dalla polizia bevono sempre il caffè e fumano). La cosa più importante, però, è che questo secondo poliziotto non minaccia l'interrogato, non lo ricatta e non grida. Con un tono di voce gentile e pacato, gli assicura che vuole solo aiutarlo e che il suo obiettivo è evitargli una condanna pesante che gli rovinerebbe la vita. L'unica cosa che il sospettato deve fare è parlare. E, udite udite, a questo punto succede qualcosa di incredibile. L'uomo, che fino a pochi minuti prima si era mostrato irremovibile nella sua scelta di non testimoniare, perfino quando il poliziotto gli aveva puntato contro la pistola, tutto a un tratto – e senza che nessuno lo minacci in alcun modo – inizia a fornire informazioni e dettagli incriminanti contro sé stesso e i suoi complici. La modalità di interrogatorio appena descritta è legata alle emozioni vissute dal sospettato: prima arriva la paura (quando viene interrogato dal poliziotto cattivo) e poi, all'improvviso e in maniera inaspettata, subentra il sollievo (quando il poliziotto cattivo viene sostituito dal poliziotto buono). Come avrete già capito, questa particolare *altalena emotiva* non avviene solo durante gli interrogatori della polizia, ma anche in altre circostanze. Per esempio, è quello che succede a uno studente che sta andando male a un esame e, nel vedere il docente che prende in mano la penna, teme che stia per mettergli un brutto voto. Quando si rende conto che, in realtà, ha superato l'esame, prova un'inaspettata e improvvisa ondata di sollievo. Un altro caso simile potrebbe essere un dipendente al quale è stato chiesto di andare nell'ufficio del direttore in un periodo di licenziamenti. Quando entra nell'ufficio del suo superiore, per fortuna, scopre che quest'ultimo voleva solo chiedergli una sciocchezza. Inizialmente emerge la paura e, poi, arriva il sollievo. Chi subisce un interrogatorio di solito inizia a parlare (e, quindi, a soddisfare le aspettative degli agenti) quando viene pervaso da un sollievo inaspettato, dopo aver provato paura. Possiamo affermare che tutte le situazioni in cui si verifica questa altalena emotiva rendano la persona più accondiscendente?

Ricerca

Questa è la domanda che si sono posti Richard Nawrat e uno degli autori di questo libro. Per trovare una risposta, i ricercatori hanno deciso di esaminare le reazioni delle persone che sperimentavano un'ondata di sollievo inattesa, preceduta da un sentimento di paura (Dolinski e Nawrat, 1998). Prima di descrivere in dettaglio l'esperimento in questione, è necessario precisare che è stato condotto in Polonia nell'era del regime comunista. A quei tempi, qualsiasi contatto con un agente di polizia evocava nelle persone comuni associazioni estremamente negative. I soggetti dell'esperimento erano individui che attraversavano la strada al di fuori delle strisce pedonali. Quando il soggetto aveva attraversato la strada per metà, lo sperimentatore, che si trovava sul marciapiede, suonava un fischietto. Il soggetto, spaventato, si guardava intorno in cerca di un agente di polizia, ma non riusciva a trovarlo (perché, in effetti, non c'era). Di certo, a quel punto, la scoperta di non essere sotto gli occhi della polizia provocava un bel sollievo alla persona, che quindi continuava ad attraversare la strada tranquillamente. Appena raggiunto il marciapiede, veniva avvicinata da un altro sperimentatore, che le chiedeva di rispondere a un questionario. Il problema era che il questionario andava compilato subito, lì sul marciapiede, con un clima autunnale non troppo gradevole. Venne avanzata una richiesta simile anche a un gruppo di soggetti che attraversavano la stessa strada con la stessa modalità (impropria), ma che non avevano subito lo spavento del fischietto. Inoltre, vennero testati anche dei semplici passanti che camminavano sul marciapiede. In questi ultimi due casi, si registrarono percentuali di assenso (rispettivamente, il 46% e il 41%) più basse rispetto alle condizioni in cui i soggetti avevano sperimentato la sequenza paura-sollievo.

Meccanismo

Le emozioni che proviamo sono il risultato dell'evoluzione. Ogni emozione innesca, all'istante, un programma di azione tipico, che la caratterizza. Anche se oggigiorno non è più così, un tempo le emozioni ci aiutavano a cavarcela nei momenti di difficoltà, quindi favorivano la sopravvivenza della specie. Nel caso della paura, questo programma di azione consiste in una serie di cambiamenti fisiologici e corporei che hanno lo scopo di prepararci a fuggire o a difenderci (attacco-fuga). Sia nel caso della fuga che nel caso della lotta, al nostro corpo verrà richiesto un grande sforzo. Ecco perché, quando abbiamo paura, il cuore inizia a battere forte per pompare una maggiore quantità di sangue, parte del quale viene portato dall'intestino ai muscoli in modo che abbiano a disposizione più ossigeno e più nutrienti. Inoltre, aumenta anche la coagulazione del sangue e si innescano altri cambiamenti di natura fisiologica volti a preparare il corpo ad affrontare al meglio le circostanze in cui ci troviamo.

Questa risposta è necessaria in presenza di una fonte di pericolo seria. Quando, però, il pericolo scompare di colpo e in maniera inaspettata, il programma di azione in corso diventa del tutto inappropriato per le nuove circostanze. Il corpo non ha ancora avviato un nuovo programma (non necessariamente basato sulle emozioni) più adatto alla situazione. In queste circostanze, il nostro corpo resta in uno stato di inerzia per un certo lasso di tempo e se, in questo breve frangente, ci troviamo a dover eseguire un compito (perché ci viene richiesto o perché dobbiamo prendere una decisione), agiamo in maniera automatica e senza riflettere davvero. Se ci viene posta una richiesta in maniera educata e la situazione ci sembra sicura, veniamo presi "alla sprovvista" e rispondiamo di sì, che si tratti di compilare un questionario in piedi su un marciapiede o di rendere la nostra testimonianza durante un interrogatorio alla polizia. Il meccanismo è sempre lo stesso.

TECNICA #28
UMORISMO

Idea

Salve! Parlo con la radio? Bene! Mi trovo alla stazione degli autobus. Ho appena trovato un portafoglio di pelle nera. Dentro ci sono una patente e una carta di credito intestate a John Smith. C'è anche una bella somma di denaro: 800 euro e 460 dollari americani. Ah, e c'è perfino un biglietto per il concerto dei Metallica di domani! Ho pen-

sato che forse il signor Smith sta ascoltando la vostra trasmissione in questo momento e, dato che andate in onda in diretta... Vi chiedo di dedicare una bella canzone al signor Smith da parte mia!

La caratteristica tipica delle battute è che alcuni le trovano divertenti e altri no. Di certo, John Smith non troverebbe affatto divertente il messaggio dell'anonimo ascoltatore. Probabilmente anche tra voi lettori c'è chi lo trova poco divertente e chi molto (come gli autori). Tuttavia, ai fini dell'argomento trattato in questo libro, il punto non è capire come cambia il senso dell'umorismo da persona a persona, bensì rispondere alla seguente domanda: le battute possono aiutarci a esercitare una maggiore influenza sociale? *È possibile che un messaggio verbale, formulato da una persona che vuole persuaderne un'altra a fare qualcosa, divenga più efficace quando contiene elementi umoristici?*

Ricerca

Karen O'Quinn e Joel Aronoff (1981) chiesero a 250 studenti universitari di partecipare al loro esperimento. Una volta al laboratorio, ogni soggetto incontrava un altro studente che gli diceva di essere un partecipante come lui, ma che in realtà era un complice degli sperimentatori. La persona che conduceva l'esperimento spiegava che lo scopo della ricerca era analizzare diversi contesti di negoziazione e che il compito dei due soggetti era quello di raggiungere un compromesso e di chiudere con successo il confronto. L'oggetto della trattativa era un dipinto di grande valore; uno dei soggetti doveva assumere il ruolo del venditore e l'altro quello del compratore. Appeso a una parete del laboratorio, c'era effettivamente un dipinto a olio raffigurante un paesaggio. Naturalmente, il successo era misurato in base alla capacità dei soggetti di ottenere l'esito più favorevole possibile (ovvero, alzare il più possibile il prezzo del dipinto per il venditore e abbassarlo il più possibile per il compratore). Per poter stabilire quale delle due parti aveva "prevalso" sull'altra, era necessario che i due raggiungessero un accordo sul prezzo dell'opera d'arte. Dopo l'assegnazione casuale (in realtà prestabilita) dei ruoli, il vero partecipante si ritrovava nei panni del compratore e il complice dei ricercatori diventava il venditore. Come previsto dalle istruzioni ricevute precedentemente, il prezzo di partenza richiesto dal venditore era di 70 000 dollari, mentre l'offerta iniziale del compratore era di 25 000 dollari. Nel corso della negoziazione, il venditore ridimensionava gradualmente le sue aspettative e il compratore offriva una somma sempre più alta. A un certo punto, quando la discrepanza tra il prezzo richiesto dal venditore e la somma offerta dal compratore era ancora considerevole, lo sperimentatore interveniva per informare i due soggetti che il tempo a disposizione per concludere la trattativa stava per terminare. Dopo questo intervento, il venditore, a seconda delle condizioni di prova, diceva: «Bene, la mia offerta finale è…» oppure «Bene, la mia offerta finale è… e aggiungo anche la mia rana da compagnia». Naturalmente, l'obiettivo era capire se la battuta del venditore spingesse il compratore a concedergli un vantaggio. La misura adottata da O'Quinn e Aronoff per determinare l'entità di tale concessione era il quoziente dei seguenti valori: la quantità di denaro aggiunta dal compratore rispetto alla precedente offerta diviso la somma massima che avrebbe potuto offrire (per esempio, il compratore a quel punto aggiungeva 1000 dollari alla sua precedente offerta laddove, per raggiungere l'accordo, ne avrebbe dovuti offrire 5000 in più; in questo caso, l'indice della concessione sarebbe stato pari a 0.20).

Il risultato fu che, nel gruppo in cui il venditore aveva formulato la frase standard, si registrò un indice pari a 0.45, mentre nel gruppo in cui il venditore aveva offerto la sua rana da compagnia l'indice arrivò a 0.53. Pertanto, la battuta aveva reso i soggetti più inclini a fare una concessione.

Meccanismo

Sono ormai passati quasi 100 anni da quando il guru pubblicitario dell'epoca, Claude C. Hopkins, formulò la sua frase più celebre: «La gente non compra dai pagliacci». Hopkins, infatti, era fermamente convinto che l'umorismo avesse un effetto deleterio sull'efficacia della pubblicità. Oggi, però, i pubblicitari sanno perfettamente che non è così; dunque, Hopkins si sbagliava oppure, per qualche ragione, la sua tesi ha perso validità con il tempo. Gli psicologi che studiano l'efficacia della pubblicità contemporanea sostengono che l'umorismo catturi l'attenzione del destinatario al punto tale da fargli perdere la capacità di analizzare in maniera critica il contenuto del messaggio. In parole povere, l'umorismo ci fa abbassare la guardia e compromette la nostra capacità di pensare in maniera critica. Questo meccanismo psicologico, probabilmente, non si attiva solo in risposta alle pubblicità, ma anche con altre modalità di influenza sociale. Se qualcuno ci chiede un favore in maniera simpatica, è probabile che non ci soffermeremo più di tanto sul costo che la sua richiesta comporta (per esempio, la quantità di tempo o la fatica fisica necessari per soddisfarla). Per quanto riguarda l'esempio sopra descritto, inoltre, potrebbe essere entrato in gioco anche un altro elemento: l'umorismo, che suscita emozioni positive, ha reso i soggetti più inclini a scendere a compromessi ed è probabile che questo abbia mitigato il senso di rivalità che provavano verso la persona con cui stavano trattando.

TECNICA #29
PIEDE IN BOCCA (COME STAI?)

Idea

Qualche anno prima che scoppiasse la Seconda guerra mondiale, Winifred Johnson (1937) condusse uno studio semplice ma molto originale. Chiese ai suoi studenti di valutare il proprio umore per diversi giorni di seguito. Ogni giorno, i soggetti dovevano classificare il loro umore in base a una scala a 11 punti in cui il punto all'estrema sinistra (-5) indicava lo stato d'animo peggiore in assoluto e quello all'estrema destra

(+5) l'umore migliore di sempre. Lo zero centrale si riferiva a un umore standard, privo di particolari connotazioni. Capita a tutti di sentirsi meglio in certi giorni e peggio in altri, ma nella maggior parte dei casi non stiamo né meglio né peggio del solito. Di conseguenza, ci si potrebbe aspettare che le misurazioni realizzate dai soggetti dello studio di Johnson abbiano prodotto una media vicina allo 0, invece la maggior parte dei soggetti registrò valori notevolmente più alti (con una media generale di +1.2). In altre parole, anche se dovrebbe essere matematicamente impossibile, la maggior parte dei partecipanti si sentiva meglio del solito! Il fatto è che negli Stati Uniti – e in gran parte del mondo – le persone considerano sbagliato lamentarsi del loro stato d'animo negativo. Gli altri si aspettano di sentirci dire che stiamo bene anche quando non è così. *La propensione a rispondere che stiamo bene può essere sfruttata per persuadere le persone a soddisfare le richieste degli altri?* Prendiamo in esame un esperimento realizzato proprio per far luce su questa ipotesi.

Ricerca

Daniel Howard (1990) elaborò uno studio mirato a verificare in che misura chiedere a una persona come si sente possa influire sulla sua disponibilità a fare beneficenza. Nel suo esperimento, contattò telefonicamente un campione di residenti di Dallas selezionati in maniera casuale. L'esperimento venne condotto poco prima del Giorno del Ringraziamento. Con il gruppo di controllo, il ricercatore si presentava e diceva di rappresentare una certa organizzazione benefica, poi spiegava che poteva far recapitare a casa dell'interlocutore una confezione di biscotti al prezzo di 25 centesimi e che i proventi delle vendite sarebbero stati devoluti a favore dei poveri di Dallas. Solo il 10% dei soggetti contattati accettò di acquistare i biscotti. Nelle condizioni sperimentali, invece, la telefonata si svolgeva in modo un po' diverso: dopo essersi presentato e aver fatto il nome dell'organizzazione benefica che rappresentava, il ricercatore chiedeva all'interlocutore come stava. Nella maggior parte dei casi, la risposta era positiva: il soggetto diceva che andava tutto alla grande, che stava bene o, quanto meno, non male. A quel punto, il ricercatore si diceva felice di sapere che l'altro stava bene (naturalmente, nel caso in cui la risposta del soggetto lasciasse intendere che non se la passava bene, il ricercatore si mostrava dispiaciuto). Solo a questo punto Howard proponeva all'interlocutore l'acquisto dei biscotti che avrebbero aiutato i poveri di Dallas. Il dato rilevato in queste condizioni di prova fu molto più elevato di quello del gruppo di controllo: il 25% dei soggetti accettò di acquistare i biscotti. Secondo le conclusioni elaborate da Howard, questa differenza potrebbe essere stata determinata da una tecnica di influenza sociale specifica, da lui denominata *piede in bocca*.

Meccanismo

La tecnica del piede in bocca si basa sul presupposto che le persone siano più inclini ad aiutare i meno fortunati (per esempio, i senzatetto, chi non ha da mangiare o chi soffre di mali incurabili) quando vengono incoraggiate a *confrontare la propria situazione con quella di chi sta peggio* di loro. Una risposta positiva alla domanda «Come va?» è in netto contrasto con le circostanze in cui versano queste persone sfortunate. Si noti, infatti, che non appena la persona risponde che va "alla grande" o "tutto bene", le viene offerta la possibilità di aiutare chi sta molto peggio di lei, persone che non possono certo dire di stare benissimo e per le quali la vita non ha preso la direzione sperata. Si tratta di una tecnica estremamente efficace e, allo stesso tempo, molto sottile. Infatti, la persona che sfrutta questo tipo di influenza non dice esplicitamente «Lei sta molto meglio dei senzatetto, per cui dovrebbe aiutarli», ma avviene il contrario: è chi subisce l'influenza ad arrivare a questa conclusione solo perché ha appena affermato di cavarsela alla grande (o, quanto meno, di stare bene).

TECNICA #30
PIEDE IN BOCCA E PORTA IN FACCIA

Idea

Va precisato che la tecnica del piede in bocca descritta nel precedente paragrafo si basa su un comportamento relativamente spontaneo. Spesso iniziamo le nostre conversazioni chiedendo all'altro come sta e noi autori siamo certi che alcuni lettori, inconsciamente, abbiano già utilizzato questa tecnica. In fondo, è più che giusto fare un po' di conversazione prima di chiedere qualcosa al nostro interlocutore. Inoltre, chiedere agli altri come stanno è un gesto che compiamo anche quando non abbiamo intenzione di domandare né di offrire alcunché. La naturalezza che contraddistingue il piede in bocca fa sì che questa tecnica si possa combinare facilmente con altri metodi, da utilizzare dopo che la persona ha risposto alla nostra domanda sulla sua condizione. Nel seguente paragrafo descriveremo un esperimento progettato per verificare l'efficacia della tecnica della porta in faccia (già illustrata in precedenza), applicata sia nella modalità standard (ossia, avanzando prima una richiesta difficile e poi una più facile), sia in associazione alla tecnica del piede in bocca. In quest'ultimo caso, la procedura menzionata, che consiste nel formulare una richiesta difficile seguita da una richiesta più facile, è stata utilizzata dopo aver chiesto al soggetto come stava.

Ricerca

Valerie Fointiat (2000) svolse la sua ricerca su un campione di casalinghe, alle quali chiese di donare del cibo per i poveri. Nell'esperimento di controllo, la ricercatrice si limitò a formulare la richiesta e ottenne una percentuale di assenso del 26.6%. In condizioni sperimentali, Fointiat applicò la tecnica del piede in bocca come proposta da Daniel Howard. Prima di chiedere alle casalinghe di fare la donazione, domandò loro come stavano. Naturalmente, la maggior parte rispose che stava benissimo o, quanto meno, che le cose non andavano male. I risultati furono un'ulteriore conferma dell'efficacia di questa tecnica (si tenga presente che, in questo caso, la tecnica venne utilizzata di persona e non telefonicamente, come nell'esperimento originale): nelle condizioni sperimentali, il 40% dei soggetti accettò di donare una busta di alimenti per i poveri. Tuttavia, il principale obiettivo di Fointiat era valutare l'efficacia della tecnica in combinazione con il metodo della porta in faccia, che già conosciamo. In queste condizioni sperimentali, dopo aver domandato alle casalinghe come stavano e aver ricevuto una risposta positiva, la ricercatrice chiedeva loro di aderire a una campagna a favore delle persone povere donando una busta di cibo a settimana per un periodo di 3 mesi. Una volta ricevuto un rifiuto, Fointiat chiedeva la disponibilità a donare una busta di cibo ma solo una tantum. In questo caso, ben il 60% delle casalinghe accettò.

Meccanismo

Il piede in bocca e la porta in faccia si basano su meccanismi psicologici diversi. L'efficacia della prima strategia dipende dal fatto che il destinatario della richiesta viene portato a soffermarsi sulla grande discrepanza tra la sua condizione e la situazione di persone meno fortunate di lui. Per quanto riguarda la seconda tecnica, invece, sappiamo già che gli psicologi si dividono, grosso modo, in due linee di pensiero: una che ne riconduce l'efficacia al principio di reciprocità e una che individua nel senso di colpa o nella vergogna provati dalla persona gli elementi chiave del suo funzionamento.

Dal nostro punto di vista, comunque, non è importante sapere quale meccanismo entri in gioco; ci basta sapere che *chi rifiuta la richiesta iniziale (difficile) sarà maggiormente disposto a soddisfare la seconda proposta (facile), in quanto la sua attenzione è stata ridirezionata su una persona (il beneficiario della richiesta) che convive con la povertà, la fame o la malattia*. In conclusione, la tecnica combinata del piede in bocca/porta in faccia fa leva su due forze psicologiche che, lavorando in sinergia, riescono a indurre la persona ad assecondare la richiesta che le viene rivolta. Inoltre, la successione dei due elementi che compongono questa tecnica complessa, così come è stata utilizzata nell'esperimento, risulta molto naturale: *prima si domanda all'altro come sta, poi si chiede il suo aiuto.*

TECNICA #31
ALTALENA EMOTIVA NEGATIVA

Idea

Abbiamo già descritto come l'interruzione repentina di un sentimento di paura che viene, poi, rimpiazzato da un intenso sollievo provochi una maggior disposizione a soddisfare le richieste altrui o a seguire le istruzioni e i suggerimenti che vengono dati. Tuttavia, l'efficacia dell'altalena emotiva non è circoscritta alla repentina scomparsa della paura o di un'altra emozione negativa, ma si estende anche a tutti quei casi in cui un individuo prova un'emozione positiva per un certo periodo di tempo e poi, all'improvviso, le ragioni che sostengono questo sentimento vengono meno ed esso svanisce. Per esempio, immaginiamo una persona che gioca alla lotteria tutte le settimane, puntando sempre sugli stessi numeri. Questa settimana, eccezionalmente, ha chiesto a sua suocera di andare in ricevitoria al posto suo per piazzare la giocata. La domenica sera tutta la famiglia si riunisce intorno al tavolo. Al momento del dolce, la radio annuncia i numeri vincenti della lotteria. Non può essere!! Il nostro eroe ha vinto una fortuna! Ma sul volto della suocera si dipinge un'espressione di orrore... Non può essere! E invece è proprio così. «Devo dirti una cosa» sussurra lei. «Mi sono dimenticata di giocare i tuoi numeri». Naturalmente, l'altalena emotiva a cui ci riferiamo non deve essere estrema come quella dell'esempio. Questo fenomeno, in versione molto ridotta, si verifica anche quando un passante trova una banconota per terra ma poi, guardandola meglio, si accorge che è la pubblicità di una discoteca, oppure quando uno studente convinto di essere andato bene a un esame scopre di essere stato bocciato. Come sempre, ciò che ci interessa scoprire è se indurre questo genere di instabilità emotiva nell'altro possa rappresentare un metodo efficace per influenzarne i comportamenti.

Ricerca

Magdalena Kaczmarek e Melanie Steffens (2017) hanno reclutato i partecipanti per il loro esperimento tra gli studenti che frequentavano la biblioteca universitaria. In cambio della loro partecipazione alla ricerca, gli studenti avrebbero ricevuto solo 1 euro, ma con la promessa che, se avessero risposto bene al test, avrebbero ricevuto altri 2.50 euro. Uno dei due gruppi sperimentali ricevette un test con domande molto semplici, mentre l'altro dovette affrontare domande più difficili. Ad alcuni soggetti venne comunicato, con la massima sincerità, se erano andati bene o male. Altri, invece, ricevettero un feedback sorprendente: quelli che avevano riposto a domande molto difficili scoprirono di essere andati benissimo, mentre quelli che avevano risposto a domande semplici appresero con grande sorpresa di essere andati male. Venne poi chiesto a tutti i soggetti, a prescindere dalle condizioni sperimentali a cui erano stati assegnati, di percorrere il corridoio e di entrare in un'altra stanza, dove si sarebbe svolta la parte successiva dell'esperimento. Mentre si trovava in corridoio, il partecipante veniva avvicinato da un altro studente (che in realtà era un complice delle ricercatrici), che gli chiedeva di firmare una petizione. La petizione non aveva alcun senso: la comunità studentesca chiedeva alle autorità universitarie di poter raggiungere l'università con un mezzo di trasporto pubblico a libera scelta dello studente.

Emerse che le condizioni in cui lo studente aveva inizialmente sperimentato delle emozioni negative, convincendosi di aver fallito il test, e poi aveva scoperto di essere andato benissimo, rendevano i soggetti notevolmente più propensi a firmare l'assurda petizione (il 67%) rispetto a quelli che avevano provato solo emozioni positive (e cioè, che si aspettavano un buon risultato e che avevano ricevuto un feedback coerente con le loro aspettative, condizione in cui solo il 35% dei partecipanti firmò la petizione). Questo dato fornisce un'ulteriore conferma dell'efficacia della tecnica basata sulla sequenza paura-sollievo, di cui abbiamo già parlato. Per quanto riguarda la tecnica trattata in questo paragrafo, però, ciò che ci interessa è il comportamento degli studenti che avevano vissuto uno stato emotivo negativo. Nel campione di soggetti che si aspettavano un pessimo risultato e avevano in effetti ricevuto un feedback negativo, circa la metà (il 53%, per l'esattezza) acconsentirono a firmare l'insensata petizione. Tuttavia, nel gruppo di soggetti che avevano vissuto un'altalena emotiva "discendente" (ossia, che inizialmente pensavano di essere andati bene, ma poi avevano scoperto di aver ottenuto risultati scarsissimi), ben il 74% degli studenti acconsentì a firmare la petizione. Evidentemente, anche l'altalena emotiva negativa rende le persone più propense a soddisfare le richieste altrui.

Meccanismo

Kaczmarek e Steffens hanno analizzato dettagliatamente le interazioni avvenute tra la persona che raccoglieva le firme per la petizione e i soggetti provenienti dalle diverse condizioni sperimentali. Da questa approfondita analisi è emerso che le persone in uno stato emotivo altalenante erano meno inclini a fare domande, a esprimere sorpresa o a soffermarsi sull'insensatezza della petizione rispetto a coloro che avevano sperimentato un solo tipo di emozione in maniera costante. Le ricercatrici, inoltre, hanno analizzato e rilevato un altro dato: chi aveva sperimentato l'altalena emotiva non ricordava con esattezza l'interazione avvenuta in corridoio. Questi elementi dimostrano chiaramente che sperimentare un'altalena emotiva ostacola il corretto funzionamento delle nostre funzioni cognitive. È molto probabile che, quando si verifica un repentino cambiamento delle circostanze (come, ad esempio, la scoperta che un test non è andato come ci si aspettava), la persona si sforzi di analizzare l'accaduto per comprenderne le ragioni. Di conseguenza, fa fatica a concentrarsi sul "qui e ora", quindi risponde in maniera automatica e non ragionata alle richieste che le vengono poste. Si tenga presente che Kaczmarek e Steffens verificarono se gli studenti fossero disposti a firmare una petizione, perciò proposero una situazione che non aveva niente di insolito (agli studenti universitari capita spesso di ricevere richieste del genere); inoltre, la richiesta veniva formulata in modo educato.

Non sappiamo se la tecnica dell'altalena emotiva negativa sia efficace anche quando la richiesta è molto impegnativa, insolita o formulata in modo irrispettoso. Va anche sottolineato che le emozioni indotte nell'esperimento descritto non erano troppo intense. Non sappiamo se una persona carica di risentimento o seriamente provata dal punto di vista emotivo sarebbe disposta a soddisfare le richieste di uno sconosciuto. Ci sentiamo in dovere di esprimere questi dubbi, poiché sono ancora pochi gli studi empirici sui fattori determinanti l'efficacia di questa tecnica. In definitiva, ancora non conosciamo con esattezza quali siano i suoi limiti.

TECNICA #32
TIENI IN MANO UN MAZZO DI FIORI

Idea

In tutto il mondo, milioni di persone (soprattutto giovani) provano ad andare dal punto A al punto B sfruttando una modalità di trasporto gratuita: l'autostop. Sono ancora di più i guidatori che percorrono quelle strade, fermandosi per far salire gli autostoppisti, oppure ignorandoli e tirando dritto. Questa seconda opzione è di gran lunga la più comune. Le ragioni per cui un automobilista preferisce non dare un passaggio a uno sconosciuto sono di varia natura e non sempre si devono all'egoismo. Per esempio, le donne si fermano molto raramente per far salire un uomo sulla loro auto, per paura di subire uno stupro, un'aggressione o una rapina. Fino a qualche decennio fa, questo non rappresentava un grande problema, perché la stragrande maggioranza degli automobilisti erano uomini. Oggi, invece, la situazione è cambiata e non poter contare sull'aiuto delle donne al volante è diventato un problema per gli autostoppisti di sesso maschile. Cosa potrebbe fare un uomo per aumentare le chance che un'automobilista di sesso femminile si fermi e gli offra un passaggio? Alcuni studi hanno dimostrato che non solo le donne, ma anche gli uomini si fermano molto più volentieri se l'autostoppista indossa la divisa dei vigili del fuoco. Tuttavia, indossare la divisa dei pompieri non è una tecnica facilmente sfruttabile nell'ambito dell'influenza sociale. Pertanto, alcuni ricercatori francesi hanno deciso di verificare come si sarebbero comportati gli automobilisti con un autostoppista che teneva in mano un mazzo di fiori.

Ricerca

Lo studio venne realizzato sul punto di accesso di una penisola nel sud della Francia, una località in cui si trovano spesso degli autostoppisti in cerca di un passaggio (Gueguen, Meineri e Stefan, 2012). L'autostoppista-sperimentatore (uomo o donna) si piazzava al margine della carreggiata con il volto in direzione delle macchine in arrivo, il braccio teso e il pollice rivolto all'insù. In determinate condizioni sperimentali teneva nell'altra mano un mazzo di fiori, mentre in altre condizioni la mano sinistra era libera. I colleghi si sistemavano dall'altro lato della strada, in un punto poco visibile, per contare le auto che passavano e prendere nota del sesso di tutti i guidatori (un grande lavoro, in quanto venne rilevato il comportamento di ben 2000 automobilisti). Grazie a questa procedura, i ricercatori riuscirono a determinare la percentuale di donne e la percentuale di uomini che si erano fermati quando avevano avvistato l'inequivocabile gesto dell'autostoppista. Naturalmente, dato che era un esperimento, quando un'auto si fermava, il ricercatore non saliva, ma spiegava al conducente che si trattava solo di uno studio psicologico, lo ringraziava per la disponibilità e chiedeva scusa per quell'imprevisto. Dal loro lavoro emerse che, sui soggetti di sesso femminile, la vista di un uomo con un mazzo di fiori aveva un effetto quasi magico. Quando la mano sinistra dell'autostoppista era libera, solo l'1.3% delle conducenti donne si erano fermate per dargli un passaggio, ma quando teneva in mano un mazzo di fiori questa percentuale era incredibilmente salita al 10.5%. Interessante anche il dato sui guidatori di sesso maschile, che subirono un effetto simile, passando dal 6.8% al 13.6% alla vista dei fiori. Quali furono i risultati quando a fare l'autostop era una donna? Nel suo caso, il fatto di avere o non avere in mano un mazzo di fiori non fece la benché minima differenza.

Meccanismo

Un uomo con un mazzo di fiori in mano evoca l'idea di un innamorato che sta andando a trovare la sua amata più che di un delinquente dedito a stupri e rapine. I fiori, quindi, riducono notevolmente il timore di subire un'aggressione da parte sua. Questo effetto è particolarmente evidente nel caso delle guidatrici di sesso femminile, ma anche gli uomini preferiscono evitare di dare un passaggio a uno sconosciuto che potrebbe far loro del male. Tuttavia, se l'autostoppista è una donna, i fiori non aumentano le sue probabilità di trovare un passaggio. È raro che le donne regalino dei fiori al proprio amato, perciò questo meccanismo, nel loro caso, non funziona. Un uomo con un mazzo di fiori in mano ottiene maggiore solidarietà anche in altre circostanze. Alcuni studi hanno dimostrato che *le persone sono più inclini a offrire spontaneamente il loro aiuto a un uomo che ha in mano dei fiori*. Se, per esempio, un passante perde un oggetto per strada (o meglio, finge di perderlo perché sta conducendo un esperimento), le probabilità che qualcuno lo avvisi dell'accaduto aumentano se lo sfortunato tiene in mano dei fiori. Inoltre, gli automobilisti sono più inclini a fermarsi per far passare un pedone se quest'ultimo ha in mano dei fiori. Pertanto, sappiate che tenere in mano un mazzo di fiori può essere molto conveniente, soprattutto per gli uomini.

TECNICA #33
LA PAROLA "AMORE"

Idea

Probabilmente non esiste posto al mondo in cui il rosa e il rosso trionfino quanto nel negozio di un fioraio nel giorno di San Valentino. A ogni angolo ci sono cuori rossi e cupidi paffutelli che tendono l'arco, pronti a scoccare frecce che faranno nascere nuove coppie felici. Ogni singolo fiore (e, soprattutto, ogni rosa) è decorato con un fiocco rosso, in modo che non possiate avere alcun dubbio sulla festività che viene celebrata quel giorno. Perfino i palloncini a elio sono a forma di cuore e, per gli amanti della tradizione, ci sono anche dei vistosi lecca-lecca rossi a forma di... sì, avete indovinato: di cuore. E poi, naturalmente, c'è la parola "Amore", o meglio, la parola "Love", che campeggia su oggetti di ogni genere: tazze, candele, portafoto, soprammobili, portachiavi, orecchini, calamite, cuscini e morbidi orsacchiotti. Praticamente ovunque, perfino su ciondoli di metallo a forma di teschio umano – il che, a dirla tutta, è decisamente inquietante. È naturale che questa sovraesposizione alle parole collegate all'amore nel periodo che precede San Valentino provochi, in alcuni di noi, un certo fastidio (ma c'è anche chi non la nota, grazie al provvidenziale effetto della difesa percettiva). Tuttavia, la parola "amore" (o "love") evoca innegabilmente sensazioni positive perché la associamo al calore, all'affetto e alla presenza di qualcuno al nostro fianco. Pertanto, non deve sorprenderci che alcuni ricercatori abbiano deciso di verificare se questa parola possa essere utilizzata come strumento per influenzare gli altri.

Ricerca

Virginie Charles-Sire e colleghi (2016) hanno condotto degli studi per verificare l'effetto che l'esposizione alle parole "loving" o "helping" può produrre sul comportamento delle persone. Lo studio era concepito in maniera molto semplice ma, come spesso accade in queste situazioni, la sua realizzazione richiese molto tempo. L'esperimento venne condotto in un parcheggio, che l'assistente dei ricercatori attraversava spingendo un carrello contenente un grande scatolone. Quando riceveva il segnale prestabilito dall'osservatore (che monitorava lo svolgimento dell'interazione e registrava i risultati), l'assistente raggiungeva l'auto, apriva il bagagliaio e provava a metterci dentro lo scatolone, comportandosi come se fosse molto pesante e difficile da sollevare. L'obiettivo dei ricercatori era rilevare il numero di persone disposte a fermarsi per aiutarlo, ovvero quanti passanti si sarebbero avvicinati anche solo per chiedere se aveva bisogno di aiuto.

Naturalmente, i ricercatori volevano scoprire anche se la presenza delle parole sopra menzionate potesse determinare qualche differenza nel comportamento dei soggetti e, a questo scopo, stabilirono che l'assistente avrebbe dovuto indossare tre magliette diverse a seconda delle condizioni di test: nel primo gruppo, sul retro della maglietta c'era scritta la parola "helping" a grandi caratteri; nel secondo gruppo, la scritta diceva "loving"; con il gruppo di controllo, la maglietta non aveva alcuna scritta.

Le aspettative dei ricercatori furono abbondantemente confermate. Nelle condizioni in cui la maglietta non aveva scritte, le persone mostrarono una scarsa propensione ad aiutare l'assistente (solo il 12.7% dei passanti si fermarono). Nel gruppo della maglietta con la scritta "helping" si registrò una percentuale un po' più alta, ma non di molto (il 16%). Nel gruppo della maglietta con la scritta "loving", invece, venne rilevata una percentuale di persone disposte a offrire il proprio aiuto molto più elevata (28%).

C'è un ulteriore aspetto da tenere in considerazione: il sesso dei soggetti e quello dell'assistente. Infatti, esistono degli stereotipi molto radicati che svolgono un ruolo importante, come quelli riguardanti la minore forza fisica delle donne o il fatto che gli uomini abbiano il dovere di aiutarle a trasportare gli oggetti pesanti. A prescindere dalla loro fondatezza, dobbiamo essere consapevoli che questi stereotipi esistono e, spesso, influenzano il comportamento dei soggetti che prendono parte a un esperimento. Ecco perché, durante l'esperimento, Charles-Sire esaminò come variava il comportamento delle persone a seconda che l'assistente che armeggiava con lo scatolone fosse un uomo o una donna, e anche quali erano le differenze di comportamento tra i soggetti di sesso maschile e quelli di sesso femminile. Come previsto, in tutte le condizioni, i soggetti di sesso maschile si mostrarono più desiderosi di aiutare una donna in difficoltà con un grosso scatolone, ma anche in questo caso i risultati cambiavano in base alla scritta sulla maglietta. Quando c'era la scritta "loving", il 40% dei soggetti di sesso maschile manifestarono la volontà di dare una mano; con la scritta "helping", si registrò una percentuale del 26.1%; nel gruppo di controllo, solo il 21.4%.

Meccanismo

Siamo scienziati e, in quanto tali, è molto probabile che non ci ricapiti mai più quest'opportunità, perciò, cari lettori, permetteteci di realizzare un sogno e citare le parole di un autore che non potremmo mai menzionare in un rigoroso testo scientifico, ma che sono perfette per questa occasione. Paulo Coelho, guida spirituale, fonte di saggezza e gigante dell'autoconsapevolezza, ha scritto: «Non è il momento che cambia l'uomo, né la conoscenza; l'unica cosa che può cambiare la mente di qualcuno è l'amore». Non trovate che siano bellissime parole? Soprattutto perché rispecchiano i risultati ottenuti da Charles-Sire circa l'ipotesi che la semplice esposizione alla parola "loving" potesse cambiare l'atteggiamento mentale delle persone (o, quanto meno, la loro disponibilità a offrire aiuto, il che non è poco). Ma come mai è così?

Ad oggi, non è ancora stata trovata una risposta definitiva a questa domanda. Di sicuro tutti tendiamo ad associare l'amore con il gesto di aiutare il prossimo. Possiamo affermarlo con ragionevole certezza grazie ad altri studi, come quello condotto da Lubomir Lamy e colleghi (2012), che attaccarono sui salvadanai di una raccolta fondi degli adesivi con lo slogan "Loving – Helping" e, grazie a questo accorgimento, riuscirono a raccogliere più denaro che nei gruppi di controllo, in cui i salvadanai non avevano alcun adesivo. Dunque, *è possibile che la semplice esposizione alla parola "loving" inneschi il desiderio di aiutare gli altri*, ma non sappiamo esattamente il perché.

Forse dovremmo cercare la risposta nelle norme sociali. Come abbiamo già sottolineato più volte nelle pagine precedenti, queste norme hanno un effetto molto potente sulla nostra vita, anche quando a parole neghiamo che sia così. Pertanto, non possiamo escludere che la presenza della parola "loving" attivi una certa norma legata al nostro comportamento. Così come è difficile chiudere una relazione il giorno di San Valentino, non si può evitare di aiutare una persona in presenza della parola "loving". O almeno, per la maggior parte delle persone le cose funzionano così.

Allora, seguendo questa logica, se chiedessimo un aumento in busta paga accompagnando la richiesta con un cuore rosso e un bel fiocco con la scritta "loving", le nostre probabilità di successo aumenterebbero? Probabilmente sarebbe un gesto un po' eccessivo ma, come dimostrato da Charles-Sire e colleghi, chiedere un aumento mentre si indossa una maglietta con la scritta "loving" potrebbe giocare a nostro favore.

TECNICA #34
L'EFFETTO COMPLEANNO

Idea

Il compleanno rappresenta una sorta di spartiacque nella vita delle persone. Dal punto di vista soggettivo, diventiamo più adulti (quando siamo bambini), più anziani (quando siamo adulti) o "ancora più anziani" (quando siamo un po' più in là con gli anni). Il compleanno è talmente importante che, come dimostrato dalle statistiche, è più probabile morire poco dopo che poco prima la sua ricorrenza, quasi come se si volesse evitare di rovinare l'allegria dei festeggiamenti alla propria famiglia o come se si ritenesse di dover aggiungere quell'anno in più sulla propria lapide o sul necrologio... Naturalmente, per le finalità di questo libro, ciò che ci interessa è capire la relazione tra il compleanno e l'efficacia dell'influenza sociale esercitata sul festeggiato.

Immaginate di voler chiedere qualcosa a una certa persona. Non si tratta di una questione urgente. Potreste farlo oggi stesso, ma anche domani o tra qualche giorno. Poiché oggi è il compleanno della persona a cui volete rivolgere la vostra richiesta, probabilmente concludete che non è il caso di disturbarla proprio in questo giorno speciale. In fondo, la vostra richiesta può aspettare. Tuttavia, dal punto di vista dell'influenza sociale, rivolgere una richiesta a qualcuno nel giorno del suo compleanno diminuisce o aumenta la probabilità che essa venga soddisfatta?

Ricerca

Nicolas Gueguen e Celine Jacob (2013) decisero di fare buon uso di una mailing list di clienti che avevano ricevuto da un negozio di strumenti musicali. Grazie a questo negozio, avevano a disposizione i numeri di telefono e le date di compleanno delle persone che avevano fatto acquisti lì. Questi clienti, volenti o nolenti, divennero i partecipanti dello studio condotto da Gueguen e Jacob. I ricercatori suddivisero in maniera casuale i soggetti in 3 gruppi. I membri del primo gruppo vennero contattati il giorno precedente al loro compleanno, quelli del secondo gruppo il giorno del loro compleanno e quelli del terzo gruppo il giorno successivo al compleanno. La chiamata avveniva sempre tra le 18:30 e le 20:30. Se la persona non rispondeva, i ricercatori riprovavano a chiamarla e, se non rispondeva neanche la seconda volta, facevano un terzo e ultimo tentativo. In tutte le condizioni di prova, il chiamante si presentava e avanzava la seguente richiesta: «Mi scusi se la disturbo, signora/signore. La chiamo dal Music House di Vannes, dove ha già acquistato alcuni prodotti. Stiamo svolgendo delle interviste con i nostri clienti per migliorare la qualità dei servizi che offriamo. Sarebbe disposto/a a rispondere telefonicamente a un questionario di 9 domande che le ruberà 2 minuti di tempo?». Se il rispondente rifiutava, il ricercatore lo salutava educatamente e riagganciava. Se acconsentiva, veniva effettivamente condotta una breve intervista i cui risultati potevano aiutare il negozio a migliorare i suoi servizi. Vennero contattati in tutto 264 clienti, 30 dei quali non risposero, nonostante i tre tentativi. Tra i clienti contattati il giorno precedente al loro compleanno, il 51.5% acconsentì a partecipare al sondaggio. Nel gruppo che ricevette la chiamata il giorno del compleanno, la percentuale registrata fu molto più alta e arrivò al 75.6%. Quando, invece, i clienti erano stati contattati il giorno successivo al compleanno, solo il 48.7% aveva acconsentito a rispondere all'intervista.

Meccanismo

Ci sono due possibili meccanismi che spiegano *l'effetto compleanno*. Il primo è legato al fatto che l'esperimento è stato condotto nel tardo pomeriggio/prima serata, pertanto è probabile che chi compiva gli anni avesse già ricevuto attenzioni particolari dagli altri durante la giornata, come auguri o regali. Ecco quindi che, in virtù della reciprocità indiretta di cui abbiamo già parlato, queste persone si sentivano in qualche modo in dovere di soddisfare la richiesta di qualcun altro. L'altro meccanismo che potrebbe spiegare la struttura dei risultati ottenuti è quello dell'umore. Il buonumore predispone alla gentilezza verso chi chiede piccoli favori, come quello dell'esperimento (ovvero, rispondere alle 9 domande). Si tenga presente però che, secondo i risultati di numerosi studi psicologici, chi gode di buonumore è estremamente riluttante a soddisfare tutte quelle richieste che potrebbero peggiorare il suo stato d'animo. Pertanto, se il buonumore è davvero la ragione per cui le persone sono più inclini a soddisfare le richieste degli altri nel giorno del loro compleanno, dobbiamo tenere presente che questa regola *è valida solo per richieste poco impegnative e di facile risoluzione*. Chiedere al festeggiato di occuparsi di un compito gravoso o particolarmente complesso, dunque, non è una buona idea. Precisiamo, tuttavia, che non siamo a conoscenza di ricerche empiriche condotte per fare luce su questo aspetto, che confermino con certezza la validità di questa ipotesi.

3

Il framing del messaggio

Qualche decina di anni fa, quando Ronald Reagan, ormai anziano, era presidente degli Stati Uniti e l'Unione Sovietica era governata da Leonid Breznev, che aveva cinque anni in più di Reagan, girava una barzelletta sui due leader che si sfidavano in una gara di corsa. Il giorno dopo la gara, la stampa americana informava il suo pubblico che Reagan aveva trionfato, stracciando l'avversario sovietico. La stampa sovietica, invece, annunciava che Breznev era arrivato secondo in una gara di corsa internazionale, ottenendo un risultato di tutto rispetto, e che Ronald Reagan, rappresentante degli Stati Uniti, si era piazzato al penultimo posto. Questo aneddoto dimostra come i fatti possano essere presentati con prospettive molto diverse e che il modo in cui vengono esposti produce delle notevoli ripercussioni. Come recita il famoso detto, c'è chi vede il bicchiere mezzo pieno e chi lo vede mezzo vuoto. Entrambi hanno ragione, ma i primi sono soddisfatti e i secondi no. Sempre per lo stesso principio, è probabile che si provi interesse verso un prodotto definito "costoso ma ottimo", ma non verso un prodotto descritto come "ottimo ma costoso", oppure che si acquisti volentieri una bistecca con osso che ha l'85% di carne, ma non una bistecca di carne con il 15% di osso. Qualsiasi messaggio verbale può essere presentato da diverse prospettive (dette anche *frame*), che incoraggiano il destinatario a dare una certa interpretazione al suo significato. Questo capitolo è dedicato alle tecniche di influenza sociale che fanno leva proprio sul framing del messaggio.

TECNICA #35
VALIDAZIONE-PERSUASIONE

Idea

Quando una persona cerca di farci fare qualcosa che non vogliamo, la nostra reazione più immediata è quella di opporre resistenza. Con ogni probabilità, non faremo ciò che ci viene chiesto e percepiremo chi sta tentando di cambiare le nostre opinioni e i nostri comportamenti come un avversario (o forse perfino un nemico), anziché come un alleato. Costringere gli altri a fare qualcosa che non vogliono è una limitazione della loro libertà e tutti, senza eccezioni, si oppongono a questo genere di imposizioni. Pertanto, quando fate una richiesta a qualcuno, è possibile che questa persona percepisca il vostro gesto come un pericolo per la sua libertà personale. Come fare per evitare che questo accada? Gli psicologi clinici hanno trovato una soluzione interessante, dato che nel loro lavoro si trovano spesso a invitare i propri clienti a fare il contrario di ciò che vorrebbero. Per esempio, i tabagisti dovrebbero smettere di fumare, gli alcolizzati dovrebbero evitare di bere e le persone obese dovrebbero rinunciare ai dolci e iniziare a fare movimento fisico.

La tecnica della *validazione-persuasione* utilizzata dagli psicologi clinici si basa sull'idea che, oltre a presentare al cliente le argomentazioni che sottolineano la necessità di un cambiamento nei suoi comportamenti, si debba anche riconoscere che la sua resistenza al cambiamento è perfettamente comprensibile. A una persona con obesità, per esempio, si potrebbe dire: «So che i dolci sono squisiti e che è difficile resistere alla tentazione di mangiare una ciambella, ma considerando l'elevato rischio di sviluppare il diabete, rinunciare ai dolci è fondamentale, nel suo caso». A un fumatore, invece, si potrebbe dire: «Si sa che è molto difficile liberarsi di una dipendenza e cambiare le proprie abitudini, e che l'astinenza dalla nicotina ha effetti molto pesanti sul fumatore, ma nel suo caso smettere di fumare è un passo indispensabile per la guarigione». Gli psicologi clinici hanno molte idee interessanti, ma raramente si preoccupano di verificarne la validità con degli esperimenti replicabili. Gli psicologi sociali, invece, fanno proprio questo, senza doversi necessariamente concentrare su come modificare i comportamenti di chi segue una terapia. Esaminiamo insieme uno di questi esperimenti.

Ricerca

La battaglia per un ambiente più pulito è la più grande sfida dei nostri tempi. Non c'è dubbio che l'Homo Sapiens sia il principale produttore dei rifiuti che inquinano il pianeta. L'idea di riciclare i rifiuti, una delle misure più importanti per ridurre l'inquinamento ambientale, risale a moltissimo tempo fa. Già nel X secolo, i giapponesi conservavano la carta straccia e la riciclavano. I pionieri della differenziazione dei rifiuti furono gli *chiffoniers* (straccivendoli) del Diciannovesimo secolo, i residenti più poveri delle metropoli francesi, per i quali rovistare fra montagne di rifiuti era la principale fonte di guadagno. Oggi l'idea della differenziazione e del riciclo dei rifiuti riscuote l'approvazione di tutti a livello teorico, ma purtroppo queste manifestazioni verbali di consenso, spesso, non si traducono in comportamenti più corretti nella pratica.

Carol Werner, Sara Byerli, Paul White e Matthew Kieffer (2004) si sono chiesti se la tecnica della validazione-persuasione appena descritta potesse essere utilizzata per aumentare la propensione delle persone a gettare la carta negli appositi contenitori. I ricercatori piazzarono i contenitori in tutti gli edifici universitari, segnalando chiaramente che erano destinati alla raccolta della carta. All'interno degli edifici con i contenitori venne poi distribuito gratuitamente a tutti gli studenti il quotidiano *Utah Chronicles*, per scoprire cosa ne avrebbero fatto gli studenti dopo averlo letto. In alcune condizioni di prova, sui contenitori era indicata solo la loro funzione, mentre in altre c'era un'informazione aggiuntiva. Nel caso della tecnica della validazione-persuasione, il testo era il seguente: «Un gesto forse scomodo, ma importante»; in altri casi, il contenitore riportava solo l'argomentazione finale («È importante»); in altri ancora compariva solo la validazione («Un gesto forse scomodo»). Quest'ultima condizione di test può apparire un po' strana, ma per questioni di rigore metodologico i ricercatori dovevano necessariamente inserire queste casistiche nello schema dello studio.

Il risultato fu che nell'esperimento di controllo (ossia, quando sui contenitori era indicata solo la loro funzione) gli studenti gettarono negli appositi contenitori il 46.6% dei giornali ricevuti, mentre nel caso della tecnica della validazione-persuasione la percentuale raggiunse addirittura il 66.3%! L'uso della sola validazione o della sola persuasione, invece, non si dimostrò particolarmente efficace. Le rispettive percentuali furono del 49.9% e del 52.5%. A questo si aggiunge un altro risultato interessante, rilevato nel caso degli studenti con i quali era stata utilizzata la tecnica della validazione-persuasione: quando lo slogan «Un gesto forse scomodo, ma importante» venne rimosso dai contenitori e rimase solo l'indicazione che era un secchio per la raccolta differenziata della carta, la loro propensione a gettare i giornali diminuì molto poco e si stabilizzò sul 59.8%.

Meccanismo

Quando le persone ricevono un messaggio composto dai due elementi della validazione e della persuasione, sono più inclini a esprimere accordo con il suo contenuto. Dopotutto, fin dal primo momento, sono sicuramente d'accordo con almeno metà dell'informazione che viene trasmessa, ossia con il contenuto della validazione. Nell'esperimento appena descritto, è stata utilizzata la frase «Un gesto forse scomodo» perché precedenti ricerche avevano dimostrato che questa è la ragione principale per cui le persone non separano i rifiuti. Naturalmente, lo studente che legge questa frase, la approva al 100%!

Se volete esercitare influenza su una certa persona in contesti sociali reali, comunque, non è necessario svolgere alcuna ricerca preliminare: sarà sufficiente utilizzare la stessa identica argomentazione addotta dal vostro interlocutore per spiegare la sua resistenza ad adottare un certo comportamento. Questo metodo offre anche un vantaggio aggiuntivo, ossia quello di far sentire il nostro interlocutore ascoltato e di dare rilevanza alle sue argomentazioni. Il segreto dell'efficacia della tecnica della validazione-persuasione è che contribuisce a instaurare una relazione di collaborazione, minimizzando la tendenza dell'influenzato a percepire l'influenzatore come un avversario. Inoltre, *l'influenzatore ammette che ci sono delle ragioni per non fare ciò che sta proponendo, ma che alla luce delle sue argomentazioni tali ragioni perdono di importanza, o comunque, diventano meno valide di quelle a favore della richiesta.*

TECNICA #36
IMPOSTAZIONI DI DEFAULT

Idea

Uno degli autori di questo libro ha una pessima connessione Internet a casa. Anche se la mattina riesce a leggere i giornali online o a controllare le e-mail, spesso la linea salta perfino mentre sta chattando su Skype. Inoltre, quando guarda un film, ogni tanto l'immagine si blocca e passa un bel po' di tempo prima che riparta. Ora vi starete chiedendo: «Perché non cambia provider?». La risposta più sincera è «Perché questo implicherebbe una serie di operazioni: chiudere il contratto, restituire il router al vecchio provider, scegliere un nuovo provider e attivare un altro contratto». Certo, se Internet smettesse di funzionare del tutto o i problemi diventassero ingestibili, l'idea di dover compiere tutte queste operazioni non rappresenterebbe più un impedimento sufficiente a fermarlo. Tuttavia, la connessione non è poi così male e in certi giorni funziona alla perfezione, perciò preferisce lasciare le cose come stanno. Questo esempio dimostra che, se da un lato le persone hanno libertà di scelta in molte situazioni (e attribuiscono molto valore a questa libertà), dall'altro spesso non la esercitano. Potremmo dire che *spesso preferiamo l'inazione all'azione e la continuità al cambiamento*. La stessa cosa accade, per esempio, quando gli studenti entrano in un'aula vuota e hanno a disposizione tutte le postazioni, ma si siedono sempre allo stesso posto. Tra l'altro, la loro scelta non sembra seguire una particolare strategia di selezione; si tratta più che altro di avversione al cambiamento o, guardando la cosa da un'altra prospettiva, di una tendenza a preferire la continuità. È possibile sfruttare questa propensione al "non agire" per esercitare l'influenza sociale?

Ricerca

In questo caso l'esperimento non è stato condotto da un team di ricercatori, ma dalla vita reale, o meglio, dai governi e dai parlamenti che legiferano nei Paesi coinvolti. Grazie ai progressi fatti in campo medico negli ultimi decenni, sempre più vite umane vengono salvate attraverso il trapianto di organi come il cuore, i reni o il fegato. Naturalmente, affinché un paziente riceva uno di questi organi, qualcun altro deve donarli, solitamente dopo che ne è stata dichiarata la morte clinica. Spesso si tratta di automobilisti che hanno perso la vita in un incidente stradale. In alcuni Paesi, è necessario il consenso esplicito del donatore per procedere con l'espianto degli organi perciò, se una persona desidera manifestare il proprio consenso alla donazione, deve compiere una serie di azioni: recarsi in un ufficio per compilare un modulo oppure effettuare la procedura online. In altri Paesi, è stata adottata la soluzione diametralmente opposta, ossia quella del consenso presunto: se una persona desidera donare i propri organi a chi ne ha bisogno, non deve fare nulla; se, invece, vuole negare il consenso all'espianto, deve compilare un modulo apposito per esprimere la sua "non-volontà" a donare. La Germania e l'Austria sono due Paesi molto simili dal punto di vista culturale, che condividono la stessa lingua e parecchi secoli di storia comune. In base ai dati riferiti da Eric Johnson e Daniel Goldstein (2004), in Germania, dove vige il consenso esplicito, il 12% dei cittadini ha espresso la volontà di donare gli organi dopo la morte. Volete sapere qual è la percentuale dell'Austria, dove invece vige il consenso presunto? Ebbene, quasi l'intera popolazione austriaca (99.98%) è donatrice di organi!

Meccanismo

Ogni cambiamento comporta un rischio. Se finora le cose sono andate bene, vale davvero la pena di rischiare? Dopotutto, non è detto che il cambiamento migliori le cose, ma è possibile che le peggiori. Per realizzare un cambiamento è necessario agire attivamente, ma perché fare uno sforzo se lo si può evitare? Questa tendenza fa sì che le persone, la maggior parte delle volte, accettino lo status quo e rinuncino a intraprendere azioni volte al cambiamento. Questo meccanismo è la ragione per cui, per esempio, restiamo con lo stesso fornitore di energia elettrica per anni anche se gli altri offrono tariffe più convenienti, oppure rinunciamo a cambiare provider anche se una connessione migliore ci faciliterebbe sia nel lavoro che nel tempo libero. Spesso entra in gioco anche un altro fattore: molti tipi di contratti (linea Internet, acqua, elettricità, assicurazioni casa e auto) spesso prevedono che il cliente dia la disdetta con un certo preavviso (per esempio, due settimane prima di una certa data) per non incorrere in penali. Se il cliente salta questa scadenza senza farci caso, come spesso accade, la perdita economica legata al pagamento delle penali previste dal contratto riduce i vantaggi legati al cambiamento e il cliente conclude che il gioco non vale la candela.

TECNICA #37
SCRIPT PER INNESCARE AZIONI INCONSAPEVOLI

Idea

Sono sempre meno le persone che guardano l'orologio e sempre di più quelle che controllano l'ora sul cellulare. Tuttavia, il numero di persone che porta al polso un orologio è sufficiente per consentire a voi lettori di realizzare un semplice esperimento. Immaginate di vedere un uomo, diciamo un quarantenne in giacca e cravatta, che solleva il polso sinistro all'altezza degli occhi e scosta un po' la manica, rivelando un orologio da polso. Ha appena controllato l'ora. Se andaste da lui e gli chiedeste: «Mi scusi, sa che ore sono?», in teoria dovrebbe rispondervi senza esitare. Conosce già la risposta, dato che ha appena guardato l'orologio. Probabilmente, le cose non andranno così, ma l'uomo ripeterà il gesto compiuto solo pochi istanti prima, avvicinando il polso sinistro agli occhi e sollevando il polsino della camicia con la mano destra, per poi rispondere: «Sono le 18:54». Questo accade perché la vostra domanda ha innescato in lui una reazione automatica. È possibile utilizzare questi schemi automatici, che si manifestano in risposta a determinati messaggi verbali, per esercitare in modo efficace l'influenza sociale? La risposta è sì, e lo dimostra uno degli esperimenti più famosi nel campo della psicologia sociale.

Ricerca

Oggigiorno, quando gli studenti devono leggere un libro o un articolo per un corso, solitamente si siedono da qualche parte con i loro computer portatili e leggono il materiale in formato PDF. Una volta, prima dell'avvento di Internet, quando le parole "libro" o "articolo" implicavano un testo stampato su un supporto cartaceo, una delle attività più frequenti nella vita di uno studente era andare in copisteria per stampare i materiali necessari per le lezioni. Naturalmente, a ridosso delle sessioni di esame, l'attività era più frenetica che mai e fuori dalle copisterie si formavano code lunghissime. Ellen Langer, Arthur Blank e Benzoin Chanowitz (1978) sfruttarono questa circostanza per realizzare il loro esperimento. L'obiettivo era esaminare dettagliatamente la struttura delle diverse richieste che ognuno di noi formula e riceve nella vita quotidiana. Grazie al loro lavoro, determinarono che i messaggi di richiesta sono tipicamente composti da due elementi: la richiesta stessa e il motivo per cui il richiedente la sta avanzando. Per esempio, un amico chiede all'altro: «Puoi prestarmi 20 dollari? Ho dimenticato il portafoglio a casa»; oppure uno studente chiede al compagno di corso: «Puoi prestarmi gli appunti dell'ultima lezione? Purtroppo ero assente». Il dato più importante è che, nella stragrande maggioranza dei casi, questo genere di richieste vengono accolte e soddisfatte dal destinatario.

Pertanto, Langer e colleghi conclusero che, se avessero chiesto di saltare la fila in copisteria formulando la richiesta in modo tale da rispettare questo carattere "binario", le probabilità di ricevere un sì come risposta sarebbero aumentate. In effetti, ecco quali furono i risultati: quando i ricercatori chiesero alle persone in fila «Scusa, ho solo 5 pagine da fotocopiare e vado molto di fretta, posso usare la fotocopiatrice?», il 94% dei soggetti acconsentì a farli passare. Quando, invece, si limitarono a chiedere «Scusa, ho solo 5 pagine da fotocopiare, posso usare la fotocopiatrice?», la percentuale di persone che li lasciò passare fu molto più bassa (60%). Secondo Lang, Blank e Chanowitz, poiché le persone hanno ripetutamente acconsentito alle richieste "a due fattori" in passato, quando incontrano un messaggio di questo genere nel presente, tendono ad acconsentire in maniera automatica, senza pensare. Come facciamo a sapere che rispondono senza pensare? L'esperimento prevedeva anche una condizione in cui la giustificazione fornita dal richiedente non spiegava niente. Il messaggio era questo: «Scusa, ho solo 5 pagine da fotocopiare. Posso usare la fotocopiatrice? Devo fare delle copie». In questo caso, le reazioni positive si manifestarono nella stessa percentuale di casi (93%, per l'esattezza) della condizione in cui il richiedente aveva detto di avere fretta! Questo dimostra che *le persone non analizzano in dettaglio il contenuto del messaggio, ma reagiscono alla sua struttura*. Se in passato un messaggio con questa struttura "a due fattori" le ha portate a soddisfare una richiesta, nel presente tenderanno a ripetere lo stesso schema.

Meccanismo

Gli esseri umani, generalmente, tendono alla pigrizia. Non esiste solo una pigrizia "comportamentale", ossia quella che ci porta a non passare l'aspirapolvere o a lasciare in disordine la scrivania, ma anche una pigrizia cognitiva: spesso non abbiamo voglia di riflettere a fondo, di valutare in dettaglio una certa questione e di concentrare l'attenzione sui singoli elementi che la caratterizzano. Se, in passato, una certa situazione si è ripetuta molte volte e la reazione che abbiamo sviluppato si è dimostrata sufficientemente adeguata, il ripresentarsi di quell'evento o di quella serie di eventi innescherà in noi la stessa reazione di sempre. Pertanto, un uomo a cui venga chiesto per la centesima volta nella vita «Scusi, sa che ore sono?» non risponde immediatamente, ma porta l'orologio all'altezza degli occhi, perché è ciò che ha sempre fatto quando si è sentito rivolgere quella domanda. Per la stessa ragione, i partecipanti dell'esperimento sopra descritto risposero positivamente a una richiesta accompagnata da una giustificazione, a prescindere che tale giustificazione avesse senso o meno.

Ci preme però sottolineare che Ellen Langer e colleghi non sostengono che gli esseri umani siano privi di giudizio, ma solo che a volte agiscono senza riflettere. Più precisamente, gli autori dello studio ipotizzano che gli esseri umani abbiano due modalità alternative di funzionamento: uno stato di *assenza di consapevolezza* (come nell'esperimento presentato) oppure uno stato di *piena consapevolezza*. Quando si trovano in una situazione seria, nella quale si rischia di perdere molto facendo affidamento sulle reazioni automatiche, le persone iniziano ad analizzare le circostanze più attentamente.

L'esperimento sopra descritto prevedeva anche condizioni in cui la persona in fila alla fotocopiatrice veniva interpellata con un messaggio che iniziava così: «Scusa, ho 20 pagine da fotocopiare...». Naturalmente, in linea generale, le persone si mostrarono meno disposte a lasciar passare il soggetto, perché in questo caso la sua richiesta comportava una maggior perdita di tempo per loro. Ma quali furono le differenze rilevate nelle 3 diverse condizioni sperimentali? Nel caso in cui la richiesta non era accompagnata da alcuna giustificazione, solo il 24% dei soggetti disse di sì, mentre quando venne fornita la giustificazione della fretta, la percentuale salì al 42%. E cosa accadde quando venne utilizzata la pseudo-giustificazione «Devo fare delle copie»? I soggetti acconsentirono alla richiesta nella stessa percentuale rilevata nel gruppo in cui il ricercatore non aveva fornito alcuna giustificazione (24%). A quanto pare, quindi, la prospettiva di aspettare che uno sconosciuto fotocopiasse 20 pagine bastò a spingere le persone ad analizzare più attentamente il contenuto del messaggio che avevano ascoltato e a pensare tra sé e sé: «Non si va in copisteria per comprare le ciambelle o per lavare i panni, quindi che razza di giustificazione è "Devo fare delle copie"?». Pertanto ricordate sempre che, *quando chiedete qualcosa, dovete fornire una giustificazione. Nel caso in cui si tratti di una richiesta impegnativa, inoltre, dovrete riflettere a fondo sul contenuto di tale giustificazione.*

TECNICA #38
NON FORNIRE ALCUNA RAGIONE (A MENO CHE TU NON SIA DISPOSTO A MENTIRE)

Idea

Nel caso della tecnica precedente (lo *script per innescare azioni inconsapevoli*), abbiamo spiegato che nel corso della vita tutti ci troviamo ad affrontare innumerevoli richieste che includono una spiegazione («Mi presteresti il tosaerba? Il mio si è rotto»). Nel caso delle richieste più banali, è sufficiente fornire una spiegazione qualunque, perfino priva di senso («Posso usare la fotocopiatrice? Devo fare delle copie»), perché nell'altro si inneschi uno schema comportamentale già ampiamente sperimentato, che porta alla soddisfazione della richiesta. Tuttavia, come forse ricorderete, questo meccanismo non funziona con le richieste più serie e impegnative poiché una persona che riceve una richiesta difficile passa dalla modalità inconsapevole a quella consapevole, interrompendo l'esecuzione di schemi comportamentali automatici "pronti all'uso" e analizzando più attentamente il contenuto del messaggio. In circostanze simili, la richiesta deve essere seguita da una giustificazione sensata, che spieghi perché la stiamo avanzando. Nell'esperimento sopra descritto, quando abbiamo illustrato il tipo di messaggio da utilizzare per innescare le azioni inconsapevoli, la richiesta era giustificata dal fatto che la persona che chiedeva di saltare la fila aveva molta fretta. Va sottolineato, però, che l'importanza delle giustificazioni che forniscono una spiegazione valida può variare molto. Prendiamo l'esempio di uno studente che chiede a un docente di rimandare un esame: dal punto di vista logico, sia la frase «Devo sottopormi a un intervento chirurgico» che la frase «Ho in programma una gita fuori città» giustificano il desiderio dello studente di rimandare l'esame, tuttavia non c'è dubbio che la prima spiegazione abbia una rilevanza molto maggiore della seconda. Inoltre, addurre la seconda giustificazione potrebbe indisporre notevolmente il docente.

Immaginate di voler persuadere qualcuno a soddisfare una richiesta che, in qualche modo, presenta delle problematiche per lui. Come già detto, fornire una giustificazione qualsiasi non vi aiuterà. Potreste provare con una giustificazione sensata? Ne avete in mente una, ma è davvero poco convincente; sapete già che non vi sarà di grande aiuto e che potrebbe perfino peggiorare la vostra posizione! (Studenti, quando chiedete di rimandare un esame, non dite di avere in programma una gita fuori porta per quel giorno). Naturalmente, vi vengono in mente molte altre ragioni serie e valide per giustificare la vostra richiesta, ma non sono vere e voi non volete mentire. Che fare, allora? Esaminiamo insieme un esperimento.

Ricerca

Stanley Milgram e John Sabini (1978) analizzarono il comportamento dei passeggeri della metropolitana di New York quando qualcuno chiedeva loro di lasciargli il posto. Gli sperimentatori, sia uomini che donne, erano piuttosto giovani e rivolsero la loro richiesta a soggetti di entrambi i sessi e di diverse età. L'esperimento era molto semplice e veniva condotto quando tutti i sedili del vagone erano occupati. Lo sperimentatore, tenendo in mano un libro, si avvicinava a un passeggero seduto e avanzava la seguente richiesta: «Mi scusi, posso avere il suo posto? Non riesco a leggere in piedi». In queste condizioni, il 37.2% dei passeggeri cedette il proprio posto, con un 4.7% aggiuntivo di soggetti che si spostarono più in là per far sedere lo sperimentatore accanto a loro. Ma quando lo sperimentatore si limitò a dire: «Mi scusi, posso avere il suo posto?», il 56% dei passeggeri cedette il posto, con un 12.3% aggiuntivo di soggetti che si spostarono per far sedere il ricercatore al loro fianco. Come dimostrato da questi risultati, la probabilità che il passeggero cedesse il posto era notevolmente più alta quando lo sperimentatore non forniva alcuna giustificazione per la sua richiesta.

Meccanismo

Cedereste il vostro posto in metropolitana (oppure in autobus, sul tram o in treno) a qualcuno che vi chiede di farlo per poter leggere comodamente il suo libro? Sicuramente no. Chi mai sarebbe disposto a rinunciare a stare comodo solo per rendere il viaggio più confortevole a un'altra persona? Il fatto che leggere in piedi sia scomodo è una pessima giustificazione, in queste circostanze. Sarebbe tutt'altra cosa se la persona in questione vi dicesse di sentirsi poco bene, di avere un dolore al petto o di non riuscire a respirare, ma nessuno ha usato una simile spiegazione nell'esperimento descritto. Tuttavia, è molto probabile che nel sentirsi rivolgere la sola domanda «Posso avere il suo posto?», i passeggeri abbiano concluso che il richiedente dovesse sentirsi poco bene. Infatti, tutti riteniamo che una condizione di salute non ottimale sia una ragione più che valida per chiedere a un altro di cedere il suo posto. Una persona che non sta bene ha il diritto di sedersi! Il richiedente non ha mai menzionato esplicitamente ragioni di questo genere ma, in un certo qual modo, è una conclusione ovvia. Se il richiedente stesse bene, non chiederebbe a un altro passeggero di cedergli il posto. Naturalmente, non abbiamo riportato l'esperimento di Milgram e Sabini per istruire i lettori su come sottrarre i sedili agli altri passeggeri sui mezzi pubblici, ma per illustrare il principio secondo il quale, a volte, *è meglio lasciare che siano gli altri a formulare delle ipotesi sulle ragioni (ovviamente serie) per cui una certa richiesta è stata avanzata.*

TECNICA #39
TECNICA DELLO SPIAZZAMENTO

Idea

Poniamo il caso che non siate persone puntuali; è probabile che, se avete un appuntamento alle 17:00, arrivare alle 17:10 non rappresenti un grosso problema, per voi. Allo stesso modo, se mentre siete alla guida incontrate un segnale che indica un limite di velocità di 50 km/h, probabilmente rallenterete, ma non proprio fino ai 50 km/h, perché dal vostro punto di vista vanno bene anche 55 o 60 km/h. Ma cosa fareste se qualcuno vi desse appuntamento per le 16:55 o se il limite di velocità fosse di 54 km/h? Tanto per cominciare, la situazione catturerebbe la vostra attenzione perché è insolita. Nessuno dà appuntamenti con un orario così preciso e in vita vostra non avevate mai visto un limite di velocità del genere! È quindi molto probabile che, in simili circostanze, arrivereste all'appuntamento spaccando il minuto e che il vostro piede premerebbe il freno fino a portare la velocità dell'auto al di sotto del limite consentito. Allo stesso modo, immaginate di condurre una trattativa in cui la controparte dichiara che l'importo minimo per cui può offrire i suoi servizi alla vostra azienda è di 800 000 (scegliete voi la valuta). Prendereste per buona questa informazione, considerandola attendibile e definitiva? Credereste davvero che questo prezzo non può essere rivisto in alcun modo nel corso della trattativa?

Immaginate, invece, di sentirvi dire che l'importo minimo è di 801 027... Che idea di precisione e accuratezza dà questa cifra! Di certo la controparte deve aver calcolato in dettaglio ogni aspetto della sua offerta, perciò non ha senso tentare di negoziare su questo punto.

Ricerca

Michael Santos, Craig Leve e Anthony Pratkanis (1994) sono stati i primi ricercatori a descrivere e ad analizzare in maniera empirica la *tecnica dello spiazzamento*. Il loro lavoro partì dall'osservazione dei mendicanti americani e della scarsa efficacia delle loro richieste di elemosina. Infatti, in genere i mendicanti chiedevano "qualche moneta" o "un quarto di dollaro" (che oggi è diventato un dollaro, grazie all'inflazione). Tuttavia, le persone hanno ormai imparato a non prestare attenzione a queste richieste e a ignorare i mendicanti. Si tratta di una reazione automatica sviluppata nel tempo. Se però il mendicante chiedesse un'elemosina insolita, riuscirebbe ad attirare l'attenzione dei passanti e a destare il loro interesse per la sua storia sfortunata. Se, per esempio, anziché un quarto di dollaro (richiesta tipica), chiedesse 17 o 37 centesimi, porterebbe i passanti a chiedersi come mai abbia bisogno di una cifra così particolare. Di conseguenza, le persone sarebbero più propense a concedergli l'elemosina.

Santos, Leve e Pratkanis realizzarono uno studio proprio su questo fenomeno e dimostrarono l'efficacia della tecnica descritta. Tuttavia, in questa sede, presenteremo i risultati di un altro esperimento, molto simile al loro, che venne condotto su un numero elevato di partecipanti. Jerry Burger, Joy Hornisher, Valerie Martin, Gary Newman e Summer Pringle (2007) realizzarono uno studio empirico collegato a una richiesta di elemosina. Nel gruppo di controllo, una persona di giovane età avvicinava un adulto che camminava da solo e gli chiedeva: «Mi scusi, può darmi qualche moneta?». Nel gruppo in cui veniva applicata la tecnica dello spiazzamento, la richiesta era la seguente:

«Mi scusi, può darmi 37 centesimi?». Nell'esperimento di controllo, la persona a cui veniva rivolta la richiesta non domandava al mendicante a cosa servivano quei soldi. Nella condizione dello spiazzamento, invece, questa domanda venne posta con una frequenza relativamente elevata, ossia nel 29.9% dei casi. Il ricercatore rispose «Devo comprare un francobollo» a una metà dei soggetti, mentre all'altra metà disse «Devo comprare delle cose» (si noti che quest'ultima risposta non spiega un bel niente ed è assimilabile alla pseudo-giustificazione «Devo fare delle copie» utilizzata nella tecnica precedente). Il risultato fu che, nel gruppo di controllo, il 18.8% dei soggetti diede dei soldi al finto mendicante, mentre nel gruppo in cui era stata utilizzata la tecnica dello spiazzamento questa percentuale arrivò al 41.7%. Aggiungiamo inoltre che, nel gruppo dello spiazzamento, coloro che avevano chiesto come mai il mendicante avesse bisogno di 37 centesimi si mostrarono particolarmente propensi a soddisfare la sua richiesta. Nel gruppo che aveva ricevuto una risposta specifica («Devo compare un francobollo»), ben l'87.1% dei partecipanti diede il denaro al ricercatore. La risposta che non spiegava nulla, comunque, non scoraggiò più di tanto i soggetti dal concedere l'elemosina; infatti, in questo gruppo, la richiesta venne assecondata dal 70% dei partecipanti. Un altro dato interessante da segnalare è che, nelle condizioni sperimentali in cui era stata utilizzata la tecnica dello spiazzamento, l'importo medio elemosinato dai passanti era nettamente superiore (di quasi tre volte) a quello del gruppo di controllo.

Meccanismo

Mentre la tecnica delle azioni inconsapevoli discussa in precedenza fa leva sul fatto che le persone reagiscono in maniera automatica e senza pensare, la tecnica dello spiazzamento si basa sul meccanismo opposto: *se sappiamo già che la reazione automatica alla nostra richiesta sarà il rifiuto, dobbiamo adottare un comportamento insolito*. In altre parole, non possiamo permettere che si inneschi la seguente concatenazione di eventi: situazione specifica – messaggio di richiesta tipico – rifiuto della richiesta. Se è vero che spesso non c'è modo di esercitare influenza sulla situazione in cui ci troviamo (per esempio, il fatto di essere una persona bisognosa di aiuto che è costretta a rivolgersi a un passante sconosciuto), è vero anche che è possibile intervenire sia sulla forma che sul contenuto del nostro messaggio in modo da minimizzare le probabilità che la nostra richiesta venga respinta. Si tenga presente che l'uso della tecnica dello spiazzamento non è limitato alle richieste di denaro. Alcuni studi, per esempio, hanno dimostrato che le persone sono molto più propense ad accettare di partecipare a un breve sondaggio quando, anziché assicurare che richiederà poco tempo, si dice loro che durerà 37 secondi. Perciò, se avete intenzione di andare dal vostro capo per chiedere un aumento e sapete che lui risponde sempre di no a questo genere di richieste, dovreste provare a fare qualcosa di strano prima di avanzare la vostra richiesta, come per esempio inciampare vistosamente e cadere mentre entrate nel suo ufficio, per poi salutarlo con una stretta di mano stritolante (non garantiamo che funzionerà, ma dato che l'alternativa è sicuramente un rifiuto, vale la pena tentare...).

TECNICA #40
SCARDINA E RIFORMULA

Idea

L'aspetto fondamentale della tecnica dello spiazzamento è l'introduzione di un elemento di novità, che genera stupore. Questo "elemento" fa sì che gli eventi deviino da un corso prestabilito, grazie a cui possiamo ridurre le probabilità di ricevere un rifiuto in situazioni in cui, generalmente, il rifiuto è la norma. Immaginate, invece, di trovarvi in una situazione che si sta svolgendo in maniera tipica e prevedibile, quando di colpo appare un elemento anomalo, che però dura solo pochi istanti prima che la situazione torni alla normalità... Converrete con noi, cari lettori, che se una situazione cambia ben due volte in un lasso di tempo così breve, la persona che la vive si sentirà smarrita o confusa. Sarebbe un po' come se vostra suocera, che vi accoglie sempre con la stessa aria scontrosa, di colpo diventasse gentilissima e poco dopo tornasse alla consueta suscettibilità. Che fareste se, dopo questo susseguirsi di cambiamenti, vostra suocera vi chiedesse di fare qualcosa per lei? Forse vi sentireste talmente confusi che accettereste di accontentarla, anche se questo va contro i vostri interessi. Possibile che sia davvero così? Forse l'esempio della suocera non è il più calzante, ma è il primo che ci è venuto in mente. In ogni caso, illustriamo uno studio su una tecnica di influenza sociale interessante e originale, nonché di grande efficacia.

Ricerca

Barbara Davis e Eric Knowles (1999) condussero il loro esperimento poco prima di Natale. Lo sperimentatore suonava al campanello dei soggetti fingendo di essere un venditore porta a porta di cartoline natalizie di auguri, una figura piuttosto diffusa in America. Infatti, nella prima metà del mese di dicembre, i venditori ambulanti sono soliti offrire questo tipo di articoli e, a onore del vero, le cartoline sono molto belle, ma ha davvero senso comprarle? Quando mandiamo gli auguri a parenti e amici, ormai, usiamo quasi sempre Internet e le cartoline vere e proprie sono sempre meno utilizzate. D'altra parte, però, le cartoline dell'esperimento in questione erano davvero belle... Nell'esperimento di controllo, il venditore informava i potenziali acquirenti che un pacchetto di cartoline costava 3 dollari e aggiungeva che si trattava di un vero affare. In queste condizioni, il 35% dei soggetti interpellati decise di acquistare le cartoline. Nelle condizioni sperimentali, invece, il venditore presentava le cartoline dicendo «Il prezzo è di 300 centesimi» e poi, dopo due o tre secondi di silenzio, aggiungeva «Sarebbero 3 dollari», per poi terminare la frase con «È un vero affare». Ebbene, in questo caso, quasi il doppio delle persone (il 65%, per l'esattezza) decise di acquistare le cartoline. Ulteriori ricerche hanno dimostrato che per ottenere questo effetto è necessario che durante l'interazione si verifichi la seguente concatenazione di eventi: l'interazione sembra seguire un corso normale e prevedibile – di colpo accade qualcosa di strano – viene fornita una spiegazione che riporta la situazione alla normalità – viene avanzata un'argomentazione. Il tutto accade in un lasso di tempo molto breve. Se mancasse uno di questi elementi o se gli eventi avvenissero in un ordine diverso (per esempio, se il venditore dicesse «È un vero affare, il prezzo è di 3 dollari, cioè 300 centesimi»), le probabilità di acquisto non aumenterebbero.

Meccanismo

Gran parte delle persone che vogliono una libreria in legno, la acquistano in un negozio di arredamento o la commissionano a un falegname. Tuttavia, c'è anche chi si procura delle tavole di pino, qualche attrezzo e la colla per il legno e se la costruisce da solo. Immaginate di far visita a una persona mentre è impegnata in questo lavoro e di domandarle cosa sta facendo. Le possibili risposte a questa domanda sono innumerevoli, per esempio: «Costruisco un mobile per la camera di mia figlia», «Costruisco una libreria», «Sto cercando di unire queste due tavole» o ancora «Incollo questi due pezzi perché non riesco a fissarli con le viti». Robin Vallacher e Daniel Wegner (1985) hanno elaborato la cosiddetta *Teoria dell'identificazione dell'azione*, secondo la quale ogni azione può essere identificata in molti modi diversi da chi la compie. Se le cose vanno bene, le persone identificano l'azione a livelli più elevati (come chi, nel caso dell'esempio della libreria, risponde che sta arredando la camera della figlia o che sta costruendo una libreria). Se però accade qualcosa di strano o di inaspettato, che va in qualche modo a disturbare lo svolgimento dell'azione, iniziano a concentrarsi sui dettagli, nel tentativo di recuperare il controllo della situazione. Perciò, se il nostro appassionato di fai-da-te ha appena incontrato un nodo nel legno che gli sta dando dei problemi, probabilmente risponderà: «Sto cercando di unire queste due tavole» oppure «Incollo questi due pezzi» anziché «Costruisco una libreria» o «Costruisco un mobile per la camera di mia figlia».

Nel caso dell'esperimento delle cartoline natalizie, i soggetti vennero indotti a cambiare il livello di identificazione della propria azione per due volte a intervalli di tempo molto ravvicinati. In un primo momento, l'interazione con il venditore si svolgeva normalmente (perciò il soggetto la identificava a un livello elevato), ma poi, all'improvviso, il venditore dichiarava il prezzo con una modalità inusuale (300 centesimi), il che portava la persona ad abbassare il livello dell'identificazione. Tuttavia, nel giro di pochi secondi il dilemma si chiariva: 300 centesimi, dopotutto, sono semplicemente 3 dollari. Ecco, quindi, che il soggetto tornava a un livello superiore di identificazione perché la situazione aveva recuperato la normalità. La sua mente, però, si trovava ancora in uno stato di disorientamento inconsueto ed era proprio in questa condizione peculiare che il venditore avanzava la sua argomentazione: «È un vero affare». Quando viene rivolta a chi si trova in questo stato mentale così particolare, l'argomentazione ha una forza straordinaria.

TECNICA #41
SCARDINA E RIFORMULA: OLTRE LA VENDITA

Idea

La tecnica *scardina e riformula* (che possiamo abbreviare con S&R) appena descritta è stata analizzata quasi esclusivamente attraverso studi empirici incentrati sulla vendita e sull'acquisto di prodotti di vario genere. Citando inizialmente il prezzo in centesimi anziché in dollari o in euro (e nel caso dei nostri studi condotti in Polonia, dando il prezzo in grosz anziché in zloty), per poi riformularlo in modo più convenzionale (in dollari, in euro o in zloty) e aggiungendo solo alla fine un'argomentazione a supporto dell'acquisto del prodotto, i ricercatori sono riusciti ad aumentare notevolmente la propensione all'acquisto con prodotti di ogni genere (per esempio, cartoline natalizie, blocchi per gli appunti, candele, biglietti della lotteria e zuppe in scatola). Tuttavia, ci preme sottolineare che il meccanismo psicologico alla base di questa tecnica fa sì che essa sia utilizzabile in un'ampia varietà di casistiche, che vanno ben oltre la semplice vendita di prodotti. Per esempio, possiamo tentare di convincere una persona a ricopiare a mano tre pagine di testo specificando, inizialmente, il numero esatto di caratteri che dovrà scrivere, per poi spiegare, un attimo dopo, che si tratta di tre pagine di testo, oppure possiamo chiedere a qualcuno di portare una borsa al secondo piano dichiarando in un primo momento che dovrà salire 42 gradini. Ancora, se dobbiamo chiedere a qualcuno di dedicarci il suo tempo, possiamo inizialmente quantificare i giorni in ore, le ore in minuti o i minuti in secondi. È esattamente questa la versione della tecnica S&R che abbiamo testato in uno dei nostri studi, finalizzato ad analizzare diversi metodi per persuadere le persone a partecipare a un'indagine di marketing telefonica.

Ricerca

Uno dei principali problemi per chi conduce indagini telefoniche è che molti dei soggetti contattati rifiutano di partecipare. Il fatto di dover effettuare diverse chiamate prima di trovare qualcuno disposto a parlare, che so, del prezzo della pasta o del gas, non è di per sé un grosso problema. Sicuramente aumenta i tempi e i costi dell'indagine, ma non rappresenta un ostacolo insormontabile. Il vero problema è che, in questo modo, il campione esaminato non è rappresentativo. Chi sono i soggetti disposti a stare al telefono con uno sconosciuto? I disoccupati, gli anziani, i pensionati e le persone che sono bloccate a letto con l'influenza e non sanno come ingannare il tempo. Tutte queste persone hanno molto tempo libero a disposizione e, spesso, si annoiano. Chi è che, invece, si rifiuta? Le persone che lavorano e vanno sempre di fretta. L'obiettivo dei ricercatori è sondare l'opinione generale dei residenti di una certa zona circa il prezzo della pasta o del gas ma finiscono per rilevare l'opinione dei residenti disoccupati, anziani, pensionati o con l'influenza. Nel corso di uno studio incentrato sull'uso della tecnica S&R, Iza Kubala (2002) contattò un campione di soggetti selezionati casualmente; nel caso del gruppo di controllo, si presentava dicendo che l'intervista, riguardante i beni di consumo, sarebbe durata circa 7 minuti, poi chiedeva la disponibilità a partecipare. In queste condizioni, meno del 10% dei soggetti contattati acconsentì a parlare con la ricercatrice. Nelle condizioni sperimentali in cui veniva impiegata la tecnica, invece, la ricercatrice informava che l'intervista sarebbe durata più o meno 420 secondi e poi, dopo due o tre secondi di silenzio, spiegava: «Sono circa 7 minuti». Infine, concludeva con: «Ci vorrà solo un momento». In queste condizioni, il numero di persone che acconsentì a partecipare fu molto più alto (circa il 24% dei soggetti contattati).

Meccanismo

Il meccanismo su cui si fonda l'efficacia della tecnica *scardina e riformula* (presentare una cornice temporale in maniera inusuale, riformularla subito dopo nel modo più convenzionale e infine aggiungere un'argomentazione) è lo stesso che interviene quando viene usata per aumentare le vendite. In entrambi i casi, il reframing cognitivo gioca un ruolo fondamentale: la persona resta sorpresa dal modo in cui vengono presentati i dettagli più importanti ma, prima che possa comprenderli pienamente, essi vengono espressi in modo più convenzionale e il messaggio si conclude con un'argomentazione semplice che non richiede un'analisi approfondita. Si deve tenere presente che i tre elementi descritti (dettagli presentati con una modalità anomala – spiegazione – argomentazione) devono succedersi in questo preciso ordine. Infatti, gli studi hanno dimostrato inequivocabilmente che, se l'ordine cambia, la tecnica perde la sua efficacia, fenomeno più che comprensibile se si considera il meccanismo psicologico alla base di questo metodo. Aggiungiamo inoltre che, sebbene nello studio appena descritto la tecnica S&R sia stata utilizzata al telefono, ci sono evidenze empiriche del fatto che esprimere in questo modo (ossia, in secondi anziché in minuti) il tempo richiesto al soggetto per svolgere una certa attività aumenta sensibilmente le probabilità che la richiesta venga accolta anche nel caso delle interazioni dirette (faccia a faccia).

TECNICA #42
SCARDINA EMOTIVAMENTE E RIFORMULA

Idea

Il lettore attento avrà notato che esiste una certa analogia tra la tecnica *scardina e riformula* e la tecnica della *sequenza paura-sollievo*, presentata nel Capitolo 2. In entrambi i casi, le circostanze cambiano improvvisamente, generando una forte confusione nel soggetto. Per quanto riguarda il metodo S&R, il cambiamento deriva dal fatto che nell'interazione accade qualcosa di anomalo e, di conseguenza, il soggetto perde il controllo cognitivo della situazione: un venditore non esprime il prezzo di un articolo nel modo più comune (3 dollari) ma in maniera insolita (300 centesimi), oppure qualcuno chiede di realizzare un'intervista specificando la sua durata non in minuti (ad esempio, 5 minuti) ma in secondi (300 secondi). Anche nel caso della sequenza paura-sollievo la situazione cambia in modo repentino e inaspettato e questo cambiamento fa sì che il sentimento di paura provato dal soggetto risulti inappropriato nella nuova situazione. La principale differenza tra queste due tecniche è il fatto che, nel caso della tecnica *scardina e riformula*, è necessario un elemento in più: un'argomentazione che spinga la persona a soddisfare una richiesta o ad accettare una proposta. Questo elemento non è previsto nella sequenza *paura-sollievo*. Ma è possibile che anche questa tecnica diventi più efficace se il soggetto viene posto di fronte a un'argomentazione che lo induce ad agire in un certo modo mentre sperimenta un'inaspettata sensazione di sollievo? Questa è la domanda che si sono posti Katarzyna Szczucka e uno degli autori di questo libro.

Ricerca

I soggetti di questo esperimento (Dolinski e Szczucka, 2013) erano automobilisti che avevano parcheggiato in divieto di sosta. I ricercatori decisero di sfruttare questo particolare per generare in loro un'altalena emotiva, inducendo in un primo momento un sentimento di paura, che subito dopo veniva sostituito dal sollievo. Per far questo, lasciarono sul parabrezza delle auto parcheggiate in divieto un volantino che aveva la stessa forma e lo stesso colore di una multa; quando i soggetti tornavano alla loro auto e scorgevano in lontananza il volantino, pensavano di essere stati pizzicati dai vigili ma poi, una volta rimosso il foglio dal parabrezza, si accorgevano che era solo la pubblicità di uno shampoo chiamato Arcoon (una marca inventata). Come immaginerete, in quel momento gli automobilisti provavano un'inaspettata ondata di sollievo. Nell'esperimento di controllo, la pubblicità dello shampoo Arcoon venne attaccata con lo scotch allo sportello dell'auto, vicino alla maniglia, e cioè in un punto diverso da quello in cui solitamente vengono lasciate le multe, perciò in queste condizioni il soggetto non provava né paura né sollievo. Indipendentemente dal punto in cui era stato posizionato il volantino, dopo averlo trovato il soggetto veniva avvicinato da un ragazzo di 22 anni che gli proponeva di acquistare un prodotto: «Buongiorno, le vorrei proporre un prodotto per la pulizia del parabrezza con una formula speciale per rimuovere gli insetti. Le interessa acquistare una confezione da un litro? Viene 6 zloty». In una metà dei casi, il ragazzo aggiungeva anche un'argomentazione a favore dell'acquisto: «È un vero affare». Nell'esperimento di controllo, solo il 7% dei soggetti acconsentì ad acquistare il prodotto. La tecnica della *sequenza paura-sollievo* si dimostrò ancora una volta efficace, inducendo il 26.25% dei soggetti testati a effettuare l'acquisto. Per quanto riguarda la tecnica analizzata in questo paragrafo, però, il dato che ci interessa di più è il numero di automobilisti che acquistarono il prodotto dopo aver ascoltato l'argomentazione del venditore, finalizzata a spingere i potenziali clienti verso la decisione di acquisto. Il risultato fu il seguente: quando i soggetti non avevano vissuto un'altalena emotiva, la frase «È un vero affare» non aveva aumentato la loro propensione ad acquistare il prodotto; tuttavia, quando questa argomentazione era stata utilizzata mentre il soggetto provava un senso di sollievo inaspettato, il suo ruolo era stato determinante: in tali condizioni, infatti, ben il 41.25% dei soggetti acquistarono il prodotto.

Meccanismo

Gli studi incentrati sull'analisi della tecnica *scardina e riformula* hanno dimostrato che le argomentazioni semplici («È un vero affare», «È un'occasione unica» o «Costa pochissimo») influiscono molto poco sui risultati ottenuti in situazioni standard, ma esercitano un grande potere in tutte quelle condizioni in cui la persona, a un certo punto, si sente confusa. Anche nel caso della tecnica *paura-sollievo* le persone vivono uno stato di confusione e, sebbene si tratti di un sentimento di natura diversa, causato da un improvviso cambiamento negli stati emotivi vissuti dall'individuo, le argomentazioni sopra menzionate esercitano comunque una notevole influenza. Torniamo per un attimo all'esempio dell'interrogatorio alla centrale di polizia: anche in questo caso, una volta generata l'altalena emotiva nel sospettato, il poliziotto buono utilizza delle argomentazioni finalizzate a farlo parlare. Per esempio, pronuncia frasi come «Tra poco potrai andartene» oppure «Ti verrà accordata una sospensione della pena». A quanto pare, dunque, uno stato di confusione di breve durata, come quello che normalmente si verifica in concomitanza con un sentimento di sollievo inaspettato, compromette la nostra capacità di ragionare in maniera del tutto razionale e ci rende maggiormente sensibili alle argomentazioni più semplici (e non necessariamente vere).

TECNICA #43
NON È TUTTO

Idea

Le persone amano fare un buon affare. Se un paio di jeans vengono venduti a metà prezzo, dobbiamo assolutamente comprarli. Se acquistando una camicia ce ne propongono un'altra in omaggio, sarebbe un vero peccato non approfittarne. Nella stragrande maggioranza dei casi, queste occasioni sono *statiche*, nel senso che il cliente vede un cartellino con il prezzo originale dei jeans, che è stato barrato e ridotto della metà. Nel caso della camicia, il cliente dà per scontato che l'attuale offerta sia migliore della precedente in quanto, con ogni probabilità, prima non veniva data una seconda camicia in omaggio. Ma cosa accadrebbe se l'offerta divenisse più vantaggiosa in maniera *dinamica*, ossia sotto gli occhi del cliente? Come ci comporteremmo se, mentre stiamo valutando di acquistare un paio di jeans, scoprissimo che sono a metà prezzo o se, mentre cerchiamo una camicia da acquistare, venissimo a sapere che ce ne daranno una seconda in omaggio? È una situazione simile a quella delle televendite, nelle quali un simpatico presentatore, dopo aver mostrato il funzionamento di un sensazionale aspirapolvere di ultima generazione, ci informa che sul prezzo in sovraimpressione verrà applicato uno sconto speciale per i telespettatori, poi aggiunge «E non è tutto», spiegando che chi acquisterà l'aspirapolvere "oggi stesso" riceverà un ulteriore sconto del 10%. Ma lo spettacolo non è ancora finito perché... non è tutto! Infatti scopriamo che, insieme all'aspirapolvere, ci verranno dati 4 accessori in omaggio, fondamentali per rimuovere la polvere da ogni angolo di casa. E non è tutto!

Ricerca

Jerry Burger (1986) vendeva biscotti in uno stand allestito appositamente a questo scopo. Tuttavia, sullo stand non c'era alcuna indicazione sul prezzo dei biscotti. Quando le persone si avvicinavano per chiedere questa informazione, venivano assegnate casualmente a due diverse condizioni di prova. Nella metà dei casi, il ricercatore rispondeva che i biscotti venivano venduti in confezioni da due che avevano un prezzo di 75 centesimi. Nell'altra metà, rispondeva semplicemente «75 centesimi» e, naturalmente, i soggetti davano per scontato che questo fosse il prezzo di un solo pacchetto di biscotti. Tuttavia, dopo qualche istante, il venditore spiegava che quella somma non si riferiva a un solo pacchetto, ma che i biscotti venivano venduti in confezioni da due. Come vedete, l'offerta del venditore era sempre la stessa in entrambi i casi, ma metà dei rispondenti inizialmente la reputavano meno vantaggiosa di quanto non fosse in realtà. Il risultato fu che, mentre nel gruppo di controllo l'acquisto dei biscotti venne effettuato dal 40% delle persone che avevano chiesto il prezzo, nel gruppo con cui era stata utilizzata la tecnica del *non è tutto* questa percentuale arrivò al 70%. Burger rilevò un effetto simile anche in altri esperimenti, nei quali ai partecipanti che avevano chiesto il prezzo di un prodotto veniva inizialmente indicata una cifra e poi, pochi secondi dopo, veniva detto che in realtà il prezzo era più basso di quello appena comunicato. L'effetto si verificava a prescindere dalle ragioni con cui tale riduzione veniva giustificata (per esempio, il fatto che il negozio aveva venduto tutti i prodotti prima della chiusura oppure un errore iniziale del venditore che aveva comunicato il prezzo sbagliato).

Meccanismo

In genere, quando dobbiamo prendere una decisione, soppesiamo le argomentazioni mettendole sui piatti di una bilancia: da una parte i pro e dall'altra i contro. Spesso è difficile giungere alla decisione finale perché è impossibile stabilire in maniera oggettiva il peso di ognuna di queste argomentazioni. I piatti, in questo caso, si controbilanciano e non sappiamo cosa fare. Se rimuovessimo una delle argomentazioni cambierebbe qualcosa? Probabilmente no. La situazione resterebbe incerta e poco chiara. La tecnica del *non è tutto* fa leva proprio su questa incertezza: se volete persuadere una persona a fare qualcosa, dovete partire dal presupposto che esistono delle argomentazioni a sfavore di ciò che state chiedendo. Magari non le conoscete tutte, ma la persona a cui fate la proposta sì e, probabilmente, per lei sarà difficile prendere una decisione, anche se vi giocate subito tutte le argomentazioni a favore; pertanto, vale la pena tenersene una da parte come asso nella manica da utilizzare in un secondo momento. La cosa migliore da fare, infatti, è aspettare che la persona su cui volete esercitare la vostra influenza mostri segni di esitazione. I piatti della bilancia sono ancora in equilibrio... ed è a questo punto, in questo preciso istante, che intervenite per aggiungere peso a uno dei due piatti e far pendere la bilancia a vostro favore.

TECNICA #44
L'EFFETTO DOTAZIONE

Idea

Uno degli autori di questo libro, a volte, acquista antichità nei mercati delle pulci. Come già saprete, il fascino di questi mercatini è legato, tra le altre cose, al rituale di contrattazione che avviene immancabilmente prima dell'acquisto, anche quando il potenziale acquirente ritiene che il prezzo richiesto dal venditore non sia eccessivo. Si deve sempre contrattare sul prezzo, è la regola. Può quindi capitare che dopo aver acquistato, che so, una lampada Art Nouveau per 200 PLN (zloty polacchi) anziché 300 PLN (che era la richiesta iniziale del venditore), l'acquirente ritenga di aver fatto un affare e di averla comprata a prezzo scontato. Ma quanto vale, davvero, la lampada? 300 PLN? In fondo, questa era la cifra che l'acquirente era disposto a pagare nel caso in cui il venditore si fosse rifiutato di abbassare il prezzo. Be', non proprio. Stando a quanto afferma uno degli autori di questo libro, la lampada vale molto di più e non sarebbe disposto a venderla nemmeno per 600 PLN. È probabile che anche voi abbiate degli oggetti (non necessariamente provenienti da un mercato delle pulci) verso i quali provate lo stesso attaccamento. Si tratta solitamente di oggetti che, per qualche motivo, consideriamo unici nel loro genere e che non si trovano facilmente nei negozi, come un anello creato venti anni fa da un artigiano orafo o un tappeto acquistato durante un viaggio in un paese esotico. È possibile utilizzare questo meccanismo come tecnica di influenza sociale? Decisamente sì e con risultati davvero sorprendenti.

Ricerca

Nel suo interessantissimo libro *Mindware. Tools for smart thinking*, Richard E. Nisbett (2015) descrive le attività di marketing implementate da un ramo della sua università che si occupa di organizzare concerti. Naturalmente, il compito dello staff del marketing è quello di attirare il maggior numero di spettatori possibile e, come sappiamo, a tutti piacciono gli sconti. Pertanto, tra le varie iniziative intraprese a questo scopo, vennero inviate agli amanti della musica delle lettere in cui si forniva un codice promozionale che consentiva di acquistare i biglietti con uno sconto di 20 dollari. La campagna non ebbe un grosso successo. Evidentemente, per molti, la prospettiva di ottenere uno sconto di 20 dollari non era poi così allettante. Di conseguenza, la strategia di marketing venne leggermente modificata e, al posto delle lettere, nelle buste vennero inseriti dei coupon da 20 dollari che il destinatario poteva utilizzare per acquistare i biglietti. Naturalmente, se i possessori dei coupon non acquistavano nessun biglietto, i coupon sarebbero andati persi. In altre parole, chi li aveva ricevuti avrebbe perso 20 dollari. Quale fu il risultato? Grazie alla nuova campagna di marketing, gli organizzatori riuscirono a vendere il 70% di biglietti in più rispetto all'iniziativa promozionale precedente!

Meccanismo

Le persone sono poco propense a rinunciare a ciò che hanno, anche quando l'analisi costi-benefici dimostra che sarebbe più vantaggioso sacrificare ciò che si possiede per avere in cambio qualcosa di meglio. Questo fenomeno, conosciuto come *effetto dotazione*, si basa sull'avversione alla perdita: la disutilità associata alla perdita di un oggetto è maggiore dell'utilità associata al suo acquisto. L'economista Richard Thaler fu il primo a identificare e teorizzare l'effetto dotazione. Thaler aveva un amico che era un grande appassionato di vino e che era solito acquistare vini di ottime annate, prodotti da vitigni di alta qualità, ma senza spendere cifre esagerate. Infatti, non aveva mai speso più di 30 dollari per una bottiglia. Tuttavia, quando decise di vendere una delle bottiglie della sua cantina, concluse che 100 dollari erano un prezzo troppo basso (Kahneman et al., 1991). Anche nella campagna promozionale sopra descritta si innescò un meccanismo simile. Sebbene dal punto di vista puramente matematico in entrambi i casi venisse offerto lo stesso sconto (20 dollari), i clienti si mostrarono più propensi ad acquistare i biglietti quando questo serviva a evitare una perdita piuttosto che quando rappresentava un'opportunità di guadagno. La perdita e il guadagno, dal punto di vista matematico, erano identici eppure, a livello psicologico, *la perdita viene sempre percepita come se avesse un'entità (a volte notevolmente) maggiore del guadagno.*

TECNICA #45
FRAME BASATO SULLA VALENZA

Idea

A volte, un'argomentazione finalizzata a influenzare la decisione presa da una persona può essere presentata nella prospettiva del guadagno o della perdita. Anche se guadagno e perdita si equivalgono dal punto di vista matematico, in gran parte dei casi non vengono percepiti nello stesso modo a livello psicologico. Immaginate di ottenere un aumento dello stipendio di 20 dollari o di 20 euro: ne sareste soddisfatti? Non più di tanto, probabilmente. Che razza di aumento è? Una cifra davvero irrisoria che non è sufficiente ad accendere il vostro entusiasmo. Immaginate ora che la stessa cifra venga sottratta dal vostro stipendio. Come reagireste? Di certo vi arrabbiereste molto! Vi hanno ridotto lo stipendio! In questo caso, il semplice fatto che il vostro stipendio sia stato diminuito (a prescindere dall'entità della riduzione) è una ragione sufficiente per suscitare la vostra indignazione. In base alla stessa logica, generalmente l'entusiasmo per un nuovo lavoro è minore della preoccupazione di perdere l'attuale occupazione e il piacere di aver trovato qualcosa per terra (per esempio, una banconota sul marciapiede) è minore della paura di perdere quello stesso oggetto. L'ovvia conclusione è che, se vogliamo convincere una persona a fare qualcosa, *è preferibile concentrare l'attenzione su ciò che rischia di perdere non assecondando la nostra richiesta, anziché su ciò che potrebbe guadagnare assecondandola*. Le ricerche sul framing basato sulla valenza sono spesso condotte da psicologi dediti allo studio dei processi decisionali e delle azioni che le persone compiono in campo economico. In questa sede, però, porteremo come esempio degli studi finalizzati a promuovere comportamenti positivi per la salute, poiché finora abbiamo parlato poco dell'influenza sociale in quest'importante dimensione della vita.

Ricerca

Beth Meyerowitz e Shelly Chaiken (1987) si posero l'obiettivo di verificare se il principio secondo cui è meglio dire alle persone cosa potrebbero perdere anziché cosa potrebbero guadagnare fosse efficace anche per promuovere comportamenti vantaggiosi per la salute. Per l'esattezza, le ricercatrici volevano individuare quale tipo di messaggio fosse il più efficace per promuovere l'autopalpazione del seno nella popolazione femminile. Un gruppo di studentesse universitarie vennero invitate al laboratorio per compilare alcuni questionari. In uno dei questionari si chiedeva di indicare con quale frequenza avevano effettuato l'autopalpazione del seno nell'ultimo anno. Il questionario verificava anche le loro conoscenze circa le modalità di esecuzione dell'autopalpazione e includeva alcune domande sulle sensazioni soggettive che le ragazze nutrivano verso questa attività. Dopo aver risposto al questionario, le studentesse venivano assegnate a 4 condizioni sperimentali diverse. In tre di questi casi veniva chiesto loro di leggere un opuscolo intitolato «Alcune nozioni di base», nel quale si spiegava che il cancro al seno è una patologia diffusa – che, negli Stati Uniti, colpisce una donna su 11 – e che i medici raccomandano di effettuare periodicamente l'autopalpazione. Per il primo gruppo di studentesse, le informazioni contenute nell'opuscolo terminavano qui. Il secondo gruppo, invece, ricevette delle informazioni aggiuntive sui benefici dell'autopalpazione del seno. Uno dei paragrafi recitava: «Le ricerche dimostrano che le donne che eseguono l'autopalpazione del seno hanno maggiori probabilità di scoprire il tumore in una fase iniziale e più trattabile». Nel terzo gruppo, le informazioni aggiuntive erano le stesse dal punto di vista del contenuto, ma venivano presentate in maniera riversa. Il paragrafo in questione era formulato come segue: «Le ricerche dimostrano che le donne che non eseguono l'autopalpazione del seno hanno minori probabilità di scoprire il tumore in una fase iniziale e più trattabile». Il quarto gruppo non ricevette informazioni di sorta. Quattro mesi dopo, le ricercatrici contattarono le studentesse che avevano compilato il questionario e realizzarono un'intervista di 15 minuti, chiedendo loro, tra le altre cose, quante volte avevano effettuato l'autopalpazione negli ultimi quattro mesi. Come avrete già intuito, l'obiettivo era verificare se e in che misura le ragazze avessero sviluppato una maggiore propensione a eseguire quest'attività di prevenzione. Meyerowitz e Chaiken elaborarono un apposito indice che consentì di stimare questo valore per ogni persona contattata. In base ai risultati ottenuti, la frequenza dell'autopalpazione del seno era aumentata in tutti i gruppi. Tuttavia, in tre di essi l'aumento era contenuto (le ricercatrici stimarono che il suo valore era compreso tra 0.74 e 0.75), mentre in un gruppo era piuttosto significativo (secondo la stessa scala di misurazione, era pari a 1.42). Questo notevole aumento nella frequenza dell'autopalpazione venne registrato proprio nel gruppo in cui l'opuscolo parlava dei rischi a cui si esponeva chi *non* eseguiva l'autopalpazione.

Meccanismo

Nel 2002, lo psicologo Daniel Kahneman venne insignito del Premio Nobel per l'economia. Ottenne il premio per le sue attività di ricerca (gran parte delle quali erano state condotte in collaborazione con Amos Tversky, scomparso nel 1996), grazie alle quali aveva dimostrato, in maniera sistematica, che le decisioni che prendiamo quando ci troviamo in una condizione di incertezza non sono del tutto razionali. Una delle scoperte più importanti fatte da Kahneman e Tversky (1979) è che gli esseri umani percepiscono i potenziali guadagni in maniera diversa dalle potenziali perdite. In gran parte dei processi decisionali, le persone si comportano come se, dal punto di vista soggettivo, evitare una perdita fosse più importante che ottenere un guadagno. La tecnica del *frame basato sulla valenza* nasce dall'osservazione di questo fenomeno e fa leva sul fatto che, spesso, una stessa situazione può essere descritta sia in termini di potenziale perdita che in termini di potenziale guadagno. Quando parliamo di salute, per esempio, possiamo affermare che eliminare i dolci aiuta a mantenersi sani, ma anche che mangiare troppi dolci porta a sviluppare delle malattie. Nel caso delle assicurazioni, invece, possiamo argomentare che stipulare una polizza con una copertura ampia ci garantisce un cospicuo rimborso nel caso in cui la nostra auto venga rubata, ma possiamo anche asserire che subiremmo una grave perdita economica se non assicurassimo il nostro veicolo con un'adeguata copertura e questo venisse rubato. Dal punto di vista logico, i due messaggi sono identici, ma le conseguenze che producono sulle decisioni prese da chi li riceve sono molto diverse (come dimostrato dall'esperimento descritto). Tory Higgins (2005), pur riconoscendo che in gran parte dei casi le nostre azioni sono guidate dal desiderio di evitare una perdita, osserva che ci sono alcune circostanze in cui le persone si concentrano prevalentemente su come migliorare la propria condizione. Per esempio, questo accade quando una persona decide di comprare una nuova macchina. Per il potenziale acquirente, i dettagli riguardanti il sistema di accelerazione o la comodità dei sedili della nuova auto sono più importanti del fatto che la loro vecchia auto potrebbe rompersi da un momento all'altro.

4
Agentività e libertà

Agli albori del Ventesimo secolo, la psicologia considerava gli esseri umani come creature in balia delle circostanze esterne (comportamentismo) oppure come entità dominate da istinti e impulsi di cui non avevano alcuna consapevolezza (psicoanalisi). La psicologia contemporanea, o almeno il trend attualmente prevalente, vede l'essere umano in maniera completamente diversa, cioè come un individuo che è l'agente delle proprie azioni e che sa di avere la capacità di influenzare il corso della propria vita. L'*agentività* e la *libertà* sono due aspetti a cui le persone attribuiscono grande valore, non solo verbalmente, ma anche attraverso il loro impegno a metterli in pratica tanto nella vita quotidiana quanto nel percorso verso i propri obiettivi di lungo termine. Nel presente capitolo spiegheremo come utilizzare queste importanti aspirazioni umane nei processi di influenza sociale. Le tecniche di cui parleremo nelle prossime pagine contengono una sorta di paradosso: nell'esercitare l'influenza sociale, riconosciamo implicitamente che gli altri sono padroni delle proprie azioni e che questo ha una grande importanza per loro, ma allo stesso tempo aumentiamo le probabilità che facciano ciò che noi vogliamo.

TECNICA #46
INVOCARE LA LIBERTÀ

Idea

Vi piace essere costretti a fare qualcosa? Naturalmente no! Tutti vogliamo sentirci padroni delle nostre azioni e delle nostre scelte. Probabilmente è proprio per questo che gran parte dei bambini non amano andare a scuola e imparare, così come molti adulti non amano il proprio lavoro: non perché le lezioni siano noiose o il lavoro faticoso, ma perché sia i giovani che gli adulti si sentono costretti a svolgere queste attività. In altre parole, perché non è una loro scelta. Lo stesso vale per tutte quelle situazioni in cui qualcuno vuole spingerci a fare qualcosa, come acquistare un prodotto, firmare un appello o sorvegliare una bici o un cane mentre il proprietario svolge una commissione. Il motivo per cui, a volte, rifiutiamo questo genere di richieste è la sensazione che l'altro ci stia mettendo sotto pressione e che voglia limitare la nostra libertà personale. Di fronte a questi tentativi ci ribelliamo e, ergendoci in difesa della nostra soggettività, diciamo di no. Immaginate, però, che qualcuno, nel farvi una richiesta, sottolinei che la scelta spetta solo a voi o che, pur sperando che lo accontentiate, sa che farete solo ciò che ritenete giusto. Questo genere di messaggio ha il potere di influenzare la vostra decisione? Se sì, in che modo?

Ricerca

Nicolas Gueguen e Alexandre Pascual (2005) condussero un esperimento in cui fermavano i passanti e chiedevano loro di rispondere a un sondaggio di poche domande, aggiungendo che il tutto sarebbe durato dai 5 agli 8 minuti. I ricercatori spiegavano poi che l'indagine era finalizzata alla valutazione dei commercianti e degli artigiani della città. Evidentemente si trattava di un argomento che stava molto a cuore alla gente, perché il 75.6% dei soggetti interpellati accettarono di rispondere. Era possibile aumentare ancora di più questa percentuale? Nelle condizioni sperimentali, i ricercatori avvicinavano i passanti e li interpellavano in questo modo: «Mi scusi, signore/signora, vorrei chiederle una cosa, ma è libero/a di accettare o di rifiutare, se vuole». Solo dopo questa introduzione, il ricercatore parlava dell'indagine. Il risultato fu che, in queste condizioni di prova, addirittura il 90.1% dei passanti acconsentì a dedicare qualche minuto al sondaggio! Precisiamo che il riferimento alla libertà di scelta può essere formulato con parole diverse rispetto a quelle utilizzate in questo esperimento. In altri esperimenti, per esempio, è stato rilevato un incremento simile nell'efficacia dell'influenza sociale in associazione all'uso di frasi come «Non sentirti obbligato» o «Decidi liberamente».

Meccanismo

Il desiderio di libertà e di soggettività è uno dei bisogni psicologici più importanti per l'essere umano. È ovvio che, quando qualcuno ci chiede di soddisfare una richiesta, la scelta sta a noi. In fondo, nessuno può obbligarci a fare qualcosa che non vogliamo. Eppure, il fatto che il richiedente ponga l'accento su questa (ovvia) libertà ci fa sentire meglio, come se la nostra soggettività venisse rafforzata. A questo proposito, vogliamo spendere due parole sul paradosso che caratterizza questo fenomeno. Essendo arrivati a questo punto del libro, ormai conoscete un buon numero di tecniche di influenza sociale. Probabilmente converrete con noi che nelle condizioni di controllo dei diversi esperimenti presentati finora le persone hanno agito secondo la loro volontà; di fatto, nessuno le ha costrette ad assecondare o a respingere le richieste che venivano avanzate. Inoltre, nel caso dell'esperimento sulla tecnica *invocare la libertà*, i soggetti non hanno subito alcuna pressione esterna. Di fatto, però, nelle condizioni sperimentali, un numero più elevato di passanti hanno accettato di soddisfare la richiesta che veniva avanzata, non perché godessero oggettivamente di una maggiore libertà (naturalmente non era così!), ma perché *avevano la sensazione che il consenso fosse frutto di una libera scelta (e della loro volontà) e non delle pressioni esercitate da un'altra persona.*

TECNICA #47
PRENDI FINCHÉ SEI IN TEMPO (MANCANZA DI DISPONIBILITÀ)

Idea

Immaginate di trovarvi su una spiaggia in un pomeriggio torrido: la vostra pelle si surriscalda sotto i raggi cocenti del sole e avete un gran bisogno di rinfrescarvi, ma purtroppo non c'è un posto in cui comprare una bevanda fresca. Continuate a camminare e di colpo scorgete un carretto dei gelati. Vi precipitate dal gelataio e dite: «Fa un caldo tremendo oggi… Per fortuna vendi qualcosa di fresco. Che gusti hai?». Il gelataio risponde: «Di tutto un po': cioccolato, fragola, crema, pistacchio, mango e yogurt. Ah no, il gusto yogurt è finito». E probabilmente, in quel preciso istante, vi viene una gran voglia di gelato al gusto yogurt.

Come mai scatta questa reazione? La risposta è: per la mancanza di disponibilità. Infatti, esiste un meccanismo per cui *le cose che non sono disponibili (o che sono difficili da ottenere) risultano più allettanti ai nostri occhi.* Ricordate quando, da bambini, i vostri genitori vi vietavano di fare una certa cosa? Non mangiare i biscotti prima di cena, non salire sull'altalena del parco giochi se è in cattive condizioni… I biscotti e l'altalena non vi sembravano forse la cosa più bella e desiderabile del mondo in quel momento? È ciò che accadde anche alla coppia di amanti più famosa della storia: Romeo e Giulietta. Sarebbero stati ugualmente attratti l'uno dall'altra se Montecchi e Capuleti non si fossero odiati tanto e se il loro non fosse stato un amore proibito?

A questo punto, ci resta da capire se questa tecnica possa essere utilizzata nella vita di tutti i giorni. Non possiamo certo vietare qualsiasi cosa nella speranza che gli articoli proibiti attraggano l'interesse delle persone che desideriamo influenzare. Tuttavia, possiamo rendere un'offerta più allettante dichiarando che la sua disponibilità è limitata.

Ricerca

Michal Maimaran e Yuval Salant (2019) hanno realizzato un esperimento finalizzato a verificare se enfatizzare la disponibilità limitata di un certo bene avesse una qualche influenza sul comportamento dei bambini in età prescolare. I bambini venivano condotti in una stanza dove c'erano delle costruzioni sparse sul pavimento. Nell'esperimento di controllo, il ricercatore diceva: «Gioca pure con i mattoncini. Quando hai finito, avvicinati alla mia scrivania». Nelle condizioni sperimentali, aggiungeva: «Purtroppo puoi giocare con i mattoncini solo per 10 minuti». Subito dopo, per minimizzare l'impatto di questa affermazione, il ricercatore si sedeva alla sua scrivania e fingeva di non prestare attenzione al bambino. Quando il piccolo si avvicinava alla scrivania per comunicargli che aveva finito di giocare con i mattoncini (oppure, nelle condizioni sperimentali, quando veniva interrotto perché erano trascorsi i 10 minuti, cosa che non si rese sempre necessaria perché anche nel gruppo sperimentale molti bambini smisero di giocare prima dello scadere del tempo), iniziava la seconda parte dell'esperimento. Il ricercatore diceva al bambino che c'era uno snack ad attenderlo: un piatto di carotine (esattamente 42 grammi di carote). Il bambino veniva incoraggiato a mangiare tutte le carote che voleva, ma nelle condizioni elaborate per indurre l'effetto della mancanza di disponibilità, il ricercatore aggiungeva: «Mi dispiace, ma non abbiamo altre carote oltre a quelle nel piatto».

Stando ai risultati ottenuti da Maimaran e Salant, anche i bambini di 5 anni sono molto sensibili alla limitazione delle possibilità di scelta (o della disponibilità di alcune cose, come i mattoncini o le carote). I bambini a cui era stato detto che potevano utilizzare i mattoncini solo per 10 minuti ci giocarono più a lungo dei bambini nel gruppo di controllo (rispettivamente, una media di 8.5 minuti e una media di 6.5 minuti). Un effetto simile – che potrebbe risultare particolarmente importante per i genitori di bambini selettivi con il cibo – venne registrato anche nel caso delle carote: i bambini a cui non era stato detto niente circa la disponibilità delle carote ne mangiarono in media 21.84 grammi, mentre i bambini a cui era stato comunicato che quelle nel piatto erano le uniche carote disponibili ne mangiarono in media 33.76 grammi. Altro dato interessante è quello che i ricercatori rilevarono quando chiesero ai bambini se avevano gradito lo snack. Su una scala da 1 a 5, il gruppo dell'effetto mancanza di disponibilità assegnò alle carote un punteggio di 4.92 punti, mentre il gruppo di controllo diede una valutazione pari a 4.25 punti.

Meccanismo

Il meccanismo psicologico che viene citato più spesso per spiegare l'efficacia della mancanza di disponibilità è la *Teoria della reattanza* descritta da Jack Brehm (1966). La reattanza è la tendenza umana a voler recuperare la libertà di scelta quando ci viene sottratta o quando su di essa vengono imposte delle limitazioni. Brehm condusse alcuni studi su un gruppo di bambini di 2 anni, ai quali veniva lasciato libero accesso a una stanza in cui c'erano due orsacchiotti identici. Uno degli orsacchiotti, però, era posizionato dietro a un pannello di plexiglass, perciò era più difficile da raggiungere. I ricercatori osservarono che più il pannello era alto e difficile da superare, più il bambino desiderava giocare con l'orsacchiotto che non riusciva a prendere. Il ragionamento di fondo è piuttosto semplice: dato che questo orsacchiotto è più difficile da raggiungere, deve avere qualcosa in più dell'altro.

In realtà, Brehm non fece altro che dare un nome a un fenomeno che era già noto da molti anni. In *Le avventure di Tom Sawyer*, pubblicato per la prima volta nel 1876, Mark Twain narra un episodio in cui la Zia Polly ordina a Tom di verniciare la staccionata. Il ragazzo non vuole farlo perché è un lavoro faticoso che sembra quasi una punizione. Grazie alla sua astuzia, alle sue ottime capacità recitative e alla reattanza (termine che di certo non poteva conoscere), Tom riesce a convincere i suoi amici che verniciare la staccionata è un lavoro molto importante, di grande responsabilità, che solo i più bravi possono svolgere. Così concede agli amici prescelti il grande onore di verniciare la staccionata, ma ovviamente non gratis: in cambio di questa magnanima concessione, Tom riceve due biglie, un'armonica rotta, un pezzo di vetro di una bottiglia blu (da guardarci attraverso), un rocchetto di filo per cucire, una chiave che non apriva nulla, un frammento di gesso, il tappo di una caraffa di vetro, un soldatino di piombo, due girini, sei cartucce a percussione, un gatto con un occhio solo, un battente di ottone, un collare per cani, il manico di un coltello, quattro bucce d'arancia e un telaio da finestra vecchio e malridotto. E tutto solo perché detestiamo sentirci dire dagli altri che non possiamo fare qualcosa.

TECNICA #48
«PROBABILMENTE RIFIUTERAI, MA...»

Idea

Forse ricorderete, cari lettori, di aver vissuto durante l'infanzia almeno un episodio in cui qualcuno vi ha sfidato a fare qualcosa, dicendovi che non avevate il coraggio di farlo. Per esempio, potrebbero avervi sfidato ad arrampicarvi su un albero, a camminare a quattro zampe fino al cespuglio più vicino o a rincasare dopo le 22:00, provocando la rabbia dei vostri genitori. Molto probabilmente, avete subito provato l'impulso di dimostrare sia al vostro interlocutore sia a voi stessi che eravate in grado di compiere quell'impresa. Ora immaginate che vi capiti la stessa cosa nel presente, da adulti: qualcuno vi chiede di fare una cosa, ma allo stesso tempo afferma di essere certo che non la farete. Avreste la stessa reazione di quando eravate bambini? Vi verrebbe voglia di dimostrare che si sbaglia? Se così fosse, si potrebbe convincere qualcuno a firmare una petizione, per esempio, dicendogli: «Non credo che firmerà», oppure si potrebbe ottenere il consenso a rispondere a un questionario dicendo: «Non penso che accetterà di dedicarmi 5 minuti per rispondere a qualche domanda». D'altra parte, però, non siamo più bambini, perciò è molto improbabile che questi stratagemmi funzionino ora che siamo adulti, giusto?

Ricerca

L'esperimento in questione venne condotto da Nicolas Gueguen (2016) in due piccole città del sud della Francia poco prima di Natale. Lo sperimentatore (un ragazzo di 20 anni) indossava una maglietta rossa con il logo dell'associazione Thousand and One Smiles e aveva un badge in bella vista sul petto. Si rivolgeva a tutti i passanti che sembravano avere un'età compresa tra i 30 e i 55 anni. Si presentava come un volontario dell'associazione menzionata e chiedeva loro qualche minuto di tempo per parlare. Quando i passanti accettavano, diceva quanto segue: «La nostra associazione si occupa di dare sostegno ai bambini affetti da gravi problemi di salute e alle loro famiglie, aiutandoli a superare le difficoltà che incontrano nella vita». Nel gruppo di controllo, subito dopo aver dato questa spiegazione, il ricercatore procedeva a chiedere una donazione: «Le chiedo di darci una mano facendo una piccola donazione». Nel gruppo sperimentale, invece, la richiesta veniva formulata in modo un po' diverso: «Probabilmente dirà di no, ma le chiedo di darci una mano facendo una piccola donazione». Nel gruppo di controllo, la donazione venne effettuata da un partecipante su quattro, mentre nel gruppo sperimentale si registrò una percentuale molto più alta di donazioni (per l'esattezza, il 39.1%). Inoltre, l'importo medio donato dai partecipanti era più o meno lo stesso in entrambe le condizioni di prova.

Meccanismo

La tecnica *invocare la libertà* discussa in precedenza consiste nel rimarcare che la scelta circa il comportamento da adottare è nelle mani del nostro interlocutore, che la decisione spetta solo a lui e che la sua libertà non è in pericolo. La *tecnica del «Pro-*

babilmente rifiuterai, ma...» è più sofisticata: in questo caso, si suggerisce all'interlocutore che probabilmente rifiuterà di fare qualcosa. La teoria della reattanza già citata (supportata da una grande quantità di ricerche) afferma che le cose proibite o difficili da ottenere esercitano una maggiore attrazione su di noi (in fondo, è proprio per questo che Eva, nel giardino dell'Eden, desidera più di ogni altra cosa il frutto dell'albero proibito, nonostante abbia a disposizione moltissimi altri alberi con frutti altrettanto buoni). Dire a qualcuno che probabilmente rifiuterà una richiesta ha un effetto simile: grazie a questo piccolo espediente, soddisfare la richiesta diviene un'azione particolarmente desiderabile e allettante agli occhi del soggetto. *Il nostro bisogno di libertà è così forte che, a volte, porta a una limitazione della libertà e ci induce a fare ciò che gli altri si aspettano da noi.*

TECNICA #49
LIMITARE LE POSSIBILITÀ DI SCELTA

Idea

Nel caso di alcune tecniche di influenza sociale discusse in questo capitolo, la chiave è formulare la richiesta in modo tale da sottolineare la libertà di scelta della persona a cui ci rivolgiamo. Possiamo riferirci a questa libertà in maniera diretta (come accade nella tecnica *invocare la libertà*) oppure possiamo suggerirla in maniera indiretta (come nel caso del *«Probabilmente rifiuterai, ma...»*). In ogni caso, non c'è dubbio che le persone in genere desiderino sentirsi libere e fare le proprie scelte senza costrizioni. In psicologia, è ormai ampiamente riconosciuto che la libertà consta di tre elementi: l'individuo può agire in maniera coerente con le sue preferenze, non è soggetto a pressioni esterne e ha libertà di scelta tra diverse possibilità. Soffermiamoci sull'ultimo punto: più la scelta è ampia, maggiore è la nostra libertà. Si tratta di un principio a dir poco ovvio. Tenete presente che, quando esercitiamo l'influenza sociale, il nostro interesse non è portare la persona ad attenersi in maniera rigida a un comportamento specifico e ben delineato, ma piuttosto indurla a compiere un'azione generica finalizzata a un certo obiettivo. Per esempio, non pretendiamo che una persona accetti di partecipare a uno studio psicologico il giorno venerdì 13 marzo alle 17:15, ma chiediamo semplicemente che ci dia il consenso a prendere parte allo studio in generale, oppure, se abbiamo una libreria, quello che vogliamo è che il cliente acquisti un libro, di qualsiasi genere esso sia, e non che scelga un titolo in particolare. Considerata questa premessa, sembrerebbe logico supporre che più la scelta è ampia, più è probabile che la persona adotti il comportamento che ci aspettiamo: partecipare a una ricerca psicologica, acquistare un libro, ecc. Ma siamo sicuri che sia così? È proprio per rispondere a questo genere di domande, apparentemente banali, che gli psicologi sociali conducono le loro ricerche.

Ricerca

Sheena Iyengar e Mark Lepper (2000) condussero uno studio presso un supermercato di alto livello a Menlo Park, in California. Il Draeger's Supermarket selezionato per lo studio era caratterizzato da una scelta straordinariamente ampia di prodotti (tanto per fare un esempio, erano esposte ben 250 marche diverse di mostarda e 75 marche di olio d'oliva). Spesso venivano realizzate anche delle campagne promozionali di vario genere, durante le quali i clienti ricevevano dei campioni gratuiti di alcuni prodotti oppure avevano la possibilità di assaggiarli sul posto. Di conseguenza, i ricercatori sapevano che la loro azione di marketing (che in realtà era un esperimento) non avrebbe destato alcuno stupore nei clienti, poiché era qualcosa che accadeva quotidianamente in quel supermercato. Allestirono uno stand speciale della Wilkin e Sons[1] nel quale venivano offerti assaggi di marmellate dai gusti esotici. I clienti potevano assaggiare le marmellate e acquistarle a un prezzo speciale. Tutti coloro

[1] *Ndt*: Famoso produttore inglese di marmellate e conserve.

che si avvicinavano allo stand ricevevano un coupon del valore di 1 dollaro, da utilizzare per acquistare un vasetto di marmellata. Inoltre, avevano la possibilità di assaggiare i diversi gusti disponibili prima di decidere se acquistare o meno il prodotto. I ricercatori crearono due condizioni sperimentali diverse. Nella prima, veniva proposto l'assaggio di 6 tipi di marmellata. Nella seconda, a questi 6 tipi ne venivano aggiunti altri 18. In questo caso, i soggetti avevano a disposizione ben 24 prodotti Wilkin e Sons tra cui scegliere. Lo studio era volto a verificare se la differenza tra le due condizioni sperimentali avrebbe influito sul comportamento dei consumatori.

I ricercatori rilevarono, come previsto, che quando avevano proposto una scelta molto ampia, un numero più elevato di consumatori si erano fermati allo stand (il 60% contro il 40% dell'esperimento in cui venivano offerti solo 6 gusti). Ma i clienti a cui erano state offerte maggiori possibilità di scelta avevano effettivamente provato più prodotti? No! La differenza tra i due gruppi era così modesta da poter essere considerata irrilevante. Nelle condizioni che offrivano un'ampia possibilità di scelta, i clienti avevano provato in media 1.5 gusti diversi, mentre nel gruppo con la scelta più limitata era stata rilevata una media di 1.38. Il dato più importante dal punto di vista dell'influenza sociale, però, è la quantità di vasetti di marmellata acquistati. I ricercatori rilevarono che, quando la scelta era limitata (6 gusti), il 30% dei clienti avevano effettivamente acquistato il prodotto. Volete sapere di quanto questo dato è stato superato nel gruppo in cui la quantità di marmellate offerte era quattro volte più alta? In questo caso la percentuale rilevata fu... dieci volte inferiore! Infatti, nel gruppo con la scelta più ampia, solo il 3% dei clienti effettuarono l'acquisto.

Meccanismo

I risultati di questo esperimento dimostrano chiaramente che la grande quantità di marmellate a disposizione dei clienti non indusse quasi nessuno ad acquistarle e questo è un dato che lascia piuttosto interdetti. Quadruplicare l'offerta dovrebbe aumentare le vendite, invece nell'esperimento è accaduto l'esatto opposto. Come abbiamo già detto, il desiderio di libertà (e quindi di poter scegliere tra le opzioni disponibili) è uno dei bisogni fondamentali dell'essere umano. Tuttavia, l'esperimento dimostra che *quando abbiamo a disposizione troppe possibilità di scelta, finiamo per sentirci smarriti.* Magari proviamo a confrontare le opzioni in base a diversi parametri, ma ci rendiamo conto che ognuna comporta dei vantaggi e degli svantaggi rispetto alle altre, quindi non sappiamo cosa fare, soprattutto quando le alternative disponibili sono numerose. Naturalmente, esistono delle circostanze in cui le persone sanno di dover giungere a una decisione in un modo o nell'altro (per esempio, quando sono al ristorante, hanno fame e devono scegliere un piatto dal menu), ma in alcuni casi questa situazione può spingerle a rinunciare del tutto all'offerta in questione. La marmellata esotica non rappresenta un acquisto essenziale e, se il cliente non ne riporta a casa un vasetto oggi stesso, non ci saranno conseguenze di alcun genere. In simili circostanze, limitare il numero di opzioni disponibili può facilitare il processo decisionale e aiutare a fare una scelta. "Più scelta", in questo caso, non significa "risultati migliori", anzi, tutto il contrario: risultati molto peggiori.

TECNICA #50
PROIBIRE, MA CON ATTENZIONE!

Idea

Immaginiamo di voler dissuadere le persone dall'adottare un certo comportamento, come ad esempio imbustare il pane a mani nude al supermercato. Possiamo farlo in molti modi diversi, sia affermando che negando. In altre parole, possiamo dire alle persone di fare qualcosa («Si prega di utilizzare gli appositi guanti usa e getta») oppure vietare una certa azione («Si prega di non prendere il pane a mani nude»). È possibile anche esprimere un divieto/ordine come quelli degli esempi tra parentesi o una norma descrittiva dandone una versione positiva (per esempio, «Molti clienti utilizzano i guanti usa e getta: è un gesto di rispetto per l'intera comunità») oppure una versione negativa («Molti clienti prendono il pane a mani nude: è un comportamento antigienico»). Come vedete, sono tutti messaggi diversi, sia nella lunghezza che nelle argomentazioni utilizzate. Ma cosa sappiamo sulla loro efficacia?

Ricerca

Robert Cialdini e colleghi (2006) decisero di testare l'efficacia di diverse norme sociali nel dissuadere i turisti dal danneggiare l'ambiente. Lo studio era di carattere sperimentale e venne realizzato in condizioni naturali nel Parco Nazionale della Foresta Pietrificata, in Arizona. Questo parco, situato all'interno del Deserto Dipinto, al confine con le Contee di Apache e Navajo, è famoso per la grande quantità di esemplari pietrificati. Poiché il parco si estende su un territorio di 200 km quadrati e viene visitato da quasi 800 000 turisti ogni anno, è tecnicamente impossibile vigilare su tutta l'area e su tutti i visitatori. Purtroppo, alcuni turisti staccano dei frammenti dagli alberi fossili e se li portano a casa come souvenir. Non servono chissà quali conoscenze geologiche o matematiche per capire che questo fenomeno comporta gravi conseguenze: se anche un solo visitatore su 20 commettesse questa sciocchezza, nel giro di qualche tempo il parco dovrebbe chiudere per mancanza di reperti. È per questo che Cialdini e colleghi, in accordo con gli amministratori del parco, vollero verificare se fosse possibile limitare la tendenza dei turisti a portare via dei frammenti dagli alberi fossili.

Per prima cosa, i ricercatori volevano scoprire se e come variavano i risultati a seconda che si utilizzasse un messaggio basato su una norma ingiuntiva o su una norma descrittiva. Il secondo obiettivo, invece, era verificare l'efficacia dei messaggi espressi in forma affermativa e in forma negativa. Per far questo, crearono 4 tipi di messaggio:

1. Norma ingiuntiva, messaggio in forma affermativa: «Si prega di lasciare inalterati i reperti di legno fossile del parco».
2. Norma ingiuntiva, messaggio in forma negativa: «Si prega di non prelevare frammenti di legno fossile dal parco».
3. Norma descrittiva, messaggio in forma affermativa: «La maggior parte dei visitatori che sono stati qui in passato hanno lasciato inalterati i reperti di legno fossile del parco, preservando lo stato naturale della Foresta pietrificata».
4. Norma descrittiva, messaggio in forma negativa: «Molti dei visitatori che sono stati qui in passato hanno rimosso frammenti di legno fossile dal parco, alterando lo stato naturale della Foresta pietrificata».

Naturalmente, il problema più grande era misurare l'efficacia di ogni messaggio. Da un lato, i ricercatori volevano che i comportamenti misurati fossero naturali, dall'altro sapevano che sorvegliare i turisti per controllare cosa e quanto portassero via dal parco sarebbe stato inefficace (e avrebbe generato una grande confusione, con il rischio di influenzare, in un certo modo, il comportamento dei turisti). Alla fine, giunsero alla decisione che avrebbero lasciato dei pezzi di legno contrassegnati in dei punti precisi del parco. Alla fine di ogni visita (la cui durata era di circa 2 ore), un assistente dei ricercatori percorreva tutto il tragitto, contava quanti pezzi di legno contrassegnati erano scomparsi e ne rimetteva dei nuovi dove mancavano. A quel punto, si iniziava la visita con un nuovo gruppo, con il quale si utilizzava un messaggio diverso dal precedente.

Lo studio coinvolse un totale di 2655 partecipanti. I risultati indicarono che, quando il messaggio veniva espresso in forma affermativa, il tipo di norma che veicolava non faceva alcuna differenza. Nel caso della norma descrittiva, scomparve esattamente il 5% dei pezzi di legno posizionati dai ricercatori, mentre nel caso della norma prescrittiva la percentuale fu del 5.1%. La situazione cambiava completamente quando il messaggio aveva una forma negativa: in queste condizioni, la sottrazione di reperti fossili registrò il picco massimo in associazione alla norma descrittiva (andò perduto il 7.8% dei frammenti contrassegnati) e il picco minimo in associazione alla norma prescrittiva (1.5%).

Meccanismo

Sebbene l'esperimento appena descritto dimostri chiaramente che l'uso di esempi negativi combinato con una norma descrittiva produce pessimi risultati, in molti posti (come i parchi nazionali) si trovano proprio messaggi di questo tipo. Cialdini e colleghi citano un esempio emblematico: «È in corso una sistematica distruzione di questo grande patrimonio nazionale. Ogni anno, il parco perde 14 tonnellate di legno fossile, portate via dai visitatori in piccoli frammenti». I ricercatori sottolineano che, sebbene in generale il numero di turisti che sottraggono reperti dal parco sia contenuto (si stima un 5%), esporre un simile avviso non fa che peggiorare le cose a causa dell'impiego di una norma descrittiva. Pertanto, possiamo affermare che *le norme descrittive non sono particolarmente adatte a dissuadere le persone dall'adottare un certo comportamento (soprattutto se combinate con esempi negativi di tale comportamento).* Alcuni, infatti, interpretano questo genere di messaggi più o meno così: «Se sono in tanti a comportarsi in questo modo, vuol dire che non è una cosa grave». Dobbiamo stare molto attenti al modo in cui formuliamo i divieti!

TECNICA #51
SENTIRSI ECCEZIONALI

Idea

Vogliamo raccontarvi un episodio avvenuto durante un pranzo che gli autori di questo libro hanno condiviso sull'isola di Creta, in un ristorante del villaggio di Agia Pelagia. Il cibo era eccellente: i polpi erano morbidi, i calamari saporiti e la retsina (un vino bianco contenente un particolare tipo di resina) fresca al punto giusto. Inoltre, la taverna seguiva la meravigliosa consuetudine greca di aggiungere un piccolo omaggio al conto, di solito un frutto, come il melone. In questo caso il titolare, che faceva anche da cameriere, ci offrì un bicchierino di ouzo, il tradizionale liquore greco aromatizzato all'anice. Il titolare era un uomo estremamente cortese, che serviva il nostro tavolo come più si conviene a un bravo cameriere, senza la minima traccia di umiltà. Durante il pranzo, tra di noi si era instaurato un rapporto molto amichevole: lui aveva condiviso delle interessanti osservazioni sui polacchi dal punto di vista greco e noi avevamo fatto altrettanto all'inverso, parlando dei greci dal punto di vista dei polacchi, il tutto prevalentemente in termini di risultati calcistici. Quando arrivò il momento di pagare il conto, come previsto, al nostro tavolo vennero portati dei bicchierini e una bottiglia di ouzo, ma c'era un dettaglio inaspettato: noi eravamo in due, ma i bicchierini erano tre. Dopo qualche istante capimmo il perché: il proprietario versò il liquore anche per sé, così da poter bere insieme a noi! Nessun altro cliente aveva ricevuto quel trattamento d'onore! C'è bisogno di aggiungere che ricevette una mancia molto generosa?

Ricerca

Un modo molto semplice per capire quanto il trattamento riservato ai clienti influenzi la loro propensione a ricambiare, in qualche modo, il favore è analizzare l'importo delle mance che vengono lasciate nei ristoranti. Il comportamento tenuto dai camerieri (se, ad esempio, si mostrano educati, amichevoli, sinceri o se sconsigliano di ordinare un certo piatto) può suscitare gratitudine nel cliente, un sentimento che si traduce in qualcosa di tangibile e facilmente quantificabile: il denaro. Naturalmente, si deve tenere presente che le norme sociali sulla consuetudine di lasciare la mancia variano enormemente da paese a paese. Negli Stati Uniti, lasciare la mancia al ristorante è un gesto obbligato; se non lo si fa, chiedono cosa c'era che non andava nel cibo servito. Al contrario, in alcuni ristoranti giapponesi lasciare la mancia può essere considerato un gesto offensivo. Gli autori di questo libro, ignari di questa norma culturale giapponese, decisero di aggiungere una bella mancia al conto di un piccolo ristorante di Tokyo, dove avevano gustato dei piatti deliziosi. La scena che seguì ricordava vagamente un film di arti marziali: il proprietario del locale iniziò a gridare in giapponese e rifiutò la mancia con rabbia; grazie all'aiuto di un cliente anglofono, gli autori scoprirono di aver offeso l'anziana cuoca del ristorante. Infatti, per lei preparare degli ottimi piatti era una questione d'onore e darle una mancia in cambio del cibo equivaleva a insinuare che cucinasse per soldi. Naturalmente, gli autori si scusarono subito con tutti i presenti per questo spiacevole incidente. Tuttavia, non stupisce che, nei Paesi in cui le mance non sono considerate offensive, gli psicologi abbiano sfruttato l'entità delle mance lasciate dai clienti per studiare l'efficacia delle regole dell'influenza sociale.

È esattamente ciò che fecero i ricercatori David B. Strohmetz, Bruce Rind, Reed Fisher e Michael Lynn (2002). Questo team di ricercatori condusse uno studio nel quale il cameriere, al momento di portare il conto, lasciava un piccolo omaggio ai clienti. Nel primo gruppo sperimentale l'omaggio in questione era un cioccolatino alla menta e i clienti che ricevettero questo piccolo dono lasciarono mediamente il 3% in più di quelli nel gruppo di controllo, che non avevano ricevuto nulla. Potreste obiettare che un 3% in più non è gran cosa e magari avete ragione, ma vi invitiamo a riflettere sul fatto che molti ristoranti espongono all'ingresso un contenitore pieno di caramelle e cioccolatini omaggio, che però non hanno alcun impatto sull'entità delle mance, perciò perché non provare a presentare questi piccoli regali in maniera diversa? Ma torniamo ora allo studio di Strohmetz e colleghi. I ricercatori non si fermarono al primo gruppo sperimentale, ma ne crearono un altro in cui il cameriere, insieme al conto, dava in omaggio non uno ma due cioccolatini. I clienti di questo gruppo, forse piacevolmente sorpresi dal doppio omaggio, lasciarono mance molto più alte: in media, ben il 14% in più rispetto ai clienti nel gruppo di controllo. Strohmetz progettò anche una terza variante dell'esperimento, che è fondamentale ai fini della tecnica qui descritta. In questo caso, il cameriere raggiungeva un livello di specificità simile a quello osservato dagli autori nella taverna greca: si avvicinava al tavolo con il conto, lasciava un cioccolatino a ogni commensale e poi faceva per andarsene, ma dopo due passi si fermava, tornava indietro e dava un altro cioccolatino a ogni cliente, accompagnando il gesto con la frase «Solo per voi, perché siete stati davvero gentili». In questo gruppo, ovviamente, si registrarono le mance più alte in assoluto, che superarono quelle del gruppo di controllo del 23%.

Meccanismo

Cos'hanno in comune il cameriere di Agia Pelagia e quello dell'esperimento di Strohmetz e colleghi? Per dirla in breve, entrambi hanno fatto sentire unici i loro clienti, portandoli a pensare che i clienti ricevono un omaggio standard (un cioccolatino, un bicchierino di ouzo) ma che loro, proprio loro, erano speciali e per questo avevano diritto a un trattamento diverso da tutti gli altri. Precisiamo che il punto non è la quantità di "omaggi" che riceviamo; se ci pensate bene, anche nel secondo gruppo sperimentale i clienti di Strohmetz e colleghi avevano ricevuto due cioccolatini a testa, eppure le loro mance erano quasi la metà di quelle del terzo gruppo. Come mai? Perché nel secondo gruppo il cameriere non ha trasformato la situazione in qualcosa di eccezionale e i clienti, probabilmente, hanno pensato che al giorno d'oggi (o forse da sempre) tutti ricevono due cioccolatini. Allo stesso modo, tutti i clienti del ristorante di Agia Pelagia hanno ricevuto un bicchierino di ouzo a fine pasto, ma ad alcuni di loro questo omaggio è stato presentato in maniera particolare, sottolineando la loro eccezionalità; i clienti, a loro volta, hanno voluto contraccambiare subito questo trattamento speciale.

TECNICA #52
IL POTERE DI UN SOSTANTIVO: SII UN ELETTORE RESPONSABILE

Idea

Immaginate che, in quanto ferventi sostenitori della democrazia, vi infastidisca molto lo scarso afflusso alle urne del vostro Paese. Sono troppo pochi quelli che esprimono la propria opinione alle elezioni, perciò vi fa piacere quando vengono organizzate delle campagne di sensibilizzazione per incoraggiare le persone a votare. Che sia per eleggere il presidente, i membri del Congresso o il sindaco, tutti dovrebbero cogliere l'occasione di esprimere la propria opinione su chi li governa. Non sopportate quelle persone che si lamentano di un politico ma poi non fanno nulla per eleggerne un altro. Un giorno, poco prima delle elezioni, andate a fare una passeggiata e vedete un manifesto con lo slogan «Vai a votare!». Dopo qualche metro, incontrate un altro manifesto che intima: «Sii un elettore responsabile!». Quasi la stessa cosa, ma... il "quasi", a volte, fa una grande differenza. Quale dei due slogan è più efficace? Quale dei due incoraggerà più persone a partecipare alle elezioni?

Ricerca

Questa è la domanda che si sono posti Christopher Bryan, Gregory Walton, Todd Rogers e Carol Dweck (2011). In una serie di esperimenti, chiesero ai partecipanti di rispondere a un questionario riguardante le loro abitudini di voto. La metà dei soggetti doveva rispondere alla domanda: «Quanto ritieni importante essere un elettore attivo alle prossime elezioni?», mentre per l'altra metà la domanda era formulata in modo un po' diverso: «Quanto ritieni importante andare a votare alle prossime elezioni?». Nel primo esperimento sondarono l'opinione di cittadini non iscritti nelle liste elettorali ma aventi diritto al voto, chiedendo loro quanto fossero interessati a registrarsi nelle suddette liste. Tra coloro che avevano letto il sostantivo "elettore" nel questionario, l'87.5% rispose "molto" o "moltissimo", mentre tra coloro che avevano letto il verbo "votare" solo il 55.6% scelse queste opzioni di risposta.

Ancor più importanti delle dichiarazioni verbali, tuttavia, sono i comportamenti adottati concretamente. In psicologia abbondano le evidenze del fatto che, spesso, le persone dicono una cosa e ne fanno un'altra. Nel nostro esempio, naturalmente, la reale affluenza alle urne era molto più importante delle dichiarazioni fatte prima delle elezioni. Bryan e colleghi condussero ulteriori esperimenti per approfondire i risultati ottenuti; analizzando il comportamento degli elettori californiani che si erano registrati nelle liste elettorali per le elezioni presidenziali del 2008, scoprirono che il 95.5% di coloro a cui era stato chiesto quanto ritenessero importante essere "elettori attivi" andò effettivamente a votare contro l'81.8% di coloro a cui era stato chiesto quanto fosse importante per loro "andare a votare". Un andamento simile è stato rilevato tra gli elettori del New Jersey che nel 2009 si registrarono nelle liste elettorali per l'elezione del governatore. In questo caso le rispettive percentuali furono dell'89.9% e del 79%. Lo slogan «Sii un elettore responsabile» è sicuramente molto efficace!

Meccanismo

A tutti piace pensare di essere persone responsabili. Avere e mantenere un'immagine di sé positiva è uno dei nostri bisogni psicologici più importanti. L'affermazione sull'essere un "elettore responsabile" alimenta questa immagine di sé con maggiore forza di "andare a votare". *Essere* un elettore è una componente essenziale della nostra identità, è qualcosa di permanente, come una caratteristica individuale o un tratto di personalità. Il semplice "votare", invece, non contribuisce con altrettanta efficacia a creare un'immagine di sé positiva. Ecco perché quasi tutti preferiscono *sentirsi* "elettori" piuttosto che "andare a votare", anche se, a prima vista, potrebbe sembrare la stessa cosa.

TECNICA #53
SII UN BRAVO AIUTANTE

Idea

Incoraggiare le persone a prendere parte alle elezioni è un'operazione che riguarda un range piuttosto ristretto di attività, ma è possibile che *sostituire un verbo con un sostantivo* sia una tecnica di influenza sociale efficace anche in altri ambiti e in particolare in quelle aree che comprendono un'ampia varietà di comportamenti umani? Dare aiuto agli altri sicuramente rientra in quest'ultima categoria. Come ben sappiamo, nel mondo ci sono un'infinità di problemi che non si risolvono da soli. C'è bisogno di aiuto per i rifugiati, per i senzatetto, per i malati e per gli affamati. C'è bisogno di aiuto per i bambini abbandonati e per le vittime delle catastrofi naturali. A volte c'è bisogno di aiuto anche per coloro che aiutano; alcuni, infatti, non riescono ad affrontare le conseguenze emotive delle situazioni traumatiche che si trovano ad affrontare. Dovremmo aiutare anche le specie in pericolo nei loro habitat naturali e tutti gli animali abbandonati che vivono nei rifugi, in attesa che un'anima gentile dia loro una casa. Come possiamo incoraggiare le persone a dedicare tempo, energie e denaro a queste cause? Come possiamo convincerle ad aiutare?

Ricerca

Lo studio condotto da Christopher Bryan, Allison Master e Gregory Walton (2014) coinvolgeva dei bambini in età prescolare, per la precisione di 4 o 5 anni. I piccoli venivano condotti in un'area giochi allestita appositamente per l'esperimento, dove incontravano uno sperimentatore che, in una delle condizioni di prova, diceva loro: «Alcuni bambini scelgono di aiutare gli altri. Si possono aiutare le persone a raccogliere oggetti da terra, si possono aiutare le persone a svolgere un compito oppure si possono aiutare le persone che hanno bisogno di assistenza». Detto questo, lo sperimentatore consegnava ai bambini un giocattolo molto bello e li invitava a giocarci. I bambini di un altro gruppo, invece, si sentivano dire più o meno la stessa cosa, ma in maniera un po' diversa: «Alcuni bambini scelgono di essere dei bravi aiutanti. Si può essere bravi aiutanti quando qualcuno deve raccogliere gli oggetti dal pavimento, si può essere bravi aiutanti quando qualcuno ha un compito da svolgere oppure si può essere bravi aiutanti quando qualcuno ha bisogno di assistenza». Naturalmente, anche in queste condizioni sperimentali il bambino riceveva lo stesso giocattolo. Mentre i bambini giocavano, lo sperimentatore simulava 4 situazioni in cui aveva visibilmente bisogno di aiuto (per esempio, rimettere le costruzioni nella loro scatola o togliere il coperchio dal portaoggetti con entrambe le mani occupate). In questo modo, fu possibile calcolare per ogni bambino la propensione ad aiutare lo sperimentatore su una scala che andava da 0 («Non ha mai dato aiuto») a 4 («Ha aiutato sempre»). Il risultato fu che i bambini con cui era stato utilizzato il sostantivo (sull'"essere un bravo aiutante") totalizzarono un valore medio di 3.18, mentre i bambini che avevano sentito il verbo ("aiutare") raggiunsero un valore medio di 2.47. È incredibile come questa minuscola differenza nel modo di formulare una frase possa fare una grande differenza nel comportamento adottato dai destinatari.

Meccanismo

Qui abbiamo a che fare con un meccanismo analogo a quello illustrato nel paragrafo precedente. Questo studio, però, dimostra un dato interessante: *il bisogno di costruire un'identità positiva attraverso un'immagine di sé fondata sulle proprie caratteristiche psicologiche permanenti* è presente già nei bambini più piccoli. Sia bambini che adulti manifestano comportamenti positivi quando nelle conversazioni che intrattengono viene utilizzato un lessico che enfatizza la soggettività umana. Un bravo aiutante è qualcuno che aiuta gli altri, una persona che possiede questa caratteristica. Aiutare non è una cosa che avviene per caso o una coincidenza, ma una conseguenza naturale del modo di essere di una persona.

Va precisato che la regola menzionata si applica anche ai comportamenti e ai tratti negativi. In questo caso, naturalmente, è vero il contrario: nessuno vuole percepire sé stesso come una persona egoista, un ladro o uno psicopatico. Immaginate se qualcuno tentasse di convincervi a diventare un bugiardo... Lo assecondereste? Sicuramente no! E se invece qualcuno volesse persuadervi a mentire per un certo scopo? Questa è sicuramente un'opzione più plausibile. In fondo, tutti di tanto in tanto mentono per qualche ragione.

5
Tempo e spazio

Questo capitolo è dedicato alle tecniche di influenza sociale che hanno a che fare con la distanza, sia temporale che fisica. Per quanto riguarda la *distanza temporale*, è possibile, per esempio, chiedere un favore a qualcuno sottolineando che dovrà passare molto tempo prima che l'aiuto ricevuto produca risultati tangibili oppure che, al contrario, manca poco al raggiungimento del nostro obiettivo. In altri casi, invece, si può mettere in evidenza il fatto che l'altro dovrà soddisfare la nostra richiesta immediatamente o che dovrà intervenire tra qualche mese. Per quanto riguarda la *distanza fisica*, si può, per esempio, toccare il braccio della persona a cui stiamo chiedendo un favore oppure trattenersi dal farlo, o ancora, sporgersi verso di lei per parlarle all'orecchio oppure evitare. Nel caso in cui decidessimo di parlarle all'orecchio, poi, dovremmo scegliere tra il destro e il sinistro. È così che la distanza viene utilizzata nelle tecniche di influenza sociale. Sospettiamo che molti lettori resteranno sorpresi dalla grande efficacia di queste tecniche… Chissà se sarà davvero così? Leggete questo capitolo e scopritelo.

TECNICA #54
PROGRESSO VERSO L'OBIETTIVO

Idea

Durante le spedizioni in alta montagna, le tragedie sono un evento relativamente frequente. Spesso gli incidenti capitano quando gli scalatori non hanno più le forze per tornare al campo base, per il freddo o per la mancanza di ossigeno. Curiosamente, i decessi si verificano con maggiore frequenza poco prima che gli scalatori raggiungano la vetta della montagna, oppure durante la discesa dalla cima, guadagnata con fatiche sovrumane, nel tragitto verso l'accampamento più vicino. A quanto pare, infatti, quando l'obiettivo (per esempio, raggiungere la vetta della montagna) è vicino, la motivazione degli scalatori si fa così intensa da spingerli a continuare nonostante l'estrema stanchezza; a un certo punto, però, le poche energie rimaste svaniscono di colpo. Se, invece, la vetta è lontana, è più facile accettare l'idea di non poterla raggiungere, smantellare il campo base e porre fine alla spedizione. Quelli che si verificano in alta montagna, naturalmente, sono eventi estremi, ma tutti noi ci siamo trovati in situazioni in cui la nostra motivazione si è intensificata perché l'obiettivo era vicino. La cosa interessante è che questa regola vale per le attività più disparate, come terminare la tesi di laurea, ristrutturare casa o vangare il giardino in primavera. Alla luce di queste osservazioni, è naturale chiedersi se, dal punto di vista dell'influenza sociale, questa regolarità possa essere utilizzata per indurre le persone a compiere determinate attività.

Ricerca

Ran Kivetz, Oleg Urminsky e Yuhuang Zheng (2006) hanno condotto il loro esperimento in una caffetteria situata nell'East Coast Campus della University of Columbia. I clienti che visitavano la caffetteria (soprattutto studenti, naturalmente) ricevevano una carta fedeltà che aveva l'obiettivo di spingerli a tornare. Ogni volta che prendevano il caffè, veniva apposto sulla carta un timbro speciale. Naturalmente, il primo timbro veniva messo subito, alla consegna della carta. Una volta raggiunti 10 timbri, il cliente aveva diritto a un caffè omaggio. I ricercatori misurarono per ogni cliente l'intervallo di tempo che trascorreva tra la prima e la seconda visita, tra la seconda e la terza, tra la terza e la quarta, e così via. Grazie a queste misurazioni, scoprirono che più gli amanti del caffè si avvicinavano all'obiettivo (ossia arrivare a 10 timbri sulla carta e ottenere un caffè omaggio), minore era la quantità di tempo che trascorreva tra una visita e l'altra. La differenza media tra l'intervallo intercorso tra la prima e la seconda visita e quello intercorso tra l'ottava e la nona era di circa 0.7 giorni, una riduzione di tempo pari quasi al 20%. I ricercatori rilevarono anche che i clienti iscritti al "programma fedeltà" visitavano la caffetteria molto più spesso di coloro a cui non era stata data la carta. Dal punto di vista dell'influenza sociale, dunque, possiamo seguire un principio molto semplice: se vogliamo motivare una persona a fare qualcosa, dobbiamo creare delle condizioni per cui l'obiettivo da raggiungere sia a portata di mano.

Meccanismo

Molti anni fa, gli psicologi comportamentisti studiavano il comportamento dei topi da laboratorio. Tra le altre cose, notarono che, quando si dirigono verso il cibo, i topi accelerano sempre di più l'andatura man mano che si avvicinano (Hull, 1943). Con il tempo, capirono che questo comportamento era solo una delle tante manifestazioni della regola generale secondo cui *la motivazione aumenta man mano che ci si avvicina all'obiettivo*. Questo principio, naturalmente, non vale solo per i topi, e *può essere interpretato sia in base alla riduzione della distanza fisica o temporale, sia in base alla quantità di lavoro già svolto rispetto a quello ancora da svolgere*. Inoltre, quando le persone si dedicano a un'attività che le coinvolge, provano una certa tensione emotiva sgradevole che scema solo una volta che l'attività è stata completata. Ecco perché, sebbene di solito ci faccia piacere ricevere la visita inattesa di un amico, non saremo particolarmente entusiasti se verrà a trovarci proprio quando stiamo per terminare qualcosa che riteniamo importante, che sia scrivere una lunga e-mail, pulire le finestre o lavorare a maglia.

TECNICA #55
NE MANCA SOLO UNO

Idea

L'università in cui lavoriamo noi autori ha 5 campus, situati in diverse città della Polonia. Gran parte delle nostre attività di ricerca e di insegnamento si svolgono a Breslavia, ma ci spostiamo con una certa frequenza anche nelle altre quattro sedi dell'università. Viaggiamo soprattutto in treno e, nelle stazioni polacche, capita spesso di incontrare mendicanti e piccoli truffatori. Una volta, una ragazza si avvicinò a uno di noi e disse timidamente (difficile stabilire se fosse davvero timida o se volesse solo dare l'impressione di esserlo): «Mi hanno derubato e non ho i soldi per comprare il biglietto di ritorno. Alcuni passanti mi hanno già dato un po' di soldi, ma mi mancano ancora 2 zloty. Me li potrebbe dare lei, per favore?». La sua richiesta venne accordata (dopotutto non era una gran cifra: 2 zloty polacchi corrispondono, più o meno, a 50 centesimi). Tuttavia, viene spontaneo chiedersi: la ragazza avrebbe ricevuto lo stesso i 2 zloty se non avesse detto di non poter acquistare il biglietto di ritorno? Naturalmente, non possiamo saperlo. Possiamo, però, esaminare i risultati degli esperimenti mirati a scoprire cosa accade *quando si avanza una richiesta ponendo l'accento sul fatto che in molti l'hanno già soddisfatta e che basta l'aiuto di un'ultima persona per raggiungere l'obiettivo.*

Ricerca

Christopher Carpenter (2014) ha condotto un esperimento nel quale interpellava tutte le persone che camminavano da sole all'interno di un campus universitario (a eccezione di chi andava di fretta, chi indossava le cuffiette e chi era al telefono). Lo sperimentatore diceva il suo nome e poi spiegava: «Sto conducendo un'indagine per il corso di Metodi di ricerca sulla comunicazione». Subito dopo chiedeva: «Saresti disposto a rispondere a un'intervista di 10 minuti?». In queste condizioni, il 60% dei soggetti acconsentì. Tuttavia, nei casi in cui, dopo aver avanzato la sua richiesta, il ricercatore aveva aggiunto «Mi manca solo una persona per completare l'indagine», questa percentuale era salita all'80%. Carpenter volle verificare anche cosa accadeva quando il richiedente informava l'interpellato sullo stato di avanzamento del suo lavoro. In questo caso, nell'esperimento di controllo, lo sperimentatore diceva di dover realizzare 100 interviste. Il risultato fu che l'82.5% dei soggetti accettò di partecipare all'indagine. Tuttavia, quando a questa precisazione aggiunse che, per raggiungere l'obiettivo delle 100 interviste, gli mancava una sola persona da intervistare, il risultato fu incredibile: tutti i soggetti interpellati accettarono di rispondere alle sue domande! Va precisato che la tecnica del "ancora uno soltanto" non funzionò quando lo sperimentatore dichiarava di dover realizzare in tutto 5 interviste. Infatti, in questo caso non si poteva parlare di un vero progresso verso l'obiettivo in quanto, se anche lo sperimentatore non avesse realizzato alcuna intervista, sarebbe stato comunque vicino al completamento del suo lavoro. In fondo, gli sarebbero rimaste da fare solo 5 interviste!

Meccanismo

Quando abbiamo illustrato il meccanismo alla base della *tecnica del progresso verso l'obiettivo*, nel paragrafo precedente, abbiamo detto che la motivazione aumenta sempre di più man mano che l'individuo si avvicina all'obiettivo. Sebbene molti studi psicologici abbiano dimostrato che il principale interesse delle persone è quello di perseguire i propri interessi e curare il proprio benessere, non possiamo negare che le circostanze degli altri non ci lasciano del tutto indifferenti. Spesso "facciamo il tifo" per gli altri, augurando loro il successo nel raggiungimento degli obiettivi, a patto che le loro azioni non riducano le nostre probabilità di successo. Non capita solo con familiari o amici; quando incontriamo uno sconosciuto che, per qualche ragione, suscita la nostra simpatia e scopriamo che sta cercando di raggiungere un certo obiettivo, gli auguriamo buona fortuna. Se proviamo empatia verso questa persona, se facciamo lo sforzo di metterci nei suoi panni, percepiamo con chiarezza che, più l'obiettivo è vicino, più per l'altro sarà importante raggiungerlo. Lo sappiamo perché anche noi abbiamo provato questa sensazione molte volte nella vita, in un'infinità di circostanze. Cosa accadrebbe, a quel punto, se la persona in questione ci facesse una richiesta, specificando che grazie al nostro contributo riuscirebbe a raggiungere il famoso obiettivo di cui sopra? (Un altro aspetto importante da notare è che, se rifiutassimo la sua richiesta, l'obiettivo non verrebbe raggiunto o, per lo meno, non subito. Il nostro interlocutore sarebbe costretto a interpellare qualcun altro e non possiamo sapere se questa persona accetterebbe o meno di aiutarlo). *In una situazione in cui il nostro contributo permette all'altro di raggiungere un obiettivo, siamo particolarmente propensi a offrire il nostro aiuto*, anzi, a dire il vero, ci sentiamo in dovere di farlo.

TECNICA #56
CHIEDI CON LARGO ANTICIPO

Idea

Immaginate di essere studenti universitari (magari lo siete davvero e non vi serve la fantasia) e di aver appena scoperto la data di un esame importante. Sarà tra quattro mesi, diciamo il 17 giugno. Cosa rispondereste se qualcuno vi chiedesse quanto sareste disposti a pagare per posticipare l'esame di tre giorni? È una domanda davvero assurda, giusto? Che differenza fa sostenere l'esame il 20 giugno anziché il 17? Naturalmente, non sprechereste nemmeno un dollaro o un euro per una simile modifica. Ora, però, immaginate che sia arrivato il 16 giugno. Siete seduti alla vostra scrivania e, con il terrore negli occhi, osservate una pila di libri che non avete mai aperto. Quanto sareste disposti a pagare per rinviare l'esame di quattro giorni? Niente, come prima? Considerate ancora assurda questa domanda? Questo esempio, piuttosto banale, dimostra chiaramente che adottiamo approcci diversi a seconda che l'evento in questione si verifichi in un futuro prossimo o in un futuro lontano. Quando ci viene chiesto di fare qualcosa il giorno seguente o quello dopo ancora, spesso rifiutiamo, perché pensiamo di essere troppo occupati. Tuttavia, se ci viene proposto di fare la stessa cosa nel giro di qualche mese, siamo così ingenui da pensare che per allora non saremo più oberati di incombenze quotidiane come in questo momento e, di conseguenza, accettiamo. Di seguito illustreremo uno studio sperimentale che mostra come cambia la disponibilità delle persone ad accettare di svolgere un'attività impegnativa in termini di tempo a seconda che si chieda loro di realizzarla a breve o in un futuro più lontano.

Ricerca

L'esperimento è stato condotto da Wojciech Bialaszek, con l'aiuto di un gruppo di colleghi (Bialaszek et al., 2022), su alcuni studenti al primo anno di psicologia. Nel mese di ottobre, quindi all'inizio dell'anno accademico, gli studenti vennero informati che, per ottenere i crediti necessari, avrebbero dovuto condurre uno studio psicologico. Potevano scegliere tra le seguenti opzioni: una breve indagine relativa alle abitudini di pulizia del giardino da somministrare a poche decine di soggetti selezionati dallo studente stesso, oppure uno studio di laboratorio molto impegnativo in termini di tempo, finalizzato a esaminare la possibilità di influenzare l'atteggiamento delle persone in condizioni di para-ipnosi. Si tenga presente che nemmeno i ricercatori a capo dell'esperimento sapevano esattamente cosa fosse la "para-ipnosi", questo termine era stato scelto solo per evocare un senso di mistero e suscitare interesse nei soggetti (un precedente studio aveva dimostrato che l'argomento della prima opzione offerta agli studenti era considerato noioso ma facile, mentre il secondo interessante ma difficile). Tutti gli studenti vennero informati che avrebbero avuto una settimana di tempo per completare le attività; tuttavia, a una metà di loro venne detto che avrebbero dovuto incominciare lo studio il giorno seguente e all'altra metà che la ricerca sarebbe iniziata a gennaio (quindi dopo qualche mese). L'obiettivo era rilevare eventuali differenze nel numero di studenti che sceglievano l'attività interessante ma impegnativa a seconda che la data di inizio fosse vicina o lontana. Il risultato fu che, nel gruppo in cui l'inizio dell'attività era previsto per l'indomani, meno del 18% dei soggetti scelse lo studio di laboratorio e la maggior parte optò per l'indagine sulla pulizia del giardino. Tuttavia, nel gruppo in cui l'inizio della ricerca era previsto dopo qualche mese, l'attività più difficile ma interessante riscosse grande successo. In questo gruppo, infatti, ben il 44% degli studenti manifestò interesse per lo studio finalizzato a esaminare la possibilità di influenzare l'atteggiamento delle persone in condizioni di para-ipnosi.

Meccanismo

Come abbiamo visto, era molto difficile persuadere i soggetti dell'esperimento a dedicarsi a un'attività che richiedeva molto tempo (seppur interessante a livello cognitivo) nel caso in cui l'inizio del lavoro fosse previsto per il giorno seguente. Quando, però, lo stesso compito era programmato per un futuro relativamente lontano, il numero di soggetti disposti a farsene carico aumentava notevolmente. Va precisato che, in entrambi i casi, l'attività doveva essere svolta nel giro di una settimana e richiedeva la stessa quantità di tempo. Come vanno interpretati questi risultati? È probabile che, quando ci viene chiesto di svolgere un compito in un futuro prossimo (una cornice temporale percepita come "ora"), per prima cosa cerchiamo di determinare se per noi sia fattibile soddisfare la richiesta. Per far questo, valutiamo tutti gli impegni e i programmi che potrebbero essere in conflitto con l'attività richiesta. Quando il compito in questione, invece, dovrà essere svolto in un futuro distante, siamo più propensi a inserirlo nella categoria del "da fare". Allo stesso tempo, però, non ci rendiamo conto che in futuro potremmo essere altrettanto oberati di incombenze, che renderanno estremamente difficile realizzare l'attività in questione. Ecco perché, *se volete chiedere a qualcuno di dedicarsi a un'attività difficile o che richiede molto tempo, è necessario formulare la richiesta con largo anticipo*. Il destinatario si illuderà che, pur non avendo tempo di aiutarvi in questo momento, nel giro di qualche mese sicuramente sarà molto più libero dai suoi impegni.

TECNICA #57
LUOGO GIUSTO/LUOGO SBAGLIATO

Idea

Chiunque si trasferisca in una nuova città deve imparare come muoversi, scoprendo quali sono le zone interessanti e le zone in cui non c'è niente da fare, quali i quartieri sicuri e quali i posti in cui non andare di sera con un grosso portafoglio in tasca. Tutti sappiamo che in ogni città, perfino quelle meglio gestite, ci sono zone che vanno evitate. Ecco perché ci creiamo una sorta di "mappa mentale" della città in base al livello di sicurezza delle sue strade, ma è possibile "mappare" un luogo (che sia un paesino o una metropoli) in base a quanto è facile o difficile indurre le persone ad assecondare una richiesta? Può essere che una domanda formulata nello stesso identico modo susciti reazioni diverse a seconda del luogo in cui la si pone? In altre parole, *esistono posti in cui le persone, quando ricevono una richiesta di poco conto, si rifiutano sistematicamente di soddisfarla?*

Quando pensiamo alla piazza principale di una cittadina media, indipendentemente dalla sua ubicazione sul globo terrestre, probabilmente tutti visualizziamo immagini simili: tanta gente, molto movimento, numerose attività che offrono servizi, forse qualche piccolo chiosco o dei ristoranti più grandi. Un altro elemento tipico di questi luoghi sono le persone che ci avvicinano con una richiesta, come fare una donazione, rispondere a un'indagine o, semplicemente, comprare qualcosa (per esempio, fiori o palloncini). Quando ci troviamo in questi luoghi, è come se indossassimo una sorta di corazza o di mantello dell'invisibilità, che in teoria dovrebbe proteggerci da ogni seccatura. Nel caso in cui qualcuno ci interpelli lo stesso, nonostante la corazza, rispondiamo automaticamente «No», senza dargli nemmeno la possibilità di spiegare cosa ci sta chiedendo. Ma cosa accadrebbe se la stessa richiesta venisse formulata in un posto diverso, come un parco o un luogo che associamo alla cura o alla beneficenza? Il risultato cambierebbe?

Ricerca

In uno dei nostri esperimenti, abbiamo verificato in che modo la stessa richiesta standardizzata veniva accolta in parti diverse della città (Grzyb e Dolinski, 2022). Abbiamo simulato una situazione in cui una persona era stata derubata e, non avendo soldi, non poteva acquistare il biglietto per tornare a casa. La richiesta veniva formulata sempre nello stesso modo: «Mi scusi, mi dispiace disturbarla, ma ho un problema. Mi hanno rubato il portafoglio con i documenti e non ho più soldi per tornare a casa. Preferirei non fare l'autostop, perciò mi chiedevo se per caso fosse disposto a comprami un biglietto o a darmi qualche moneta per acquistarlo».

Abbiamo volutamente scelto una situazione che poteva verificarsi in qualsiasi zona della città; in effetti, i portafogli vengono rubati ovunque. Inoltre, abbiamo selezionato quattro luoghi della città che sono molto diversi tra loro. Tre di essi evocavano un'associazione con forme di cura o di attenzione verso il prossimo. Il primo era una chiesa (la St. Joseph's Care Church), il secondo era un ospedale e il terzo un fioraio (alcuni banchi di fiori lungo la strada, per l'esattezza). Se la scelta dei primi due posti è a dir poco ovvia, il fioraio forse richiede qualche spiegazione in più. Secondo una ricerca condotta in Francia, le richieste avanzate nei pressi di un banco di fiori vengono soddisfatte con una frequenza superiore alla media. Gli autori della ricerca ipotizzarono che questo fenomeno si dovesse al fatto che acquistare fiori è un gesto associato al prendersi cura dell'altro; infatti, spesso compriamo i fiori per qualcuno che sta male o a cui vogliamo bene e lo facciamo per esprimere le nostre buone intenzioni o in memoria di una persona scomparsa. La quarta postazione, che non doveva essere associata a nessuna forma di cura o di attenzione, era nei pressi di un discount di medie dimensioni, nel parcheggio di fronte all'entrata principale, per essere precisi.

Come avrete già intuito, il nostro obiettivo era rilevare come variava la frequenza delle donazioni concesse alla persona "derubata" nei vari luoghi in cui la richiesta veniva avanzata. Cominciamo dai risultati generali. In totale, quasi il 54% dei soggetti interpellati decise di aiutare la persona in difficoltà, dandole (o dando*gli*, in quanto gli sperimentatori si alternavano in modo da annullare il potenziale effetto che il sesso del richiedente poteva avere sui risultati dell'esperimento) piccole quantità di denaro per acquistare il biglietto di ritorno. Tuttavia, per ognuno dei quattro luoghi selezionati, si ottennero risultati diversi. Le persone che mostrarono la maggiore propensione ad aiutare il richiedente furono quelle interpellate nei pressi della chiesa (78%). La richiesta fu di poco meno efficace nelle vicinanze dell'ospedale (72%) e notevolmente meno efficace nel caso dei banchi di fiori (56%). Il dato più sorprendente fu quello rilevato di fronte al discount, luogo in cui meno del 10% dei soggetti interpellati acconsentì a dare del denaro al richiedente!

Meccanismo

Come mai nei pressi dei discount diventiamo così diffidenti verso le richieste degli altri? Presumibilmente, lo scarso risultato ottenuto in questo luogo si deve al fatto che ci sono posti in cui si incontrano spesso persone che chiedono soldi: la stazione dei treni, la piazza principale della città, i discount e i supermercati. In questi luoghi, capita con una certa frequenza di imbattersi in persone che chiedono varie cose, in particolar modo piccole quantità di denaro. È probabile, quindi, che se qualcuno ci chiede dei soldi in un certo luogo, tendiamo a pensare che questa persona stia cercando di spillarci del denaro con l'inganno e non prestiamo attenzione alle motivazioni della sua richiesta. Spesso non le diamo nemmeno la possibilità di terminare la frase, ma agitiamo la mano come se volessimo scacciare una mosca fastidiosa e continuiamo a camminare. Pertanto, il successo delle nostre richieste non viene determinato solo dalle argomentazioni che presentiamo, dalla storia che raccontiamo o dalla persona a cui chiediamo aiuto. Possiamo prepararci alla perfezione, scegliere le parole migliori e sfoderare il sorriso più affabile del mondo, ma se scegliamo il luogo sbagliato, c'è comunque il rischio di fallire. D'altra parte, può succedere anche il contrario: la stessa richiesta, se avanzata in un luogo diverso della città, può dimostrarsi estremamente efficace.

TECNICA #58
ORGANIZZA UN INCONTRO FACCIA A FACCIA

Idea

Che fare quando si deve chiedere un favore ma si teme di ricevere una risposta negativa? Sicuramente vi sarà capitato di trovarvi in questa situazione e magari la state vivendo proprio in questo momento. La vostra richiesta può essere formulata in molti modi diversi. Potete utilizzare la posta tradizionale, a volte definita con disprezzo "posta lumaca" in confronto all'istantaneità della posta elettronica, che rappresenta un'altra delle opzioni a vostra disposizione. Potete contattare l'altro via Skype per discutere i dettagli della questione oppure fare una chiamata e illustrare il vostro problema al telefono. Infine, potete organizzare un incontro faccia a faccia con chi dovrà prendere la decisione definitiva sulla vostra richiesta. Inviare un'e-mail è sicuramente la cosa più facile da fare: basta digitare il messaggio e cliccare il tasto "Invia". Una telefonata o una conversazione su

Skype, invece, presuppongono che l'altra persona sia disponibile in un dato momento. Ricorrere alla posta tradizionale, d'altro canto, non è conveniente in termini di tempo. Dobbiamo andare all'ufficio postale, comprare una busta e un francobollo e spedire la lettera. Anche una conversazione faccia a faccia richiede tempo. Non solo, è necessario accordarsi con l'altro sul luogo e l'ora dell'appuntamento e questo, a volte, non è facile. Uno dei parametri da prendere in considerazione, dunque, è il livello di difficoltà dei metodi sopraelencati. Un altro parametro, molto più importante, è l'efficacia di un certo *canale di comunicazione*. Quand'è che le probabilità di veder soddisfatta la nostra richiesta aumentano e quand'è che diminuiscono?

Ricerca

In un esperimento di diversi anni fa, abbiamo testato diverse tecniche per spingere le persone che trascorrevano le vacanze in un resort a partecipare a uno studio psicologico che richiedeva 15 minuti di tempo (Dolinski, 2016). Con alcuni soggetti avanzammo la richiesta di persona, bussando alla porta della loro camera, con altri utilizzammo il telefono e con altri ancora infilammo sotto la porta un invito cartaceo. Quale fu l'indice di successo della nostra opera di reclutamento? Il risultato dipendeva in larga parte dal metodo utilizzato per invitare i soggetti. Il 56% di coloro che ricevettero la nostra visita personale si presentarono all'ora prestabilita per partecipare allo studio. Nel gruppo che era stato contattato telefonicamente, solo il 28% prese parte allo studio. Gli inviti scritti furono i meno efficaci in assoluto (con un grande scarto rispetto al contatto telefonico): solo il 6% di chi aveva ricevuto l'invito cartaceo si presentò all'appuntamento. Va precisato che l'esperimento venne condotto in un'epoca in cui Internet non era ancora molto diffuso, pertanto non sappiamo quanto sarebbe stato efficace un invito trasmesso via e-mail o tramite la messaggistica istantanea.

Meccanismo

Nell'esperimento descritto, le persone si sono dimostrate più inclini ad assecondare la nostra richiesta (partecipare a uno studio psicologico) quando questa era stata avanzata faccia a faccia, mentre la loro disponibilità ha raggiunto il picco più basso in associazione a un canale di contatto a senso unico, ovvero l'invito scritto. Come mai? Dopotutto, la richiesta era sempre la stessa, in tutti e tre i casi! Secondo i dati rilevati, più il contatto con il richiedente è diretto, più è difficile per il destinatario rifiutare la richiesta. Infatti, risulta particolarmente difficile dire di no mentre l'altro ci guarda negli occhi, situazione in cui è possibile (e inevitabile) vedere il suo volto e la sua espressione di disappunto in risposta al nostro rifiuto. Dire di no al telefono è un po' più semplice, ma possiamo comunque sentire la voce dell'altro e, se rifiutiamo, sappiamo che coglieremo inevitabilmente una nota di delusione nella sua risposta. Pertanto, anche respingere una richiesta avanzata durante una conversazione telefonica presenta un certo livello di difficoltà. È invece molto più facile farlo quando non abbiamo alcun contatto con il mittente nel momento in cui la richiesta ci viene comunicata. In questo caso, infatti, il rifiuto è un concetto astratto e dovremmo ricorrere all'immaginazione per visualizzare la reazione delusa della persona che ha avanzato la richiesta. Anche se nell'esperimento descritto non è stata verificata l'efficacia dell'uso di Internet, è ragionevole ipotizzare che si possa applicare questo principio anche alla rete. Pertanto, se volete che qualcuno soddisfi la vostra richiesta, cercate di *organizzare un incontro faccia a faccia*. Se invece siete voi a dover dare una risposta e non vi va di accettare la richiesta, ma temete che con un contatto diretto finireste per cedere, assicuratevi che tale incontro non avvenga mai, usando frasi come: «Inviami i dettagli via e-mail, leggerò tutto più tardi».

TECNICA #59
LA CHIAMATA INTRODUTTIVA

Idea

Molti organismi scientifici, sociali e di business, oltre che i partiti politici, mettono in campo delle strategie per scoprire le opinioni delle persone sugli argomenti più disparati. I ricercatori, a seconda dell'ambito scientifico a cui appartengono, lavorano per rilevare dati di ogni genere, per esempio quante tazze di caffè le persone bevono ogni giorno, cosa sanno di cultura antica o se hanno intenzione di fare figli nel breve o nel lungo termine. Le organizzazioni sociali, per esempio, potrebbero avere interesse a scoprire cosa pensa la gente dei rifugiati o qual è il livello di disponibilità a donare il midollo. Gli uomini d'affari hanno bisogno di conoscere le opinioni sui loro prodotti o la propensione dei consumatori ad acquistare articoli che non sono ancora stati immessi sul mercato. Ci sono poi i partiti politici, che vogliono sapere quanti sostenitori hanno, quali aspetti del loro programma vengono maggiormente apprezzati dagli elettori e quali aspetti non riscuotono grande adesione. Il metodo più semplice per raccogliere questo genere di dati è inviare un questionario ai rispondenti (fino a qualche anno fa tramite la posta tradizionale e oggi via e-mail). Purtroppo, in genere, sono pochi i soggetti che si dedicano a compilare queste indagini. Oltre al fatto di dover inviare una grande quantità di questionari (che verranno compilati solo in minima parte), c'è anche un altro problema: se le domande vengono risposte solo da una piccola percentuale della popolazione, i dati rilevati potrebbero essere eccessivamente specifici, ovvero rappresentare opinioni e abitudini che differiscono da quelle della maggioranza. Per esempio, se il questionario riguarda il manifesto elettorale di un certo partito politico, i suoi sostenitori saranno più che felici di rispondere, ma tutti gli altri, probabilmente, lo ignoreranno. Tuttavia, gli attivisti politici vogliono conoscere l'opinione generale della popolazione e non solo quella dei loro simpatizzanti. Cosa si può fare per portare un gruppo più numeroso di persone a rispondere al questionario ricevuto?

Ricerca

Chris Allen, Charles Schewe e Gosta Wijk (1980) condussero degli studi sul senso di alienazione dal mercato provato dai consumatori e sul loro atteggiamento nei confronti del problema mondiale dell'energia. Il progetto si basava sulla somministrazione di un questionario a un gruppo rappresentativo di adulti residenti a Malmö, una delle principali città svedesi. Il questionario venne inviato a qualche centinaio di soggetti per posta (si intende la posta tradizionale, in quanto Internet non era ancora diffuso a quei tempi), accompagnato da una gentile richiesta di compilarlo e rispedirlo all'indirizzo dell'ente responsabile dello studio. Si trattava di un questionario piuttosto lungo, composto da 92 domande, e riguardava principalmente i consumi energetici domestici. Il risultato fu che solo il 22.2% dei destinatari restituì il questionario compilato in ogni parte. Con un altro gruppo di rispondenti, invece, venne utilizzato un approccio diverso: anziché limitarsi a spedire il questionario, i ricercatori contattarono telefonicamente tutti i soggetti per informarli che erano stati selezionati per prendere parte a un'indagine; proseguivano spiegando che il questionario era composto da 92 domande, quasi tutte riguardanti i consumi energetici domestici, e chiedendo la disponibilità dei rispondenti a compilarlo. La maggior parte dei soggetti contattati acconsentì (82%). Dopo la telefonata, i ricercatori spedirono il questionario e raggiunsero un livello piuttosto elevato di efficacia; infatti, grazie a questo metodo, il 69.4% dei rispondenti compilarono in ogni parte il questionario e lo restituirono all'indirizzo indicato.

Ai nostri fini (ossia, determinare la reale efficacia dell'approccio che prevede un primo contatto telefonico per chiedere ai rispondenti se sono disposti a compilare il questionario), è preferibile utilizzare un indice basato sulla percentuale di persone che hanno compilato il questionario rispetto al numero totale di soggetti interpellati (anziché prendere in considerazione solo chi ha dato il consenso durante la conversazione telefonica). In base ai dati forniti dagli autori, abbiamo determinato che questo indice si aggira intorno al 57%. Anche se si tratta di una percentuale inferiore a quella indicata nel lavoro scientifico sopra illustrato, è comunque un valore significativamente più alto rispetto a quello rilevato nelle condizioni standard.

Meccanismo

Come dimostrato, contattare telefonicamente i rispondenti per chiedere la disponibilità a compilare il questionario prima di inviarlo ha prodotto un effetto di notevole entità. Grazie a questa tecnica, più del doppio dei rispondenti ha compilato il lungo questionario. Come mai uno stratagemma così semplice ha una tale efficacia? Si presume che entrino in gioco due meccanismi, di cui abbiamo già parlato in precedenza. Nel descrivere la tecnica precedente, abbiamo presentato i dati relativi alla probabilità che la nostra richiesta venga soddisfatta a seconda che la si formuli di persona, durante una telefonata o con una lettera. Pertanto, sappiamo già che è molto più difficile rifiutare una richiesta ricevuta durante un'interazione diretta (anche se telefonica) piuttosto che attraverso una comunicazione scritta. Di conseguenza, quando le persone ricevono la richiesta di compilare il questionario per posta (oppure, oggigiorno, via e-mail), non la assecondano semplicemente perché, dal punto di vista psicologico, è molto facile ignorarla. Tuttavia, le cose cambiano quando la stessa richiesta viene fatta al telefono. Di solito, in queste condizioni, le persone preferiscono assecondare il richiedente perché, dal punto di vista psicologico, è più difficile dire di no. Ed è qui che entra in gioco il secondo meccanismo, ossia il *principio della consequenzialità*: se una persona ha accettato di svolgere un compito durante una conversazione telefonica, in seguito si sentirà in dovere di mantenere la promessa fatta.

TECNICA #60
LO SGUARDO

Idea

Perché i condannati a morte vengono bendati prima di andare di fronte al plotone di esecuzione? Si tratta di un gesto di umanità per garantire ai condannati una morte più dignitosa? O forse l'obiettivo non è tanto aiutare il condannato quanto facilitare le cose ai soldati del plotone di esecuzione che devono spararagli? Ammesso che abbia senso parlare di cosa è più semplice o più difficile in circostanze del genere, è sicuramente più problematico sparare a una persona che ci guarda negli occhi piuttosto che a una bendata. Naturalmente, l'esecuzione di un condannato è un esempio estremo, ma siamo convinti che a tutti sia capitato di sperimentare il potere magico di uno sguardo puntato dritto nei nostri occhi. Immaginiamo che un bambino affamato e vestito di stracci tenda la mano per chiederci l'elemosina. Un attimo dopo i suoi occhi ci trafiggono con uno sguardo triste ma colmo di speranza. Finché non vediamo altro che una mano sporca, tesa a elemosinare, riusciamo a mantenere un certo distacco dal bambino, ma non appena incontriamo quello sguardo puntato su di noi, mettiamo le mani in tasca e gli diamo qualche moneta perché si compri qualcosa da mangiare. Cosa succede, invece, quando a chiederci aiuto è un amico? In tutta onestà, proprio non ci va di aiutarlo perché abbiamo già altri programmi per oggi pomeriggio... Tuttavia, è molto difficile guardarlo negli occhi dirgli: «No, non posso aiutarti». Se guardare negli occhi è una tecnica di influenza sociale efficace, dev'essere davvero molto semplice utilizzarla. Ma è proprio così? Vediamo cosa dicono gli studi empirici a questo proposito.

Ricerca

Chris Kleinke e David Singer (1979) vollero verificare se guardare negli occhi i passanti a cui tentavano di dare un volantino aumentasse la loro propensione ad accettarlo. L'esperimento venne condotto da due donne e due uomini. Ogni sperimentatore avvicinò 150 donne e 150 uomini adulti che camminavano da soli su un marciapiede. Precisiamo che i volantini vennero offerti solo a chi aveva almeno una mano libera (ossia, a quei passanti che non avevano entrambe le mani occupate con ventiquattrore, borse o oggetti di altro genere). La struttura dell'esperimento era piuttosto semplice. In un terzo dei casi gli sperimentatori utilizzavano un tono conciliatorio («Mi scusi, ne vuole uno?»), in un terzo ricorrevano a un'esortazione imperativa («Ne prenda uno!») e nel rimanente terzo non facevano alcun commento. In ognuna di queste condizioni di prova, gli sperimentatori guardavano i passanti negli occhi nella metà dei casi, mentre nell'altra metà non li guardavano. I risultati dimostrarono che guardare i soggetti negli occhi determinava delle differenze nel numero di volantini accettati. Nel caso dell'esortazione imperativa questa differenza era poco rilevante (i volantini vennero presi dall'81% dei passanti che erano stati guardati negli occhi e dal 76.5% dei passanti che non erano stati guardati), ma nel caso del tono conciliatorio la differenza era più marcata (rispettivamente, 79.5% contro 70.5%). Tuttavia, il gruppo in cui venne rilevata la differenza più netta in assoluto fu quello dei soggetti a cui i ricercatori non avevano rivolto alcun commento verbale. In queste condizioni di prova, quasi tutti i soggetti che avevano ricevuto uno sguardo diretto presero il volantino (84.5%) mentre nell'altro gruppo si registrò una percentuale molto più bassa (62%).

Meccanismo

Phoebe Ellsworth ed Ellen Langer (1976) sostengono che quando ci rendiamo conto di essere osservati (soprattutto se l'altro ci guarda negli occhi) sperimentiamo un aumento dell'attivazione emotiva. In una situazione interpersonale, questa reazione è il segnale che dobbiamo agire in base alle emozioni che proviamo. Ma che genere di condotta viene considerata corretta dal punto di vista interpersonale? Quali standard si applicano in queste situazioni? Se non ci troviamo di fronte un individuo ostile, sentiamo di doverci comportare in maniera amichevole. Pertanto, assecondiamo le richieste dell'altro, tentiamo di soddisfare le sue aspettative e cerchiamo di aiutarlo. Inoltre, come dimostrato da numerosi studi psicologici, tendiamo a percepire gli altri come più gentili e più gradevoli quando ci guardano negli occhi rispetto a quando non lo fanno. Nello studio sopra descritto, l'interazione tra l'addetto al volantinaggio e i passanti era brevissima eppure, perfino in questo piccolo scambio, il fatto di guardare negli occhi l'interlocutore ha avuto un peso determinante.

Altri studi sperimentali hanno dimostrato che guardare negli occhi l'interlocutore è utile quando si chiede una donazione benefica (con un doppio risultato: un numero maggiore di persone che accettano di fare una donazione e un importo medio delle donazioni più alto), quando si domanda aiuto a uno sconosciuto perché ci siamo slogati una caviglia facendo jogging e perfino quando si fa l'autostop. Pertanto, ecco un consiglio utile: se avete una richiesta importante da fare e temete che venga respinta, cercate di fissare un appuntamento con la persona in questione e, durante l'incontro, guardatela negli occhi. Se invece siete voi i destinatari della richiesta e non volete cedere, evitate gli incontri faccia a faccia e suggerite al richiedente di comunicare via e-mail. È molto più facile digitare un «No» sulla tastiera del computer piuttosto che pronunciarlo mentre guardiamo l'altro negli occhi.

TECNICA #61
IL CONTATTO FISICO

Idea

Anche se raramente ci facciamo caso, viviamo in una cultura che incoraggia la distanza sociale. Tendiamo a mantenere sempre una certa distanza dagli altri, specialmente quando interagiamo con degli sconosciuti. Naturalmente, esistono delle situazioni eccezionali (come un ascensore pieno o un vagone della metropolitana affollato) nelle quali non è possibile rispettare questa distanza. Nelle circostanze quotidiane, sappiamo che il nostro volto non deve stare troppo vicino a quello di un altro e che le nostre mani non devono toccare il suo corpo. Mantenere questa distanza "di sicurezza" è una norma sociale che ci sforziamo di rispettare. Immaginate se, mentre camminate per strada, una persona mai vista prima vi fermasse per chiedervi di prendere una lettera (una busta chiusa con un indirizzo e un francobollo) e di imbucarla nella cassetta postale. Lo sconosciuto vi dice di non poterlo fare perché deve salire subito sull'autobus, ma vorrebbe che la lettera riportasse il timbro dell'ufficio postale di quella zona. Accettereste di aiutarlo? Forse sì, forse no. Poniamo il caso che accettiate. Ora immaginate che, nel porgervi la lettera e chiedervi il favore, questa persona vi tocchi il braccio o la spalla. Così facendo, sta violando la norma della distanza sociale sopra illustrata. Secondo voi questo gesto farà aumentare o farà diminuire la probabilità che accettiate la sua richiesta? Se fate parte della maggioranza (soprattutto donne), risponderete che questo piccolo particolare, più che incoraggiarvi, potrebbe dissuadervi dal soddisfare la richiesta, ma come stanno realmente le cose? Sappiate che molti studi dimostrano l'esatto opposto.

Ricerca

David Smith, Joseph Gier e Frank Willis (1982) hanno condotto un esperimento all'interno di un grande supermercato. Il loro obiettivo era verificare in che modo toccare il braccio dei clienti di genere maschile o femminile influiva sui loro comportamenti di acquisto. Più precisamente, l'esperimento era mirato a verificare se il contatto fisico avrebbe reso i clienti più inclini ad assaggiare una fetta di pizza. Lo sperimentatore (a volte una donna, a volte un uomo) avvicinava i soggetti adulti che facevano la spesa da soli e diceva: «Salve, le andrebbe di provare un assaggio gratuito di pizza? È un prodotto nuovo in questa zona, realizzato esclusivamente con ingredienti naturali». Mentre pronunciava questa frase, sorrideva per tutto il tempo e, nella metà dei casi, toccava delicatamente il braccio dei clienti interpellati. Se il cliente decideva di provare il prodotto, lo sperimentatore gli indicava un congelatore poco distante, informandolo che lì avrebbe trovato il nuovo prodotto per acquistarlo. Il risultato fu che, nel gruppo con cui era stato stabilito un contatto fisico, ben il 79% dei soggetti decisero di provare la nuova pizza. Nel gruppo con cui non c'era stato alcun contatto fisico, si registrò una percentuale del 51%. Ma quali furono i risultati relativamente all'effettivo acquisto del prodotto? In questo caso, l'effetto positivo del contatto fisico emerse con ancor più evidenza. Mentre nelle condizioni standard (ossia, in assenza di contatto fisico) solo il 19% dei soggetti acquistarono la pizza, in presenza del contatto fisico questo valore raddoppiò, raggiungendo il 37%.

Meccanismo

Come mai chi riceve un tocco delicato sul braccio o sulla spalla è più propenso a fare ciò che gli viene richiesto? Per spiegare questo fenomeno, partiamo da un meccanismo che abbiamo già citato in diverse sezioni del libro. In gran parte delle situazioni di vita reale, tendiamo a manifestare risposte automatiche e ripetitive, che replicano schemi comportamentali acquisiti nel passato. Nel corso della vita, un individuo viene toccato quasi esclusivamente dalle persone a lui più vicine: familiari, amici o partner sentimentali. Non capita quasi mai di essere toccati dagli sconosciuti. Così, se durante una breve conversazione, uno sconosciuto (come il dipendente di un supermercato) ci tocca il braccio o la spalla, rispondiamo automaticamente con la stessa modalità utilizzata nelle interazioni con i conoscenti, i familiari o le persone che amiamo. E quando queste persone ci chiedono o ci offrono qualcosa, di solito rispondiamo di sì. Di conseguenza, tendiamo a dire di sì anche a uno sconosciuto.

Va precisato, però, che non tutti i ricercatori che studiano l'influenza sociale sono d'accordo con questa interpretazione.

La spiegazione alternativa si basa sempre sul presupposto che le persone agiscono in modo automatico e che certi gesti o parole innescano schemi comportamentali acquisiti in precedenza, ma in questo caso i comportamenti a cui si fa riferimento sono di altro genere. I genitori toccano i loro bambini sulle spalle quando vogliono spiegare qualcosa e quando cercano di convincerli a cambiare comportamento, oppure il capo tocca un dipendente quando vuole dirgli di stare più attento e di avere maggiore cura del suo lavoro. Sostanzialmente, una persona di rango superiore ne tocca una di rango inferiore quando impartisce ordini o istruzioni; la persona di rango inferiore, a questo punto, si adegua e segue le istruzioni, i consigli o i suggerimenti ricevuti. Ecco perché quando qualcuno ci tocca, anche se ci troviamo in un contesto totalmente diverso, tendiamo ad agire come se questa persona fosse un nostro superiore e avesse il diritto di decidere cosa dobbiamo fare.

TECNICA #62
PARLA ALL'ORECCHIO GIUSTO

Idea

Come sappiamo, molte parti del nostro corpo sono doppie: abbiamo due braccia, due gambe, due occhi, due orecchie, e così via. Sappiamo anche che, in gran parte dei casi, le persone hanno una lateralità destra, ossia gli arti destri o l'occhio destro sono dominanti rispetto a quelli del lato sinistro. È una condizione facilmente verificabile; basta chiedere a qualcuno (per esempio, al vostro bambino) di dare un calcio a una palla, di tirarvi un oggetto o di guardare attraverso il buco della serratura. In genere, le persone compiono queste azioni utilizzando le parti del corpo che si trovano sul lato dominante (solitamente il destro). Se non è così e la persona, per esempio, colpisce la palla con il piede sinistro, ma vi lancia un oggetto con la mano destra, potremmo essere di fronte a un caso di lateralità mista. Quest'espressione si usa per riferirsi alle persone la cui lateralità non si sviluppa uniformemente su un lato, ma varia a seconda delle attività svolte; si tratta di una condizione che può essere associata a dislessia, a problemi di concentrazione e, a volte, anche a difficoltà di apprendimento. Possiamo ipotizzare che l'uso della destra o della sinistra abbia una qualche rilevanza al momento di esercitare l'influenza sociale? È possibile che la scelta di utilizzare la mano destra o la mano sinistra per consegnare un piccolo omaggio o la decisione di parlare all'orecchio destro o all'orecchio sinistro del nostro interlocutore abbiano delle ripercussioni sull'efficacia delle nostre azioni?

Ricerca

Daniele Marzoli e Luca Tommasi (2009), due scienziati italiani, condussero degli studi per verificare quali sono le conseguenze della scelta di parlare all'orecchio destro dell'interlocutore piuttosto che al sinistro, e viceversa, strutturando un progetto molto interessante. Solitamente gli scienziati si concentrano sullo studio degli aspetti strettamente fisiologici dell'esistenza umana (per la precisione, sull'asimmetria dei due emisferi cerebrali), invece Marzoli e Tommasi decisero di non indagare su questo fenomeno con la strumentazione tipica (ossia, la risonanza magnetica funzionale effettuata in condizioni di laboratorio rigorosamente controllate), ma attraverso un esperimento sul campo, condotto in condizioni di vita reale. I ricercatori idearono una serie di esperimenti innovativi che avrebbero consentito loro di analizzare le diverse reazioni dei soggetti a una richiesta (nello specifico, una sigaretta) formulata all'orecchio. Poiché, come già detto, il loro studio era incentrato sull'asimmetria degli emisferi cerebrali, i ricercatori avanzarono l'ipotesi che formulare la richiesta all'orecchio destro dell'interlocutore fosse più efficace che rivolgerla al suo orecchio sinistro. Tuttavia, si trovarono ad affrontare una notevole difficoltà metodologica, cioè quella di strutturare l'esperimento in modo tale da poter indirizzare la richiesta all'orecchio dell'interlocutore senza che questo risultasse innaturale e destasse stupore nella persona. Marzoli e Tommasi risolsero il problema realizzando l'esperimento in luoghi rumorosi, dove l'unico modo per comunicare efficacemente era quello di parlare direttamente all'orecchio dell'interlocutore: le discoteche. In uno degli esperimenti, l'assistente degli sperimentatori si avvicinava a soggetti selezionati in maniera casuale (88 donne e 88 uomini) e, assegnandoli sempre in maniera randomizzata a uno dei gruppi sperimentali, chiedeva una sigaretta rivolgendosi o all'orecchio destro o all'orecchio sinistro. I risultati dimostrarono (prevedibilmente) che gli uomini erano più propensi delle donne a dare una sigaretta alla ragazza. Venne però rilevato anche un dato molto interessante, che confermava nettamente la sussistenza di un "effetto orecchio": la richiesta dell'assistente venne assecondata molto più spesso quando veniva rivolta all'orecchio destro dell'interlocutore. L'effetto rilevato era statisticamente rilevante, sia per gli uomini che per le donne. Per quanto riguarda i soggetti di sesso femminile, la richiesta era stata soddisfatta nel 31.8% dei casi quando era stata rivolta all'orecchio destro e nel 13.6% dei casi quando era stata rivolta all'orecchio sinistro. Per quanto riguarda i soggetti di sesso maschile, le percentuali rilevate furono rispettivamente del 45.4% e del 25%.

Meccanismo

Da diverso tempo, ormai, i ricercatori che si occupano di comunicazione verbale si concentrano sulla dominanza dell'orecchio destro. Ciò significa che gli stimoli recepiti dall'orecchio destro vengono inviati all'emisfero sinistro del cervello, poiché questo è l'emisfero che controlla il lato destro del corpo. Tuttavia, per ragioni metodologiche, i dati che confermano questo fenomeno sono stati rilevati principalmente attraverso esperimenti di laboratorio, condotti in ambienti rigorosamente controllati. Tali esperimenti consentono di analizzare con precisione il legame tra le diverse variabili, ma allo stesso tempo sono poco aderenti alla realtà, in quanto utilizzano procedure che si verificano di rado o che non hanno precedenti nella vita reale. Gli studi condotti da Marzoli e Tommasi dimostrano che la dominanza del lato destro del corpo, e quindi dell'emisfero sinistro del cervello, influisce in maniera significativa anche sulla nostra vita quotidiana e sulle scelte che facciamo tutti i giorni. Pertanto, *se vogliamo rendere la nostra richiesta più efficace, dobbiamo rivolgerla all'orecchio destro del nostro interlocutore.*

TECNICA #63
POSIZIONA GLI OGGETTI SUL LATO DESTRO

Idea

Immaginate di voler comprare una candela da tenere in casa per bellezza e di andare a cercarla in un negozio di casalinghi, al vostro supermercato di fiducia oppure, se nella vostra zona è presente, in un negozio di oggetti ornamentali. A prescindere dal tipo di rivenditore, probabilmente trovereste diverse candele della forma, del colore e delle dimensioni da voi desiderati. Dopo averci pensato un po' su, ne scegliete una. Cosa rispondereste se, in questo momento, qualcuno vi chiedesse come mai avete scelto proprio quella? Probabilmente fornireste una giustificazione di qualche tipo, ad esempio che quella candela ha un profumo più buono delle altre o che è dello stesso colore della tovaglia che usate di solito. Ma forse, in realtà, la vostra scelta è stata influenzata da fattori più difficili da individuare. Di certo restereste molto sorpresi se vi dicessero che tutte le ragioni da voi addotte sono essenzialmente irrilevanti e che servono solo far sembrare razionale la vostra scelta perché, in realtà, il profumo della candela o il suo colore non fanno alcuna differenza. L'unica cosa che conta è *la sua posizione sullo scaffale del negozio.*

Ricerca

Timothy DeCamp Wilson e Richard E. Nisbett (1978) progettarono un'interessante ricerca sul ruolo svolto dalla posizione di un prodotto sull'espositore e sulla propensione dei clienti a sceglierlo. Il loro esperimento venne realizzato in un negozio di articoli a buon mercato, all'interno di un centro commerciale. Gli autori esposero un grosso cartello con scritto «Istituto di ricerca sociale – Indagine sulle valutazioni dei consumatori – Qual è l'articolo di migliore qualità?», poi appesero quattro paia di collant a uno scaffale. I collant erano tutti color carne e vennero appesi in modo tale che i consumatori, o meglio, le consumatrici potessero vederli da una distanza di circa un metro. Dopo aver esaminato attentamente tutti i collant esposti, le clienti di sesso femminile (che rappresentavano la stragrande maggioranza dei soggetti testati) venivano invitate dallo sperimentatore a indicare il paio di qualità migliore. Una volta ricevuta la risposta, lo sperimentatore chiedeva i motivi della loro scelta.

In realtà, i collant utilizzati nell'esperimento erano perfettamente identici: stessa marca, stesso modello e stesso colore. Tuttavia, non se ne accorse quasi nessuno (solo 2 persone su un totale di 52 soggetti interpellati). Le partecipanti giustificarono la loro scelta citando le cuciture, la forma o l'elasticità del paio scelto, senza rendersi conto che la reale ragione era il posizionamento di quel paio nella fila. Infatti, dai risultati emerse che più i collant erano posizionati a destra, più spesso venivano scelti. Il paio all'estrema sinistra venne selezionato solo dal 12% dei soggetti, il penultimo da sinistra dal 17%, il penultimo da destra dal 31% e il paio all'estrema destra dal 40%. Pertanto, non furono le cuciture, né l'elasticità, né il cavallo rinforzato a influenzare in maniera determinante le loro scelte, bensì la posizione sullo scaffale.

Meccanismo

Al momento di descrivere l'effetto osservato, gli autori dell'esperimento sono stati insolitamente sinceri nell'ammettere la propria incapacità di spiegare con esattezza le ragioni alla base di questa dinamica (ammettere di non essere in grado di fornire un'adeguata interpretazione dei risultati ottenuti non è un comportamento comune tra gli scienziati). Tuttavia, hanno provato comunque ad avanzare diverse ipotesi sulle ragioni che avevano determinato le scelte compiute dai soggetti, affermando, con ragionevole certezza, che i soggetti avevano valutato i collant procedendo da sinistra verso destra (soprattutto perché i collant erano contrassegnati con le lettere dalla A alla D). Nel momento in cui i soggetti avevano valutato le prime tre paia di collant e si apprestavano a esaminare il quarto (contrassegnato con una D), molto probabilmente avevano già notato nei collant visionati un dettaglio (o più di uno) che non era di loro gradimento. Tuttavia, è probabile che facessero fatica a circoscrivere questi difetti a un paio di collant specifico. Nell'esaminare il quarto e ultimo paio, dunque, i soggetti tendevano a non riscontrare alcun difetto e, poiché ricordavano di aver notato qualcosa che non andava in uno degli altri modelli, decidevano di indicare l'ultimo paio (quello contrassegnato con la D) come il migliore. Molto semplicemente, questa era la scelta più facile e più sensata.

Come sottolineano Wilson e Nisbett, qualunque sia la causa che produce questo effetto, non c'è dubbio che si tratti di una tecnica estremamente efficace. Naturalmente le cose non funzionano sempre così: se, per esempio, chiediamo alle persone di confrontare articoli che differiscono notevolmente in termini di qualità, posizionare il prodotto di qualità inferiore all'estrema destra non indurrà a sceglierlo. Se, invece, i prodotti esaminati sono simili sotto molti aspetti, è altamente probabile che venga scelto con maggior frequenza quello posizionato all'estrema destra.

6
L'io privato e l'io sociale

Il desiderio di sviluppare (e mantenere) una percezione di sé positiva è una delle principali fonti di motivazione per gli esseri umani. Ritenere di essere importanti come individui è fondamentale non solo per il nostro benessere e per la nostra salute mentale, ma anche per poterci migliorare, per restare ottimisti circa la possibilità di raggiungere i nostri obiettivi di vita e perfino per ridurre la paura esistenziale della morte. Oltre ai giudizi che diamo su noi stessi, nutriamo anche il desiderio che gli altri abbiano un'alta considerazione di noi. Ecco perché ci teniamo a fare una buona impressione. A seconda del contesto in cui ci troviamo, vogliamo essere percepiti come persone competenti, responsabili, simpatiche o altruiste. Inoltre, ognuno di noi appartiene a svariati gruppi sociali: la nazione, la comunità locale, la popolazione della città in cui vive o il corpo studenti dell'università che frequenta. Il cosiddetto *io sociale* (il senso di comunità che ci lega agli altri) non è solo un elemento fondamentale nella conoscenza di sé stessi, ma rappresenta anche l'idea che, insieme a un certo gruppo di persone, possiamo costituire qualcosa di unico e distinguerci da tutti gli altri (quelli che non appartengono al nostro gruppo). In questo capitolo illustreremo le tecniche di influenza sociale che fanno leva sui desideri e sulle motivazioni umane appena descritte.

TECNICA #64
LE ETICHETTE

Idea

Nel capitolo *Agentività e libertà*, abbiamo descritto due tecniche nelle quali non si faceva un riferimento esplicito al modo di essere della persona: in *Sii un elettore responsabile* (si veda *Tecnica #52*) abbiamo parlato dell'invito ad adottare determinati comportamenti nel futuro, mentre in *Sii un bravo aiutante* (si veda *Tecnica #53*) vi abbiamo raccontato come sono e come si comportano generalmente i bambini. Nella vita reale, però, non ci viene detto solo come dovremmo essere in futuro, ma anche come siamo ora. Uno psicologo direbbe che ci vengono assegnate delle etichette. Capita, per esempio, che una persona dica a un'altra «Hai un gran senso dell'umorismo», «Su di te si può sempre contare» oppure «Sei uno zotico ignorante». È possibile che questi messaggi contribuiscano a plasmare la percezione che il destinatario ha di sé (rispettivamente: Ho un ottimo senso dell'umorismo, sono generoso e responsabile, sono un rozzo incolto)? E, cosa ancor più importante ai fini di ciò che stiamo analizzando, adotterà dei comportamenti coerenti con l'immagine di sé plasmata (o comunque rinforzata) da queste osservazioni?

Ricerca

Angelo Strenta e William DeJong (1981) invitarono un gruppo di studenti in laboratorio e chiesero loro di completare un questionario per la valutazione di alcuni tratti di personalità. Le 49 domande del questionario comparivano una dopo l'altra sullo schermo del computer. Dopo aver risposto all'ultima domanda, i partecipanti ricevevano un feedback personale. L'esperimento era strutturato in modo tale che, indipendentemente dalle risposte date, i soggetti potevano ricevere tre tipi di feedback: nel primo il soggetto veniva descritto come una persona gentile e premurosa, nel secondo gli veniva detto che le sue risposte denotavano una spiccata intelligenza e nel terzo si informava il partecipante che i risultati sarebbero stati pronti dopo una settimana e che uno dei tratti misurati dal questionario era la gentilezza verso gli altri. C'era, infine, un gruppo che veniva semplicemente ringraziato per la partecipazione allo studio e non riceveva informazioni di alcun genere. A prescindere dal gruppo di appartenenza dei partecipanti, nell'uscire dal laboratorio tutti assistevano a una scena che, pur essendo apparentemente casuale, era stata meticolosamente architettata dai ricercatori. Una grossa pila di 500 schede veniva "accidentalmente" rovesciata da una persona che camminava lungo il corridoio. L'obiettivo era verificare se i partecipanti si sarebbero offerti spontaneamente di raccogliere le schede dal pavimento e rilevare il loro livello di coinvolgimento (che veniva calcolato misurando la quantità di tempo dedicata ad aiutare il malcapitato e la quantità di schede raccolte). Il risultato fu che il 70% dei soggetti che erano appena stati descritti come "gentili e premurosi" si chinarono per raccogliere le schede. La percentuale rilevata in questo gruppo era più alta di quella del gruppo in cui gli studenti non avevano ottenuto alcuna informazione (50%). Coloro che erano appena stati descritti come dotati di una spiccata intelligenza, invece, si mostrarono particolarmente restii a dare il loro aiuto (36%). Le persone che avevano ricevuto un'etichetta da "altruiste", inoltre, dedicarono mediamente più tempo ad aiutare lo sperimentatore e raccolsero dal pavimento un maggiore quantità di schede.

Meccanismo

Le convinzioni che abbiamo su noi stessi sono un importante punto di partenza che ci aiuta a fare scelte e a prendere decisioni. Se non ho orecchio per la musica, è meglio che non studi come direttore d'orchestra; se parlo bene diverse lingue, posso cercare lavoro come interprete nei convegni internazionali. Quando diamo un'etichetta a qualcuno, sostanzialmente gli stiamo dicendo come appare ai nostri occhi. Se quest'informazione viene ritenuta attendibile, la persona in questione tenderà a crederci. E se ci crede, inizierà ad adottare comportamenti coerenti con il messaggio che ha appena ricevuto su di sé. Poiché mi hanno appena detto che sono altruista, quando vedo una persona in difficoltà, le offro il mio aiuto. Se avete figli, di sicuro vi sarà capitato di provare a rimproverarli facendoli vergognare di loro stessi; per esempio, vedendo che la loro stanza era nel caos, probabilmente avrete detto qualcosa come: «Sei un gran disordinato!», sperando naturalmente che vostro figlio si impegnasse per dimostrarvi il contrario. Per caso non ha funzionato? Il caos nella loro stanza è perfino peggiorato, dite? Ora sapete il perché...

TECNICA #65
LA TENDENZA AD AUTO-ETICHETTARSI

Idea

Se qualcuno vi dicesse «Sei un idiota», voi comincereste a comportarvi come tale? Naturalmente no! Piuttosto, pensereste che chi ha formulato questo giudizio non sia credibile e che vi stia insultando soltanto perché ce l'ha con voi e vuole ferirvi. La *credibilità della fonte di informazioni* è uno degli elementi chiave della tecnica discussa nel paragrafo precedente. Si tenga presente che, in genere, siamo convinti di essere i migliori conoscitori di noi stessi. La cosa non stupisce; dopotutto, chi ci conosce meglio di noi stessi? La tecnica basata sulla tendenza ad auto-etichettarsi fa leva sul fatto che le persone reputano altamente credibili le conoscenze che hanno su sé stesse. Quando chiediamo a qualcuno se si considera una persona moralmente retta, se le sue opinioni politiche sono ben ponderate o se utilizza oculatamente il denaro quando fa acquisti, la risposta è quasi sempre affermativa. Dunque, mentre nel caso della tecnica discussa poco fa sono gli altri a dire al soggetto come dovrebbe essere, nel caso della tendenza ad auto-etichettarsi è la persona stessa a dirlo in risposta a una domanda. E lo dice anche con convinzione!

Ricerca

In un semplice ma brillante esperimento, San Bolkan e Peter Andersen (2009) chiesero ai partecipanti se ritenessero di essere persone disponibili. Tutti i soggetti risposero in maniera affermativa. Dopo aver ascoltato le loro risposte, gli sperimentatori domandarono se fossero disposti a partecipare a un'indagine della durata di 30 minuti. I partecipanti non avrebbero ricevuto alcuna gratifica in cambio, ma avrebbero aiutato i ricercatori a raccogliere importanti dati scientifici. Tra i soggetti che avevano sostenuto questo scambio, il 77% acconsentì a rispondere al questionario. Nel gruppo di controllo, nel quale la richiesta di partecipare a un'indagine di 30 minuti non era stata preceduta dalla domanda menzionata all'inizio, la percentuale di soggetti che acconsentirono fu meno della metà rispetto al gruppo sperimentale (il 29%, per l'esattezza). In un esperimento simile, ad alcuni partecipanti venne posta la seguente domanda: «Ti consideri una persona avventurosa, che ama provare cose nuove?». Ad altri, invece, non venne posta alcuna domanda. Si chiese poi a tutti i partecipanti se fossero disposti a lasciare il loro indirizzo e-mail per ricevere un messaggio informativo circa una nuova bevanda analcolica che stava per essere lanciata sul mercato. Nel gruppo che aveva risposto alla domanda iniziale, il 75% dei soggetti fornirono il loro indirizzo e-mail, mentre nel gruppo di controllo questa percentuale arrivò solo al 33%.

Dopo aver risposto a una domanda dicendo che siamo persone disponibili, dobbiamo dare la nostra disponibilità; se abbiamo risposto dicendo che siamo aperti alle nuove esperienze, dobbiamo comportarci in modo tale da dimostrare che è davvero così! Come vedete, questa semplice tecnica, che consiste nel porre ai soggetti domande basilari, per non dire banali, in realtà è molto efficace.

Meccanismo

Come per le tecniche discusse fino a qui, anche in questo caso l'elemento chiave è l'emergere di informazioni che riguardano la persona. Nel caso della tecnica che sfrutta la tendenza ad auto-etichettarsi, la persona stessa è autrice delle informazioni; questo, da un lato, accresce la credibilità soggettiva di tali informazioni, dall'altro porta l'individuo a sentirsi ancor più in dovere di adottare comportamenti che collimino con l'immagine di sé appena descritta. Naturalmente, questa tecnica sfrutta la tendenza delle persone a rispondere cercando di sviluppare o di rafforzare un'immagine di sé positiva. Se ci chiedessero quante delle persone che conosciamo possono essere definite "disponibili", di certo non risponderemmo «Tutte». Eppure, nell'esperimento sopra descritto, tutti i soggetti interpellati si consideravano persone disponibili. Potremmo affermare, dunque, che a volte ciò che siamo conta meno di ciò che crediamo di essere.

TECNICA #66
LA TRAPPOLA DELL'ESPERTO

Idea

Se siete dei veri esperti in un certo campo, in teoria sapete tutto (o quasi) su quell'argomento. Come reagireste se vi trovaste coinvolti in una conversazione in cui si parla proprio del tema di cui sapete tutto, ma non riusciste a capire niente di ciò che viene detto? Potreste ammettere di non avere idea di cosa stiano parlando, ma in questo modo dareste l'impressione di non essere dei veri esperti. Probabilmente la cosa migliore è restare in silenzio, annuire e poi assumere l'espressione di chi è perso nei suoi pensieri. In fondo, non state mentendo, ma gli altri daranno per scontato che sappiate di cosa stanno parlando, dato che siete un esperto in materia. A volte, però, è impossibile restare in silenzio e, in qualche modo, si deve rispondere. Questa è l'anima di una tecnica di influenza sociale molto particolare.

Ricerca

Anthony Pratkanis e Yigal Uriel (2011) hanno condotto il loro esperimento sulle meravigliose spiagge di Santa Cruz e Santa Monica, in California, chiedendo ai surfisti che uscivano dall'acqua di firmare una petizione. Si trattava di una petizione per introdurre una norma che obbligasse i surfisti alle prime armi a utilizzare esclusivamente tavole gialle a pois viola. Sul foglio della petizione c'erano già quattro firme. In alcuni casi, prima di illustrare la petizione ai surfisti, gli sperimentatori si complimentavano con loro, dicendo che erano davvero bravi con la tavola da surf e che di certo erano dei grandi esperti di quello sport. Nel gruppo di surfisti che si sentirono rivolgere questo complimento, si registrò una percentuale di adesione all'assurda petizione (46.7%) più che doppia rispetto al gruppo che non aveva ricevuto questo complimento (20%). Forse il fatto di ricevere un complimento li aveva messi in una disposizione d'animo positiva nei confronti della persona che chiedeva la firma? È questa la spiegazione del loro comportamento? Per verificare questa ipotesi, gli sperimentatori introdussero nello studio una condizione aggiuntiva. Stavolta, prima di chiedere la firma per la petizione, lo sperimentatore si complimentava con il surfista per la tuta che indossava e gli chiedeva dove l'aveva acquistata. In queste condizioni di prova solo il 20% dei soggetti interpellati acconsentirono a firmare la petizione. Pertanto, la propensione a firmare una petizione del tutto priva di senso rilevata nel primo esperimento non era determinata dal semplice fatto di ricevere un complimento, ma piuttosto dal fatto che il surfista veniva trattato come un esperto nell'ambito interessato dalla richiesta. Per completare il quadro dei risultati, i surfisti che erano stati trattati da esperti si mostrarono molto meno inclini a fare domande o a esprimere dubbi sulla sensatezza della nuova regola di cui si richiedeva l'introduzione.

Meccanismo

Questa tecnica originale e creativa si basa su meccanismi collegati all'autostima. Tutti siamo felici di sapere che gli altri hanno un'ottima considerazione di noi ed è così anche quando ci rendiamo conto che la loro opinione potrebbe non essere del tutto giustificata. Fa sempre piacere sapere di essere considerati degli esperti in un certo ambito. D'altro canto, quando ci sentiamo dire una cosa del genere, la nostra motivazione a mantenere l'immagine di esperti e a comportarci come tali viene rafforzata e facciamo molta più fatica ad ammettere di non sapere o di non capire qualcosa. Un vero esperto conosce l'argomento e capisce perfettamente ogni cosa! E se è così, allora a volte è meglio fare semplicemente ciò che ci viene chiesto, senza porre troppe domande. Per dirla con chiarezza, *la trappola dell'esperto fa leva sul fatto che, a volte, le persone si comportano con ipocrisia.*

TECNICA #67
APPELLO ALL'IPOCRISIA

Idea

Probabilmente tutti abbiamo fatto qualcosa di sbagliato quando eravamo bambini, cose come abbuffarsi di dolcetti nonostante ci avessero detto di non farlo, litigare con i compagni o dire una bugia. Gli insegnanti o i nostri genitori potrebbero aver reagito in modi diversi in queste situazioni, a volte arrabbiandosi, a volte minacciando conseguenze terribili e altre volte affrontando con noi una conversazione educativa. Questo genere di conversazioni, solitamente, seguiva sempre lo stesso andamento: se, per esempio, ci avevano beccato a rubare qualcosa a un altro bambino, cominciavano ponendoci delle domande. Rubare è una cosa giusta? Prendere il giocattolo di un altro bambino è un comportamento rispettoso? Saresti contento se qualcuno lo facesse a te? Dopo questa serie di interrogativi, in genere arrivava la domanda fondamentale: se dici che rubare è sbagliato e che non ti piacerebbe che gli altri rubassero le tue cose, allora perché ti sei comportato in questo modo? Chi applica questa strategia educativa forse non se ne rende conto, ma sta utilizzando una tecnica di influenza sociale chiamata *appello all'ipocrisia*, che consiste nel portare qualcuno a fare affermazioni esplicite in favore di un certo atteggiamento, di una certa opinione o di un certo comportamento per poi dimostrare che il suo comportamento è in netto contrasto con ciò che ha appena dichiarato.

Ricerca

Chris Dickerson, Ruth Thibodeau, Elliot Aronson e Dayna Miller (1992) condussero delle ricerche su questo fenomeno, chiedendo a un gruppo di studenti di rispondere a un breve sondaggio riguardante il loro atteggiamento verso lo spreco d'acqua. Il sondaggio spingeva a riflettere su alcune situazioni in cui potevano aver sprecato l'acqua senza motivo. Le domande poste erano le seguenti: «Quando fai la doccia, chiudi SEMPRE l'acqua mentre ti insaponi o fai lo shampoo?»; «Durante la doccia, fai SEMPRE il possibile per ridurre al minimo i tempi o a volte resti sotto l'acqua più del necessario?»; «Secondo te, quanto tempo serve per fare doccia e shampoo senza sprecare acqua?». Come immaginerete, praticamente tutti i soggetti furono costretti a dare risposte in cui confermavano che avrebbero potuto fare di più per risparmiare acqua. Va anche precisato che il tutto si svolgeva all'interno di una piscina, che le partecipanti erano solo donne e che le domande venivano poste dopo una lezione di nuoto, all'ingresso dello spogliatoio. Era quindi scontato che, subito dopo il sondaggio, le partecipanti sarebbero andate a fare la doccia. La seconda sperimentatrice, che fingeva di fare la doccia nello spogliatoio, registrò la durata della doccia di tutte le partecipanti che avevano appena preso coscienza della loro ipocrisia (e, naturalmente, dei soggetti del gruppo di controllo). Dai risultati emerse che le partecipanti che avevano appena notato l'ipocrisia del proprio comportamento fecero docce più brevi rispetto ai membri del gruppo di controllo (con una media di 221 secondi contro i 302 del gruppo di controllo).

Meccanismo

Con ogni probabilità, il principale meccanismo responsabile della riduzione del tempo trascorso sotto la doccia nello studio appena descritto (nonché dell'efficacia della tecnica in generale) è il fenomeno della *dissonanza cognitiva*. Detto in parole semplici, questo fenomeno può essere descritto come la sussistenza di una discordanza tra due elementi, che in questo caso sono l'opinione dichiarata dai soggetti (risparmiare acqua è importante) e il comportamento tenuto (sprecare l'acqua). L'unico modo per uscire da questa condizione di disequilibrio (come la definì Leon Festinger, padre della *Teoria della dissonanza cognitiva*) è modificare uno dei due elementi: o la nostra opinione o il nostro comportamento (si veda Aronson, 1969). Nello studio di Dickerson e colleghi, al termine del sondaggio risultava molto difficile per le partecipanti concludere che risparmiare acqua in realtà non fosse importante come avevano dichiarato, così non rimase loro altra scelta se non quella di modificare il proprio comportamento e ridurre il tempo trascorso sotto la doccia.

TECNICA #68
LUSINGHE

Idea

Un nostro collega, una volta, ci ha raccontato un episodio avvenuto in un negozio di abbigliamento da donna, dove si era recato con sua madre. Mentre provava un abito, la madre continuava a guardarsi allo specchio senza riuscire a decidere se acquistarlo oppure no. A quel punto, un commesso la raggiunse, la guardò e le disse: «Questo abito è perfetto per lei», poi si rivolse al nostro collega e gli chiese: «Non pensa anche lei che questo colore doni moltissimo a sua moglie?». La madre del nostro collega si convinse all'istante e acquistò l'abito. Pensava davvero che quell'uomo l'avesse scambiata per la moglie di suo figlio? Credeva davvero che quello fosse l'abito perfetto per lei? Naturalmente il nostro collega non si fece sfuggire quella ghiotta occasione e, durante il tragitto di ritorno, pose queste domande alla madre. Lei rispose subito che no, ovviamente non lo credeva, non era mica un'idiota! Inoltre, aggiunse, probabilmente tutto il personale aveva ricevuto precise istruzioni di lusingare le clienti. Nonostante si rendesse perfettamente conto di queste cose, però, il complimento dell'addetto alle vendite l'aveva incoraggiata a effettuare l'acquisto. È possibile utilizzare i complimenti come strumento di influenza sociale? Hanno davvero il potere di aumentare le probabilità che gli altri soddisfino le nostre richieste? Diamo uno sguardo a una ricerca sperimentale dedicata proprio a questo argomento.

Ricerca

Ai tempi in cui non esisteva Internet (ebbene sì, c'è stata davvero un'epoca del genere!), gli psicologi conducevano già studi di vario genere, ma era un lavoro molto più complicato rispetto a oggi. Se, per esempio, volevano rilevare le opinioni dei residenti di una certa città, potevano utilizzare il telefono (opzione fattibile solo per sondaggi molto brevi), potevano bussare alla porta degli abitanti e chiedere la loro disponibilità a rispondere a qualche domanda oppure (quello che, per tutta una serie di ragioni, era il metodo più utilizzato a quei tempi) inviare per posta i questionari a un gruppo di residenti selezionati in maniera casuale. In quest'ultimo caso, insieme al questionario, veniva inviata anche una busta pre-affrancata e pre-indirizzata; i rispondenti non dovevano far altro che infilare il questionario compilato nella busta e imbucarla nella cassetta delle lettere. Il problema, però, era che la percentuale di soggetti che accettavano di compilare il questionario e di spedirlo, di solito, era molto bassa. Clyde Hendrick, Richard Borden, Martin Giesen,

Edward Murray e B. A. Seyfried (1972) decisero di verificare se la disponibilità delle persone a compilare i questionari sarebbe aumentata nel caso in cui la lettera di accompagnamento fosse stata "condita" di complimenti che esaltavano le qualità del destinatario, come la bontà, la gentilezza e la generosità. I ricercatori inviarono le loro lettere ai residenti di Akron, in Ohio, presentandosi come membri del Comitato per lo studio degli schemi comportamentali della popolazione. Nell'esperimento di controllo, la lettera conteneva frasi generiche come: «Vi chiediamo di darci il vostro aiuto compilando i due questionari allegati. [...] Sappiamo che questa richiesta può risultare quasi un'imposizione. [...] Pertanto vi chiediamo di sostenerci in questa impresa». Veniva poi spiegato che il primo questionario era una cosiddetta "rilevazione metrica", contenente domande relative alle informazioni biografiche di base del rispondente, mentre il secondo, lungo 7 pagine, era incentrato sui sentimenti, le opinioni, le preferenze e le idee con cui il rispondente si identificava. Dopo la compilazione, entrambi i questionari andavano messi nella busta pre-indirizzata, che doveva poi essere imbucata in una cassetta postale. La lettera si concludeva con la frase: «Il vostro aiuto contribuirà al progresso delle scienze comportamentali. [...] Vi ringraziamo per la disponibilità». Nelle condizioni sperimentali, il contenuto del messaggio era praticamente lo stesso, ma con delle piccole differenze: ogni volta che comparivano le parole "aiuto" o "contributo", erano precedute dagli aggettivi "generoso" o "gentile", mentre la parola "sostegno" era accompagnata dall'aggettivo "prezioso". Il risultato fu che, mentre nel gruppo di controllo i questionari vennero compilati e rispediti dal 10% dei rispondenti, nel gruppo sperimentale la percentuale fu molto più alta e raggiunse il 29%.

Meccanismo

Molti studi psicologici hanno dimostrato in maniera sistematica che le persone apprezzano chi rivolge loro dei complimenti; si tratta di una reazione naturale, che si verifica anche quando i destinatari dei complimenti sanno (o sospettano) che chi glieli fa non sia sincero. Il meccanismo alla base della tecnica in esame – un metodo davvero molto semplice – potrebbe essere l'evocazione di un senso di solidarietà con la persona che avanza la richiesta. In alternativa, potremmo ipotizzare che anche qui entri in gioco il principio di reciprocità, già menzionato: «Questa persona è stata gentile con me e mi ha fatto i complimenti, perciò dovrei ricambiare la cortesia soddisfacendo la sua richiesta». D'altro canto, è anche possibile che il meccanismo alla base dell'efficacia dei complimenti come tecnica di influenza sociale non sia di natura *interpersonale*. Anthony Pratkanis (2007a) ha descritto un esperimento sul campo nel quale uno sperimentatore si complimentava con il soggetto per il suo abbigliamento, poi lui o un altro sperimentatore del tutto esterno a quell'interazione gli chiedevano di unirsi a una campagna contro le e-mail spam. I ricercatori rilevarono che, rispetto al gruppo di controllo, i complimenti avevano aumentato la propensione ad assecondare la richiesta in entrambe le circostanze descritte. Pertanto, almeno in alcuni casi, il meccanismo psicologico responsabile dell'efficacia dei complimenti può essere di natura *intrapersonale*. Sentir dire qualcosa di bello su di noi, per esempio, può metterci di buonumore o indurci ad assumere un atteggiamento amichevole nei confronti degli altri.

TECNICA #69
«È QUESTO CHE FANNO LE PERSONE INTELLIGENTI»

Idea

Un giorno uno degli autori di questo libro ricevette la visita di un agente assicurativo, che gli presentò un'offerta molto ampia e variegata di polizze. Erano previste coperture contro ogni genere di evento: incendi, alluvioni, neve, ghiaccio e perfino collisioni tra velivoli ed edifici, un'eventualità piuttosto rara, ma sicuramente capace di evocare immagini vivide nella mente dell'ascoltatore. L'agente illustrò i vantaggi dei prodotti in maniera molto colorita, profilando all'orizzonte disastri di ogni genere, per poi placare lo spettatore (presumibilmente spaventato) con la notizia che la sua assicurazione era in grado di liberarlo da ogni preoccupazione per le possibili conseguenze di questi eventi. Tuttavia, le sue argomentazioni non stavano facendo breccia nel potenziale cliente, che lo guardava con un'espressione sempre più annoiata. Alla fine, l'agente decise di tirare fuori il pezzo forte – un'offerta estremamente complessa riguardante un sofisticato pacchetto assicurativo (che in pratica copriva qualsiasi tipologia di danno a eccezione di quelli causati dagli alieni) – e concluse la presentazione con queste parole: «Sa, in genere le persone poco sveglie non acquistano questo prodotto, ma lei, che è così intelligente...». Seguì un silenzio molto significativo, studiato ad hoc per portare l'interlocutore a terminare il discorso nell'unico modo possibile («Sì! Lo prendo!»). Alla fine l'agente porta a porta non riuscì a concludere la vendita, ma ci fornì del materiale interessante su cui riflettere. È possibile che questo genere di stratagemmi, apparentemente banali, aumentino le nostre probabilità di successo quando chiediamo un favore a qualcuno?

Ricerca

In seguito a questo episodio, abbiamo deciso di verificare l'efficacia di questa tecnica attraverso un esperimento molto semplice (Dolinski et al., 2022). Abbiamo chiesto ai nostri studenti di avvicinare le persone in attesa dell'autobus o del tram e di avanzare una richiesta abbastanza comune (o per lo meno, molto diffusa tra gli studenti di un corso di laurea triennale in scienze sociali). Allo stesso tempo, il livello di difficoltà della richiesta (precedentemente verificato nel corso di una serie di studi pilota) era sufficientemente elevato perché i soggetti si mostrassero piuttosto riluttanti a soddisfarla. La richiesta era formulata come segue: «Mi scusi, sono uno studente universitario e devo realizzare uno studio di ricerca per ottenere i crediti in uno dei miei corsi. Potrebbe aiutarmi? Dovrebbe rispondere a questo sondaggio, che è composto da 142 domande. Sarebbe disposto a compilarlo?». Naturalmente questa era la domanda che veniva posta ai soggetti del gruppo di controllo. Nel gruppo sperimentale, decidemmo di utilizzare la tecnica di cui avevamo avuto un assaggio con l'agente assicurativo, quindi di far sentire lusingato il soggetto: «Mi scusi, sono uno studente universitario e devo realizzare uno studio di ricerca per ottenere i crediti in uno dei miei corsi. Potrebbe aiutarmi? Dovrebbe rispondere a questo sondaggio, che è composto da 142 domande. L'indagine è rivolta specificamente alle persone intelligenti e lei sembra far parte di questa categoria. Sarebbe disposto a compilarlo?».

Naturalmente, il dato che ci interessava era la differenza tra la quantità di soggetti che accettavano di soddisfare questa richiesta nel gruppo di controllo e nel gruppo sperimentale. Vennero interpellati in tutto 1060 soggetti e la differenza rilevata fu piuttosto netta: nel gruppo di controllo solo il 32% dei partecipanti acconsentì a compilare il questionario, mentre nel gruppo in cui i soggetti erano stati definiti "intelligenti" la percentuale arrivò al 52%.

Meccanismo

Com'è possibile che un cambiamento così piccolo nel modo di formulare la richiesta aumenti la sua efficacia in maniera tanto evidente? Ci sono diverse spiegazioni possibili.

La prima ha a che fare con il principio di reciprocità, che abbiamo già descritto altrove in questo libro. Infatti, il nostro complimento (identificare il soggetto come "una persona intelligente") può essere considerato un gesto gentile, che deve essere ricambiato con un altro gesto gentile. Nella situazione appena descritta, per esempio, il soggetto contraccambia assecondando la richiesta ricevuta, che sembra tanto importante per il giovane studente che lo ha appena definito "intelligente". Certo, dovrà rispondere alla bellezza di 142 domande, ma dato che il ragazzo ha appena fatto qualcosa di gentile per lui, sarebbe scortese rifiutare.

Un'altra possibile interpretazione, invece, ha a che fare con la curiosità. Dato che le domande si rivolgono alle persone intelligenti, forse sono anch'esse molto intelligenti e può essere che l'indagine sia interessante... Il soggetto conclude che vale la pena dedicare del tempo a rispondere, soprattutto in vista del fatto che dovrebbe comunque sprecare il suo tempo in attesa dell'autobus o del tram. È inoltre possibile che, in questa particolare situazione, entri in gioco il cosiddetto *principio della simpatia*: come dimostrato da molti studi, tendiamo ad apprezzare maggiormente le persone che troviamo attraenti, le persone che sono simili a noi e le persone che ci lusingano (come accaduto nel nostro esperimento). Quando qualcuno ci dice che, in qualche modo, siamo eccezionali (molto intelligenti, dotati di una grande immaginazione, straordinariamente brillanti), genera in noi dei sentimenti positivi nei suoi confronti. Anche se sospettiamo che questa persona, in qualche misura, ci stia adulando solo per conquistare il nostro favore, apprezziamo lo sforzo (o, almeno, ciò accade a una percentuale di persone abbastanza ampia da rendere efficace l'uso di questa strategia).

Questa tecnica è il frutto di un fenomeno complesso, difficile da ricondurre a un solo meccanismo psicologico (si veda anche la dinamica che illustreremo per spiegare l'efficacia della *Tecnica #70*). A volte, è inutile sforzarsi di trovare una spiegazione univoca, in quanto ognuno dei meccanismi menzionati contribuisce a generare l'effetto finale ed è la sinergia di queste forze a influenzare il nostro comportamento... In fondo, in buona parte dei casi, è questo il nostro vero obiettivo.

TECNICA #70
«È QUESTO CHE FANNO LE PERSONE ATTENTE»

Idea

La tecnica descritta nel paragrafo precedente consiste nell'utilizzare parole che facciano riferimento all'intelligenza dell'interlocutore; il messaggio formulato implica che, se l'interlocutore soddisferà la nostra richiesta, dimostrerà di essere intelligente. Come ben sappiamo, l'intelligenza è una qualità molto ambita e probabilmente la maggior parte di noi non desidera solo possedere questa dote, ma addirittura essere più intelligente di quanto non sia in realtà. Anzi, meglio ancora, più di quanto pensa di essere! Tuttavia, a seconda della situazione in cui ci troviamo, sono molte le qualità che vengono considerate importanti e desiderabili: determinazione, coerenza, onestà, lealtà, coraggio, senso di responsabilità o accortezza. Soffermiamoci sull'ultima delle qualità elencate. In alcune situazioni – per esempio quando dobbiamo stipulare un'assicurazione sulla casa, fare una radiografia al torace, vaccinarci contro l'influenza come misura preventiva o montare gli pneumatici invernali prima che arrivi l'inverno – l'accortezza può svolgere un ruolo determinante. È sicuramente una dote positiva e a tutti fa piacere pensare di esserne dotati. È possibile che fare riferimento a questa qualità mentre si chiede un favore o si propone qualcosa, collegandola esplicitamente alla natura della decisione che il soggetto deve prendere, rappresenti una tecnica di influenza sociale efficace? Esaminiamo insieme uno studio dedicato a questo argomento.

Ricerca

Una delle studentesse del nostro corso di laurea triennale lavora presso un rivenditore di auto di un noto marchio giapponese. Oltre a vendere i veicoli, il salone offre anche servizi di riparazione e manutenzione e una delle sue mansioni è contattare i clienti per proporre il servizio di revisione della loro auto. Poiché la revisione deve essere effettuata a cadenza annuale, la ragazza contatta i clienti qualche settimana prima che la loro revisione scada. Con i clienti che hanno acquistato un'auto negli ultimi tre anni, la conversazione è molto semplice perché, al momento dell'acquisto, i clienti hanno acconsentito a utilizzare i servizi del salone (l'unico concessionario di quel marchio nella nostra città) per poter convalidare la garanzia di tre anni. Con i clienti che hanno acquistato un'auto da più tempo, invece, è tutta un'altra storia. Queste persone sanno che il concessionario offre prestazioni di alta qualità, ma sanno anche di poter ottenere gli stessi servizi a un prezzo molto più basso rivolgendosi alle officine indipendenti. Per questo motivo, molti proprietari non accettano l'invito a recarsi presso il concessionario. Nel corso dell'esperimento in questione (Dolinski et al., 2022), la nostra studentessa, nella metà dei casi, si è limitata a contattare i clienti e a proporre un appuntamento per la revisione dell'auto. In queste condizioni, circa il 42% dei soggetti contattati ha accettato l'invito. La conversazione con l'altra metà dei clienti era più o meno la stessa, con la sola differenza che, a un certo punto, la ragazza aggiungeva la frase: «Gli studi dimostrano che i clienti più avveduti fanno revisionare la propria auto presso i rivenditori ufficiali del marchio». Sorprendentemente, grazie a questa semplice e breve osservazione, la percentuale di clienti che accettarono l'appuntamento per la revisione raggiunse il 72%!

Meccanismo

Al momento di illustrare il meccanismo psicologico che giustifica l'efficacia della tecnica descritta nel paragrafo precedente, abbiamo fornito diverse spiegazioni, che però sono tutte ipotetiche in quanto gli studi riguardanti la tecnica in questione sono ancora agli inizi. Le stesse interpretazioni potrebbero essere valide anche per la tecnica descritta in questo paragrafo, ma vogliamo aggiungere un'interpretazione in più (che, per inciso, vale anche per la tecnica precedente). Infatti, un altro meccanismo psicologico che potrebbe entrare in gioco in queste circostanze si basa sul fatto che il parlante prepara a tutti gli effetti una trappola per la persona a cui si rivolge: poiché afferma che le persone più "attente" (o le persone "intelligenti", nel caso precedente) fanno esattamente ciò che lui sta proponendo, rifiutare la sua offerta per l'interlocutore sarebbe come... ammettere di essere poco attento (o di non essere intelligente). In fin dei conti, nessuno vuole apparire come una persona sconsiderata o poco intelligente ai propri occhi né agli occhi dell'altro. Per evitare che questo accada, non dobbiamo far altro che dire «Sì».

TECNICA #71
CERCHIAMO PERSONE COME TE

Idea

Cominciamo con una confessione personale. Di tanto in tanto, veniamo contattati da giornalisti che chiedono la nostra opinione su un tema collegato alla psicologia sociale. Solitamente questo accade dopo un episodio significativo, come una rissa tra tifosi di calcio, la pubblicazione di un'indagine che dimostra l'aumento dell'ostilità contro gli immigrati o una manifestazione silenziosa dei dipendenti scolastici che chiedono un aumento di stipendio. Tuttavia, essendo molto occupati, tra le lezioni all'università e il lavoro di ricerca, non sempre riusciamo a trovare il tempo di parlare con i giornalisti. Quando decliniamo, si tratta sempre di questioni che qualsiasi esperto di psicologia sociale potrebbe analizzare, spiegando quali sono i meccanismi alla base del fenomeno (negli esempi citati, rispettivamente: l'aggressività, il pregiudizio e l'importanza del senso di giustizia). Tuttavia, ci siamo resi conto che, quando un giornalista ci pone delle domande che hanno a che fare con l'influenza sociale, non rifiutiamo quasi mai di rispondere. Come mai? Probabilmente perché, quando la questione appartiene alla psicologia sociale "in generale", sappiamo che, nel caso di un nostro rifiuto, il giornalista potrà tranquillamente contattare uno dei nostri colleghi, che sarà in grado di rispondere alle sue domande con altrettanta competenza mentre, se il tema è l'influenza sociale (nostro ambito di specializzazione da molti anni), ci sentiamo in dovere di concedere l'intervista. Infatti, in questo caso, giungiamo alla conclusione che il giornalista desidera intervistare qualcuno come noi, e cioè un esperto di quell'ambito specifico. Con il tempo, abbiamo intuito che questa nostra tendenza poteva essere sintomatica di un fenomeno più ampio. Infatti, *se nel rivolgere una richiesta al nostro interlocutore gli spieghiamo che non stiamo cercando una persona qualunque ma qualcuno come lui, è probabile che lui si senta in dovere di soddisfarla.*

Ricerca

Abbiamo condotto questi studi (Dolinski e Grzyb, 2022) durante la pandemia da Covid-19 e, più precisamente, nel periodo in cui era obbligatorio indossare la mascherina all'interno dei locali pubblici (come negozi, uffici o cinema). Alcuni portavano mascherine standard (bianche o azzurre), altri sceglievano colori più vivaci (come il verde o il rosso) e altri ancora sfoggiavano fantasie di ogni genere (per esempio, mascherine a fiori o a scacchi). C'era anche chi non rispettava le regole e non la utilizzava. Lo studio venne condotto all'interno di un centro commerciale. Il ricercatore (a volte una donna, a volte un uomo) domandava a un passante adulto di rispondere a un breve sondaggio sull'uso della mascherina. Nell'esperimento di controllo, il ricercatore diceva semplicemente «Mi scusi, sono uno studente di psicologia e devo realizzare un'indagine sull'uso della mascherina» e poi chiedeva al soggetto la sua disponibilità a partecipare al sondaggio. Nelle condizioni sperimentali, invece, la richiesta veniva formulata in maniera diversa perché, prima di procedere, lo sperimentatore informava il soggetto che stava cercando una categoria specifica di persone per il suo studio. Il messaggio che seguiva, quindi, variava a seconda che il soggetto portasse o meno la mascherina e in base al tipo di mascherina indossata. Per esempio, se il soggetto aveva una mascherina con una fantasia, il messaggio era il seguente: «Mi scusi, sto cercando persone che indossino una mascherina decorata, proprio come lei. Sono uno studente di psicologia e devo realizzare un'indagine sull'uso delle mascherine». Se il passante, invece, indossava una mascherina a tinta unita, solitamente azzurra, lo sperimentatore avviava la conversazione in questo modo: «Mi scusi, sto cercando persone che indossino una mascherina a tinta unita, proprio come lei». Se, infine, il soggetto non indossava la mascherina, lo sperimentatore diceva: «Mi scusi, sto cercando persone che non indossino la mascherina, proprio come lei». Sia nel gruppo di controllo che nel gruppo sperimentale, abbiamo interpellato lo stesso identico numero di persone con una mascherina decorata, con la mascherina classica e senza mascherina. Quando abbiamo avanzato la richiesta senza usare alcuna tecnica, il 45% dei soggetti ha accettato di rispondere al sondaggio mentre, quando abbiamo utilizzato la tecnica *cerchiamo qualcuno come te*, questa percentuale è aumentata in maniera significativa (63%).

Meccanismo

Quando riceviamo una richiesta, un'offerta commerciale o un suggerimento che ci esorta a compiere una certa attività, la nostra decisione non è mai scontata. Ci sono molte ragioni per dire di sì e altrettante per dire di no. Una delle argomentazioni a favore del no, per esempio, è la convinzione che il nostro rifiuto non costituisca un problema, poiché il richiedente potrà avanzare la stessa richiesta a qualcun altro. Quest'idea attraversa spesso i nostri pensieri, specie quando andiamo di fretta, quando siamo stanchi o quando abbiamo altri piani a cui dedicare il nostro tempo. Tuttavia, se la persona che ci interpella ci dice che sta cercando proprio una persona come noi, la situazione cambia completamente. A questo punto, infatti, sappiamo per certo che il nostro rifiuto metterà in difficoltà il richiedente, perché trovare altre persone "come noi" non sarà un'impresa semplice. Questo genera in noi una risposta molto specifica, che ci fa sentire in dovere di soddisfare la richiesta. In un certo senso, è ciò che accade quando una folla resta a guardare un bagnante che rischia di annegare: nessuno dei presenti si sente personalmente responsabile di ciò che accadrà al malcapitato perché tutti tendono a pensare «Sicuramente ci sarà un nuotatore più esperto di me in mezzo a tutta questa gente» oppure «Qualcuno avrà già chiamato i soccorsi». Al contrario, se sulla spiaggia c'è una sola persona che assiste alla scena, si tufferà in acqua immediatamente perché sa che, se non lo facesse, l'altro morirebbe per certo.

Nei nostri studi, era il tipo di mascherina indossata (a volte davvero unica nel suo genere) o la sua assenza a rendere la persona "speciale". Naturalmente, in circostanze diverse, l'interlocutore potrebbe sentirsi in dovere di soddisfare una richiesta perché la persona che gli chiede il favore sta cercando persone molto alte (proprio come lui), persone che indossano una giacca con i bottoni dorati (proprio come lui) o persone che sfoggiano una borsetta di Michael Kors (proprio come lui).

TECNICA #72
SFRUTTA LA PRESENZA DI UN TESTIMONE

Idea

Nel Medioevo, le compagnie di attori itineranti erano composte da una manciata di persone, che solitamente non bastavano a rappresentare tutti i personaggi dei copioni che mettevano in scena. Il problema veniva risolto grazie all'uso di maschere che coprivano il volto degli attori. In questo modo, lo stesso attore poteva essere un mendicante in una scena e un mercante nella scena successiva, oppure recitare la parte di un giovane e, un attimo dopo, trasformarsi in un anziano signore o perfino in una donna di mezza età, se necessario. Ognuno di noi assomiglia, in qualche misura, a questi attori. Tutti indossiamo delle maschere; per esempio, di fronte ai nostri superiori ci comportiamo in un modo, quando siamo con gli amici in un altro e quando parliamo ai nostri figli in un altro ancora. C'è una differenza, in particolare, che colpisce più delle altre: *il comportamento che teniamo quando siamo soli è molto diverso da quello che adottiamo quando vogliamo fare una buona impressione su qualcuno*. È possibile utilizzare questa discrepanza per aumentare l'efficacia dell'influenza sociale? Potrebbe essere una buona idea avanzare una richiesta quando il destinatario è in compagnia di una persona la cui opinione conta molto per lui, soprattutto se soddisfare la richiesta rappresenta un'ottima opportunità per guadagnare la sua approvazione.

Ricerca

Bruce Rind e Daniel Benjamin (1994) condussero un esperimento poco prima di Natale, nell'area ristorazione di un centro commerciale americano, situato in una zona periferica. La struttura dell'esperimento era molto semplice: lo sperimentatore, uno studente di 16 anni, si rivolgeva a soggetti di sesso maschile, che nella metà dei casi sedevano al tavolo da soli e nell'altra metà erano in compagnia di una donna, per proporre l'acquisto di un biglietto della lotteria. Informava i soggetti che il primo premio era un weekend per due alle Bermuda, un viaggio che valeva più di 1000 dollari, e che i proventi sarebbero stati devoluti in favore di una causa benefica (i fondi sarebbero stati donati alla United Way, un'associazione senza scopo di lucro che organizza iniziative di vario genere). L'obiettivo dei ricercatori era confrontare il numero di biglietti acquistati dai soggetti nelle due diverse condizioni, un dato che, quando gli uomini erano in compagnia di una donna, raggiunse un valore quasi doppio (2.41) rispetto a quando al tavolo da soli (1.31). I ricercatori rilevarono anche che più della metà degli uomini che sedevano da soli si rifiutarono persino di ascoltare ciò che il ragazzo aveva da dire sulla lotteria. Nel caso dei soggetti che erano in compagnia di una donna, invece, il ragazzo non riuscì a terminare il discorso e a presentare i dettagli dell'offerta solo nel 6% dei casi.

Meccanismo

Questa tecnica sfrutta la tendenza umana a volersi auto-rappresentare in un certo modo. In quanto esseri sociali, attribuiamo molta importanza alla percezione che gli altri hanno di noi. Desideriamo che le altre persone (specialmente alcune) ci considerino intelligenti e dotati di una moralità retta. A volte il nostro intento è incutere timore o perfino apprensione (questa è la motivazione che sta dietro al comportamento, per esempio, dei pugili o di certi manager), altre volte vogliamo ottenere comprensione o suscitare gelosia. L'esperimento di Rind e Benjamin mette in luce *il ruolo dell'auto-rappresentazione*, che si manifesta attraverso un comportamento molto specifico. Presumibilmente, gli uomini che erano in compagnia di una donna volevano darle l'impressione di essere generosi (non attaccati al denaro e, quindi, disposti ad acquistare i biglietti della lotteria), inclini all'altruismo (i proventi della lotteria sarebbero stati devoluti a cause importanti, dato che la United Way si occupa principalmente di finanziare iniziative legate alla salute e all'istruzione) ed educati (non si interrompe una persona che sta parlando). Naturalmente, la tendenza umana all'auto-rappresentazione può essere sfruttata in moltissime situazioni sociali. La tecnica che fa leva sulla presenza di un testimone offre possibilità di ogni genere, ma la chiave è sempre la stessa: capire chi sono le persone a cui il soggetto da persuadere desidera dare un'immagine di sé positiva e in che modo questa auto-rappresentazione si concretizzerà. Quest'ultimo punto è particolarmente importante perché, a volte, il modo migliore per fare una buona impressione a qualcuno è *non* soddisfare una certa richiesta, piuttosto che soddisfarla. Per massimizzare la nostra influenza, dunque, dobbiamo valutare se, nel nostro caso, la presenza di un osservatore esterno giochi a nostro favore o meno.

TECNICA #73
RENDI PUBBLICI GLI IMPEGNI PRESI

Idea

La vita professionale di un esperto di psicologia che interviene nei media è abbastanza prevedibile. È sufficiente dare un'occhiata al calendario per indovinare con una precisione che sfiora il 100% le domande che i giornalisti porranno in certe date. In prossimità del 14 febbraio, vorranno sapere cos'è l'amore e in che modo ci innamoriamo (domande a cui di recente si è aggiunta la richiesta di consigli per i single su come passare la giornata di San Valentino). A settembre, i giornalisti chiederanno agli esperti come affrontare il rientro al lavoro dopo le vacanze estive; prima del Black Friday vorranno approfondire il fenomeno degli acquisti compulsivi («Perché continuiamo a comprare cose che non ci servono?») e, qualche settimana dopo, chiederanno un manuale di sopravvivenza per il Natale in famiglia, ma la domanda più tipica in assoluto è quella che viene posta il 1 gennaio: perché ogni volta facciamo un elenco dei buoni propositi per il nuovo anno e poi non riusciamo quasi mai a realizzarli (cosa che, peraltro, non ci scoraggia dal riproporci gli stessi identici obiettivi l'anno seguente)?

I cambiamenti che vorremmo realizzare nella nostra vita sono un argomento molto interessante. Tutti, o quasi, abbiamo degli aspetti della nostra vita che vorremmo cambiare; c'è chi vorrebbe perdere qualche chilo, chi vorrebbe imparare una lingua straniera, chi vorrebbe diventare più bravo nel separare la vita privata da quella professionale e chi vorrebbe dedicare più tempo all'attività fisica e allo sport. Con ogni probabilità, l'atteggiamento che adottiamo è il seguente: ci proverò, farò del mio meglio e cambierò! Eppure la stragrande maggioranza di noi fallisce miseramente. Ci ho provato, volevo davvero farcela, ma è andata male. Cosa posso fare per non fallire di nuovo, la prossima volta?

Alcuni adottano un approccio metodico. Quando era ancora uno studente universitario, uno degli autori notò che sulla parete di una stanza del dormitorio femminile (le ragioni per cui si trovava lì non sono rilevanti ai nostri fini) qualcuno aveva appeso un cartello che diceva: "Obiettivi da raggiungere". Sul foglio erano elencati propositi che riguardavano l'esercizio fisico (almeno 4 ore di corsa a settimana!), lo studio di una lingua straniera (leggere almeno un articolo a settimana in inglese!) e le relazioni familiari (chiamare mamma almeno ogni 2 giorni!). Questi obiettivi avevano assunto la forma di un impegno preso pubblicamente: la ragazza, infatti, aveva appeso il cartello alla parete in modo che tutte le compagne di stanza potessero vederlo. Si tratta di una tecnica efficace? Può davvero aumentare le probabilità di successo?

Ricerca

Sono molti gli psicologi che hanno condotto delle ricerche per verificare se rendere pubblici i propri propositi aumenti le probabilità di successo e le conclusioni raggiunte non lasciano spazio a dubbi: sì, è proprio così. Tuttavia, non tutte le informazioni circa gli impegni che ci siamo presi e che abbiamo reso pubblici hanno lo stesso effetto, come dimostrato dalla brillante ricerca di Prashanth U. Nyer e Stephanie Dellande (2009). Per il loro studio, scelsero un luogo che pullulava di persone motivate a cambiare la propria vita: un centro di dimagrimento. Prima di accedere al programma, le clienti del centro (tutti i soggetti erano di sesso femminile) dovevano affrontare un processo di diagnosi approfondito che comprendeva la rilevazione del peso, una serie di domande sulle abitudini alimentari e sul livello di esercizio fisico e la misurazione di altri parametri che potevano influire sulla loro forma fisica. Nella fase successiva, veniva fissato un obiettivo (ossia, quanti chili la cliente voleva perdere nelle 16 settimane del programma) e veniva fornita una dieta dettagliata, corredata da alcune raccomandazioni su come modificare le abitudini alimentari. L'esperimento cominciava proprio a questo punto del processo. Le partecipanti vennero assegnate casualmente a 3 gruppi diversi, uno di controllo e due sperimentali. Nel gruppo di controllo non venne introdotto alcun elemento non-standard, ci si limitò a monitorare i progressi fatti dalle partecipanti nel corso del programma. Nei gruppi sperimentali, invece, gli obiettivi delle clienti vennero presentati in forma pubblica (previo consenso delle partecipanti): i nomi delle clienti e i loro obiettivi (cioè il numero di chili che volevano perdere) vennero esposti in una bacheca che tutti potevano vedere. Nel primo gruppo sperimentale, i nomi e i chili restarono esposti per tutta la durata del programma (16 settimane), mentre nel secondo gruppo sperimentale vennero rimossi dopo 3 settimane dall'inizio del programma.

I risultati vennero elaborati in percentuale, rilevando in che misura ogni cliente si era avvicinata al suo obiettivo. In linea generale, tutti i gruppi ottennero buoni risultati, ma, come previsto, si registrarono notevoli differenze tra di essi. Nel gruppo di controllo (per il quale non c'era stata nessuna dichiarazione pubblica), l'indice di successo si avvicinava all'89%. Il gruppo i cui obiettivi erano stati esposti pubblicamente per poco tempo ottenne un risultato migliore (quasi il 97%), ma la percentuale migliore in assoluto fu quella raggiunta dai soggetti le cui dichiarazioni di intenti erano rimaste esposte al pubblico per tutta la durata del programma. In questo caso, la percentuale di successo arrivò al 102% (il che significa che ottennero risultati migliori del previsto!).

I ricercatori decisero poi di testare un altro aspetto del fenomeno. Poiché sapevano che le partecipanti sarebbero rimaste in contatto con il centro di dimagrimento anche dopo la fine del programma, decisero di rilevare nuovamente il loro peso 8 settimane dopo la fine del programma, ottenendo dei risultati ancora più interessanti: nel gruppo di controllo, l'indice di successo superò di poco l'81%, nel gruppo dell'esposizione pubblica di breve durata l'indice fu dell'89.10% e nel gruppo dell'esposizione pubblica di lunga durata del 97.46%. Pertanto, si può ragionevolmente concludere che l'effetto della tecnica perdurò anche dopo la fine del programma e che i soggetti i cui obiettivi erano rimasti esposti più a lungo "persero l'effetto" a un ritmo relativamente ridotto.

Meccanismo

È nella natura umana desiderare di *essere considerati affidabili*. Di norma, infatti, gli impegni presi vengono mantenuti e alcuni di noi conoscono perfino il significato dell'espressione *pacta sunt servanda* ("i patti vanno rispettati"). Anche se, in base alle leggi in vigore in molti Paesi, un accordo verbale ha lo stesso valore di un accordo scritto, sappiamo fin troppo bene che un documento scritto ha molta più efficacia. Lo studio di Nyer e Dellande dimostra proprio questo: se hai preso un impegno e lo hai reso pubblico sotto forma di documento scritto (e, soprattutto, se questo documento resta esposto al pubblico per un lungo periodo di tempo), sarai molto più motivato a tenere fede alle tue parole.

Va precisato che questo ci viene insegnato fin dalla tenera età. Entrando in un'aula di una qualsiasi scuola (soprattutto la primaria), vedrete appesi alle pareti cartelli e comunicazioni di ogni genere riguardanti le regole che allievi e insegnanti devono seguire. A volte troverete anche un elenco di piccole faccende da svolgere e, accanto, il nome di chi se ne deve occupare (per esempio, c'è chi annaffia i fiori e chi dà da mangiare ai pesci rossi o al criceto della scuola). Naturalmente, questo non significa che senza il cartello il criceto morirebbe di fame, ma rendere pubblico l'elenco rafforza la motivazione delle persone che hanno accettato di occuparsi di quei compiti.

C'è anche un altro aspetto di non poco conto da considerare: il soggetto è consapevole del rischio che, se fallisse, il suo risultato insoddisfacente sarebbe di dominio pubblico. Se mi sono prefissato un obiettivo e non riesco a raggiungerlo ma sono l'unico a saperlo, non è poi una tragedia; in fondo, siamo tutti maestri nell'arte di trovare scuse che ci sollevino dalla responsabilità di aver mancato l'obiettivo. Se, invece, tutti vengono a sapere del mio fallimento, la situazione cambia. Per evitare che questo accada, siamo disposti a fare grandi sacrifici, perfino a rinunciare a una fetta di cheesecake o a un hamburger.

TECNICA #74
MENZIONA IL NOME DELL'INTERLOCUTORE

Idea

C'è un che di magico nel fatto che tutti gli esseri umani abbiano un nome proprio. Immaginate di andare a una festa e di partecipare a una conversazione in un gruppo molto ristretto di persone; siete così coinvolti che i rumori di sottofondo, come le chiacchiere e le risate degli altri gruppi, si trasformano in un brusio indistinto. Tuttavia, se nel mezzo di questo brusio, magari anche a una certa distanza da voi, qualcuno pronunciasse il vostro nome, voi ve ne accorgereste immediatamente e vi sforzereste di sentire cosa sta dicendo questa persona sul vostro conto. È possibile che il nostro nome abbia anche il potere di renderci più inclini a soddisfare le richieste delle persone che lo utilizzano? Si dice che Giulio Cesare avesse una memoria fenomenale e che spesso si rivolgesse ai suoi legionari chiamandoli per nome. Che fosse questa una delle ragioni (o forse l'unica) per cui i legionari lo adoravano? Non ci è dato di saperlo; quel che è certo (e più rilevante ai fini del nostro oggetto di studio) è che, oltre a eseguire diligentemente tutti i suoi ordini, i legionari si preoccupavano addirittura di anticipare ogni suo desiderio, perfino quelli non espressi, assicurandosi di soddisfarli nel migliore dei modi. Questa regola, così efficace nel mondo degli antichi Romani, è valida ancora oggi? Chi avanza una richiesta può davvero aumentare le probabilità che essa venga accettata pronunciando il nome dell'interlocutore?

Ricerca

Questa è la domanda che si sono posti Daniel Howard, Charles Gengler e Ambuj Jain (1995). Il primo giorno del nuovo semestre, gli studenti vennero accolti da un insegnante che si presentò come il direttore del Dipartimento di marketing (il che era vero) e chiese a tutti i presenti di dire il proprio nome e spiegare cosa si aspettavano da quel corso. Il giorno seguente, tutti gli studenti dovettero recarsi nello studio del professore per iscriversi a un'indagine di valutazione sui corsi che seguivano, strutturata con domande a scelta multipla; in cambio della partecipazione all'indagine avrebbero ricevuto dei crediti extra. Quando uno studente entrava nello studio, il professore non gli chiedeva il nome, ma diceva di voler provare a ricordarlo da solo. Dopotutto, lo aveva sentito solo il giorno prima! In una metà dei casi l'insegnante annunciava soddisfatto di ricordare il nome dello studente (e lo pronunciava), mentre nell'altra metà ammetteva, con aria rassegnata, di non rammentarlo, chiedendo allo studente di presentarsi di nuovo. Il professore poi spiegava allo studente in cosa consistesse l'indagine e, quando lo studente stava per andarsene, gli dava un piccolo suggerimento: lo informava che era in corso una vendita di biscotti e che i proventi sarebbero andati a sostegno del Dipartimento di marketing. I biscotti costavano 15 centesimi l'uno e, se voleva, lo studente poteva acquistarli. A quel punto il professore indicava un tavolo alle sue spalle, dove, oltre ai biscotti, c'era già del denaro. Dai risultati emerse che, quando il professore era riuscito a ricordare il nome dello studente, quasi tutti i soggetti (poco meno del 92%) avevano accettato la sua proposta. Nel gruppo di studenti che si erano dovuti presentare di nuovo, invece, i biscotti vennero acquistati da un partecipante su due. Come mai? Forse gli studenti del primo gruppo pensarono che il professore avesse un'ottima memoria e che fosse meglio non rischiare di contrariarlo rifiutando di acquistare i biscotti. Ma l'esperimento prevedeva anche una terza variante: in questo caso, il professore parlava allo studente dell'iniziativa di raccolta fondi, ma i biscotti non si trovavano nel suo studio. Se lo studente voleva acquistarli, doveva andare in un'altra stanza, dove c'era il vassoio con i biscotti e, accanto, del denaro. Prevedibilmente, l'interesse mostrato dagli studenti in questa variante fu più basso di quello registrato nei gruppi in cui il professore era presente al momento dell'acquisto. Tuttavia, anche in questo caso, chi aveva sentito pronunciare il proprio nome dal professore si mostrò più incline all'acquisto (più del 64% dei soggetti) rispetto a chi si era dovuto presentare di nuovo (poco più del 21%).

Meccanismo

Sono molti quelli che ammettono di far fatica a ricordare i nomi degli altri (Come si chiamava quella ragazza bionda che ho conosciuto il mese scorso alla festa di compleanno della mia amica? Come si chiamava il tipo calvo con la giacca di due taglie più grande che ho conosciuto a una conferenza la scorsa primavera?). Ma come ci sentiamo quando qualcuno che conosciamo appena e che abbiamo incontrato un paio di volte al massimo ci chiama per nome? In genere, a meno che non siamo rimasti impressi nella sua memoria per quella volta in cui, ubriachi fradici, siamo caduti su una torta di nozze o ci siamo buttati in una zuffa, ci fa piacere sapere che ricorda il nostro nome. *Probabilmente abbiamo fatto una buona impressione e, quindi, ci sentiamo apprezzati e soddisfatti. Anche la nostra percezione della persona che ci ha chiamati per nome migliora e, di conseguenza, siamo più propensi a soddisfare le sue richieste.*

TECNICA #75
SOMIGLIANZE

Idea

Le persone si possono assomigliare in molti modi diversi. A volte c'è una somiglianza fisica (il colore dei capelli o degli occhi, l'altezza, il peso, la misura delle scarpe, e così via); altre volte ci può essere un'affinità di opinioni sul riscaldamento globale, sul valore degli investimenti, sulle probabilità che l'uomo vada su Marte o sui diritti LGBT+; si possono anche avere esperienze di vita simili, come accade ad esempio quando due persone hanno frequentato la stessa scuola superiore, hanno imparato a ballare da piccole, hanno entrambe avuto gli orecchioni o provengono dalla stessa città. Trovare questi *punti di contatto* può essere un modo per esercitare influenza sociale. Numerosi studi dimostrano che, quando abbiamo di fronte una persona simile a noi, è molto più probabile acconsentire a soddisfare le sue richieste (e viceversa, naturalmente: è molto più probabile che l'altro soddisfi le nostre richieste).

Ricerca

Jerry Burger, Shelley Soroka, Katrina Gonzago, Emily Murphy e Emily Somervell (2001) realizzarono una serie di studi sul ruolo delle somiglianze nell'influenza sociale, nei quali analizzarono come cambia la disponibilità a dare il proprio aiuto in un contesto sociale quando il richiedente e il destinatario della richiesta hanno lo stesso nome. I soggetti del loro esperimento erano persone che uscivano da un edificio nel quale avevano appena preso parte a un esperimento sulla creatività (pensare a tutti i possibili usi di diversi oggetti). Gli sperimentatori le avvicinavano e chiedevano loro di fare una donazione per aiutare una paziente malata di cancro. La volontaria che chiedeva il contributo aveva una targhetta con il nome sul petto e teneva in mano una fotografia della donna malata, anch'essa con il nome. A seconda delle varianti, a volte era la volontaria ad avere lo stesso nome della persona interpellata, altre volte la donna malata. I ricercatori registrarono le somme di denaro donate da ogni partecipante e rilevarono che il nome della paziente malata, che fosse lo stesso del soggetto interpellato oppure no, faceva poca differenza. Quando invece era la volontaria che chiedeva il contributo ad avere lo stesso nome della partecipante, l'importo medio delle donazioni subiva un aumento percentuale superiore al 100%!

Meccanismo

Una persona che ci assomiglia tende ad essere classificata come "una di noi" e questo ci fa sentire in dovere di aiutarla. Uno psicologo evolutivo vi direbbe che questo fenomeno è associato al desiderio di aiutare le persone con le quali abbiamo un legame di qualche genere. In passato, quando gli esseri umani vivevano in tribù o in piccoli gruppi, aiutare "la propria gente" era addirittura un obbligo legale; da qui l'idea che se qualcuno ci somiglia o ha qualcosa in comune con noi, dobbiamo prestargli il nostro aiuto. È per questo che, spesso, tentiamo di individuare delle somiglianze con l'altro fin dai primissimi momenti della nostra conoscenza ed è sempre per questo che indossiamo una T-shirt con il nome dell'università in cui ci siamo laureati o che in alcuni Paesi vige l'usanza di indossare i cosiddetti class rings, anelli che, oltre al nome dell'università, riportano anche l'anno della laurea. Notando queste piccole analogie, potremmo essere più propensi ad aiutare un altro ex studente del nostro ateneo piuttosto che una persona che ha studiato altrove.

TECNICA #76
SOMIGLIANZE ACCIDENTALI

Idea

Quando analizziamo le somiglianze tra due persone, non dobbiamo soffermarci solo sulla loro sussistenza (ovvero, verificare se due persone tifano la stessa squadra di hockey o sono nate nella stessa città), ma anche sulla frequenza con cui ricorre l'analogia in questione. Per un uomo di nome James o una donna di nome Mary incontrare un omonimo è un fatto che non ha nulla di straordinario perché sono i due nomi più diffusi negli Stati Uniti, dove vivono quasi 5 milioni di "James" e più di 3 milioni di "Mary". Tuttavia, se a incontrarsi sono due Arantxa (nome femminile basco che, nel 2014, è stato dato a 46 persone in tutto negli Stati Uniti), l'evento ha sicuramente un carattere di eccezionalità perché si tratta di un nome fuori dal comune. È possibile, dunque, che *la peculiarità di una somiglianza* rappresenti un fattore che favorisce l'efficacia dell'influenza sociale?

Ricerca

Jerry Burger, Nicole Messian, Shebani Patel, Alicia del Prado e Carmen Anderson (2004) hanno condotto delle ricerche interessanti in questo ambito. In uno dei loro esperimenti, due studenti venivano invitati al laboratorio; uno di loro era il soggetto di studio mentre l'altro era un complice dei ricercatori che fingeva di essere un partecipante, ma in realtà seguiva delle istruzioni precise. Gli studenti venivano informati che lo scopo dello studio era quello di determinare la relazione tra i tratti biologici e i tratti di personalità. Per prima cosa, ai partecipanti veniva prelevata l'impronta digitale del pollice. Una volta rilevate le impronte, lo sperimentatore agiva in tre modi diversi a seconda del gruppo di appartenenza del soggetto. Nel caso del gruppo di controllo, non interveniva in alcun modo. Nel primo gruppo sperimentale diceva: «Entrambi avete impronte digitali di tipo

E, ma è una caratteristica piuttosto comune; circa l'80% della popolazione ha impronte di questo tipo». Nel secondo gruppo sperimentale, si menzionavano sempre le "impronte di tipo E" (una categoria del tutto inventata ai fini dello studio), ma in maniera un po' diversa: «Interessante. Avete entrambi impronte digitali di tipo E. È una caratteristica molto rara. Solo il 2% della popolazione ha questo tipo di impronte». Terminata questa fase, gli studenti dovevano completare dei questionari. Fatto questo, la procedura si concludeva (o almeno così credeva il soggetto) e gli studenti erano liberi di andarsene. Tuttavia, mentre lasciavano l'edificio, il complice rivolgeva una richiesta al vero partecipante: gli diceva di aver scritto una tesina per uno dei suoi corsi e di dover allegare al compito anche una breve recensione del suo lavoro, lunga circa una pagina. Aggiungeva poi di averne bisogno entro 24 ore e chiedeva all'altro di aiutarlo, leggendo la sua tesina e scrivendo il commento. Dai risultati emerse chiaramente che la decisione dei partecipanti era fortemente correlata al gruppo sperimentale di provenienza. Il gruppo di controllo e il gruppo della somiglianza frequente (a cui era stato detto che l'80% della popolazione aveva impronte di tipo E) ottennero percentuali molto simili: rispettivamente, il 48.3% e il 54.8% dei soggetti acconsentirono a soddisfare la richiesta. Nel gruppo in cui la somiglianza era stata presentata come un evento raro (dicendo che solo il 2% della popolazione aveva impronte di tipo E), si registrarono dati molto diversi: in questo caso, ben l'82.1% dei rispondenti assecondò la richiesta.

Meccanismo

Il meccanismo citato da Burger e colleghi può essere ben illustrato con un esempio tratto da un contesto diverso. Supponiamo che abbiate un lavoro che vi richieda di arrivare in ufficio tutte le mattine alla stessa ora e che, per raggiungere il posto di lavoro, vi spostiate in autobus o in bicicletta. È probabile che, uscendo ogni giorno alla stessa ora, incontriate sempre le stesse persone, come per esempio il signore stempiato e un po' sovrappeso che va dal fruttivendolo. Dopo un po' di tempo, vi abituerete così tanto alla sua presenza che inizierete perfino a misurare il tempo in base alle sue abitudini («Oh, sta uscendo dal negozio del fruttivendolo, evidentemente oggi sono in ritardo!»). D'altra parte, però, è piuttosto improbabile che lo consideriate una persona con cui avete un legame stretto. Immaginate ora di essere in vacanza: state facendo la fila per visitare un'attrazione turistica quando, all'improvviso, incontrate proprio lui, l'uomo del fruttivendolo... solo che stavolta siete a migliaia di chilometri da casa. Magari non vi getterete l'uno nelle braccia dell'altro (anche se, a dire il vero, sono accadute cose perfino più strane), ma di certo gli farete un cenno per attirare la sua attenzione, esprimerete tutta la vostra sorpresa, gli direte che il mondo è davvero piccolo e che incontrarsi lì è una coincidenza incredibile. Se a questo punto lui vi chiedesse un piccolo favore, come per esempio prestargli la guida dell'isola su cui state trascorrendo le vacanze, voi acconsentireste ad aiutarlo senza esitare... dopotutto, quante probabilità c'erano di incontrarsi casualmente così lontano da casa?

TECNICA #77
L'EFFETTO CAMALEONTE: IMITAZIONE COMPORTAMENTALE

Idea

Immaginate di essere stati invitati a partecipare a un esperimento psicologico. Vi trovate in un laboratorio insieme a un altro partecipante, che avete appena conosciuto. Le vostre sedie, sebbene non siano esattamente una di fronte all'altra, sono posizionate in modo tale che possiate vedervi bene. Vi viene chiesto di descrivere una serie di fotografie, che vi vengono mostrate una dopo l'altra dalla persona che conduce l'esperimento. Alle sue spalle, c'è una videocamera che riprende ogni vostra azione. La prima sessione sperimentale termina e venite raggiunti da un nuovo partecipante per la seconda sessione, nella quale vi viene chiesto di ricordare le foto che avete appena visto. La videocamera continua a registrare ciò che fate. Non avete la minima idea di quale sia lo scopo dell'esperimento. Non avete notato (o, se l'avete notato, non gli avete dato importanza) che nella prima sessione l'altro partecipante, di tanto in tanto, si strofinava il volto con le mani e che ora il nuovo arrivato sta agitando nervosamente un piede. Non c'è niente di strano in questi movimenti. È normale che le persone compiano dei gesti in questo genere di situazioni. Alcuni giocherellano con la penna, altri si sistemano gli occhiali ogni due minuti e altri ancora tormentano la fede nuziale, sfilandola dal dito e rinfilandola subito dopo. Ciò che non sapete è che Tanya Chartrand e John Bargh (1999), le persone che vi hanno invitato a partecipare a questo esperimento, vogliono scoprire con quale frequenza, durante le due sessioni, vi siete strofinati il volto o avete agitato un piede. Infatti, i risultati dell'esperimento dimostrano che durante la prima sessione vi siete strofinati il volto più spesso che nella seconda, mentre nella seconda fase avete agitato il piede più spesso che nella prima. In altre parole, avete compiuto gli stessi movimenti dell'altro soggetto presente nella stanza. Non potevate sapere che si trattava di assistenti degli sperimentatori e che l'indagine riguardava il cosiddetto *effetto camaleonte*, ossia la tendenza umana a imitare i gesti delle persone con cui si interagisce. Durante l'esperimento descritto, è stato il soggetto a imitare, inconsapevolmente, i gesti compiuti da altre persone, ma che succederebbe se fossero gli altri a imitare i suoi gesti? E soprattutto – ciò che ci interessa maggiormente – è possibile che questo ci aiuti a influenzare le sue scelte?

Ricerca

Wojciech Kulesza, Zofia Szypowska, Matthew Jarman e Dariusz Dolinski (2014), nel loro esperimento, hanno verificato in che misura imitare i gesti delle clienti di una profumeria influisse sulla quantità di denaro spesa. L'addetta alle vendite era una ragazza di 20 anni che indossava un completo nero molto elegante e che era stata adeguatamente formata su come imitare in maniera discreta i gesti delle clienti. Poiché gli autori non erano interessati solo a verificare l'effetto dell'imitazione, ma anche quelle dell'avvenenza della persona che vendeva i cosmetici, in una metà dei casi l'assistente di vendita sfoggiava un make-up molto curato, mentre nell'altra metà era priva di trucco e non aveva realizzato alcuna procedura di bellezza. A seconda delle condizioni sperimentali, la ragazza poteva limitarsi a vendere i cosmetici richiesti oppure poteva imitare alcuni dei gesti compiuti dalla cliente. Per esempio, se la cliente si scostava i capelli dal viso, l'assistente di vendita faceva la stessa cosa dopo circa 2 secondi, oppure se la cliente appoggiava entrambe le mani sul bancone, l'assistente di vendita assumeva la stessa posizione. Nella variante in cui l'assistente di vendita non era stata sottoposta a procedure che ne esaltassero la bellezza, imitare i gesti delle clienti generò un aumento significativo della spesa media (da 31.04 a 51.44 zloty polacchi). Una bella differenza, non è vero? Sicuramente sì, ma il dato più sorprendente è quello rilevato nella variante in cui l'assistente aveva un make-up molto curato: in questo caso, la spesa media delle clienti in condizioni standard fu di 50.12 zloty, mentre nel gruppo in cui la ragazza aveva imitato i gesti delle clienti si registrò un importo tre volte superiore (con una media di 151.24 zloty)!

Meccanismo

L'imitazione è un fenomeno che accomuna esseri umani e animali. Per gli esemplari giovani, imitare il comportamento degli adulti è un passaggio chiave nel processo di apprendimento che li porterà a comprendere quali sono, o non sono, le reazioni appropriate. L'imitazione consente agli animali di evitare gli alimenti velenosi e scegliere i migliori per la propria incolumità, di nascondersi dai nemici, di trovare un compagno per l'accoppiamento, e così via. Quanto agli esseri umani, l'imitazione è presente fin dalla primissima infanzia, quando i neonati aprono la bocca o stringono le labbra in risposta agli adulti che, giocando con loro, compiono questi gesti. Anche gli adulti si imitano a vicenda in maniera spontanea e, nella maggior parte dei casi, del tutto inconsapevolmente. Nella letteratura psicologica, *l'imitazione è considerata un collante sociale*. Numerosi studi hanno dimostrato in maniera incontrovertibile che, quando le persone si imitano a vicenda, si apprezzano di più, sono più propense ad aiutarsi, raggiungono più facilmente un accordo durante una trattativa, si fanno un'opinione migliore dell'altro e sono più inclini a percepire sé stesse e l'interlocutore come un "noi". Normalmente, nei contesti sociali, questo tipo di imitazione viene compiuta senza che le persone se ne rendano conto. Quando, invece, si desidera esercitare l'influenza sociale, naturalmente, l'imitatore è consapevole delle proprie azioni e dello scopo che le giustifica. Così facendo, sa che verrà apprezzato maggiormente, che conquisterà più affetto e più fiducia e che, pertanto, avrà maggiori probabilità di veder soddisfatta la sua richiesta (anche quando questa non viene espressa in maniera esplicita).

TECNICA #78
L'EFFETTO CAMALEONTE: IMITAZIONE VERBALE

Idea

Come abbiamo visto, le persone possono compiere gesti di ogni genere, possono assumere posture erette o curve e contrarre alcune parti del volto per imitare una certa espressione. Quando interagiamo con gli altri, però, comunichiamo anche (e soprattutto) tramite il canale verbale. Nel parlare, ognuno ha il suo ritmo (la maggior parte delle persone pronunciano dalle 120 alle 180 parole al minuto, ma tutti conosciamo qualcuno che strascica le parole più lentamente del consueto e qualcuno che le spara come una mitraglietta, a velocità raddoppiata), il suo volume e la sua intonazione. Oltre a queste caratteristiche formali del parlato, ci sono anche i contenuti.

La parola è il mezzo con cui comunichiamo dei messaggi specifici. Abbiamo già visto che, imitando il comportamento e la gestualità dell'altro, possiamo renderlo più sensibile all'influenza sociale, ma questo vale anche se imitiamo i suoi messaggi verbali? Molti esperti di psicologia sociale hanno dedicato le loro ricerche a questo problema.

Ricerca

Wojciech Kulesza, Dariusz Dolinski, Kinga Szczesna, Mariola Kosim e Tomasz Grzyb (2019) hanno condotto un esperimento finalizzato a verificare in che modo l'imitazione degli enunciati dei clienti da parte della cameriera influisse sulle mance. Nell'esperimento di controllo, la cameriera serviva i clienti come sempre, nel modo abituale. Quando un cliente le diceva qualcosa, lei annuiva e rispondeva: «Certo, arrivo subito». Con il gruppo sperimentale, invece, ripeteva la frase appena pronunciata dal cliente. In questo caso, erano state studiate delle varianti che avrebbero consentito ai ricercatori di determinare anche l'importanza del momento in cui avveniva l'imitazione verbale. Pertanto, in alcuni casi la cameriera ripeteva l'ordine appena fatto dal cliente (per esempio, «Ok, una birra, un tè e una pizza»), in altri lo faceva quando il cliente chiedeva il conto (per esempio, «Ok, il conto») e in altri ancora ripeteva le parole del cliente in ambo le occasioni. L'obiettivo dei ricercatori era analizzare la propensione dei clienti a lasciare la mancia (in Polonia, dove si è svolto l'esperimento, lasciare la mancia non è un'abitudine molto diffusa) e, quando lo facevano, confrontare gli importi medi per ogni variante. Nel caso del servizio standard, solo il 12% dei clienti lasciarono la mancia, mentre questa percentuale raggiungeva il 23% quando la cameriera aveva ripetuto le parole dei clienti. Il momento in cui avveniva l'imitazione risultò irrilevante. Quanto all'importo medio delle mance, si aggirava intorno ai 5.20 zloty polacchi nelle condizioni standard, ma era molto più alto nelle condizioni sperimentali in cui era stata utilizzata l'imitazione verbale. Inoltre, il momento in cui la cameriera ripeteva le parole del cliente, in questo caso, si rivelò determinante: quando erano state ripetute subito dopo l'ordinazione, l'importo medio della mancia era di circa 6.25 zloty, mentre quando l'imitazione era avvenuta al momento di chiedere il conto, l'importo medio era di circa 7.04 zloty. Tuttavia, le mance più alte in assoluto vennero concesse quando le parole dei clienti erano state ripetute sia all'inizio che alla fine della permanenza nel ristorante. In questo caso, infatti, l'importo medio delle mance guadagnate dalla cameriera raggiunse i 10.12 zloty.

Meccanismo

L'imitazione verbale è un fenomeno molto comune e naturale negli scambi sociali. Quando salutiamo gli altri, sia al momento dell'incontro che del congedo, loro tendono a ripetere le stesse parole che abbiamo utilizzato. Tuttavia, tra i saluti iniziali e quelli finali, c'è tempo e spazio in abbondanza per pronunciare un'enorme quantità di parole e di frasi, che possono essere tanto ripetizioni di ciò che l'altro ha detto quanto affermazioni nuove e diverse. Abbiamo già visto quali risultati si ottengono quando si copiano i gesti degli altri e possiamo affermare senza timore che anche gli esiti degli studi sull'imitazione verbale sono inconfutabili: l'imitazione verbale rappresenta un collante sociale altrettanto forte. Non dovrebbe quindi sorprenderci che le persone si mostrino più propense a soddisfare una richiesta quando proviene da una persona che ha ripetuto le loro parole. In questo caso, però, è legittimo supporre che entri in gioco qualcosa in più della semplice funzione di collante sociale, un meccanismo più complesso di quello dell'imitazione comportamentale, basata solo su una sorta di "effetto simpatia". Infatti, quando qualcuno ripete ciò che abbiamo appena detto, di solito lo fa per esprimere accordo con noi e per confermare verbalmente che abbiamo ragione. *Una persona che ripete le nostre parole ci spinge a credere nella nostra competenza e nel nostro valore.* Ecco quindi che risulta difficile rifiutare una richiesta avanzata da qualcuno che ci ha fatto sentire bene con noi stessi!

TECNICA #79
DUE IN UNO: IMITAZIONE COMPORTAMENTALE E VERBALE

Idea

Se imitare i gesti di una persona e ripetere ciò che ha detto la rende più sensibile alle tecniche di influenza sociale, appare logico porsi la seguente domanda: se ricorressimo contemporaneamente all'imitazione comportamentale e a quella verbale otterremmo un effetto altrettanto positivo? La risposta sembra scontata, ma non sempre le cose apparentemente ovvie lo sono davvero. Tutti i giardinieri sanno che un certo tipo di fertilizzante favorisce la crescita delle piante e che ne esiste anche un altro che produce un effetto simile, ma che, se usati in concomitanza, i due prodotti possono compromettere la salute della pianta. È possibile che anche con l'imitazione funzioni così: non si può escludere che un sovradosaggio di imitazione, dovuto all'uso concomitante dell'imitazione comportamentale e di quella verbale, possa provocare la perdita dei suoi effetti positivi. Pertanto, esaminiamo insieme i risultati di un esperimento in cui sono stati imitati sia i gesti che le parole dei soggetti, per poi testarne il livello di influenzabilità.

Ricerca

Celine Jacob, Nicolas Gueguen, Angelique Martin e Gaelle Boulbry (2011) realizzarono il loro esperimento in un negozio di elettronica in cui erano in vendita dei lettori MP3. L'offerta comprendeva più di 80 modelli del dispositivo in questione, con fasce di prezzo molto variabili (che andavano dai 15 ai 580 euro). All'epoca, il lettore MP3 era uno degli oggetti che venivano regalati più spesso per il compleanno o per Natale. Molti clienti (soprattutto gli over 40) si rivolgevano all'addetto alle vendite perché li consigliasse sulla scelta. I soggetti selezionati per l'esperimento erano clienti che entravano nel negozio da soli, che – presumibilmente – avevano un'età compresa tra i 40 e i 70 anni e che chiedevano consiglio all'addetto alle vendite; quest'ultimo, di rimando, chiedeva loro qual era l'importo massimo che volevano spendere e, una volta saputa la cifra, mostrava ai clienti due modelli. In alcuni casi, l'interazione tra l'addetto alle vendite e il cliente seguiva l'andamento abituale, mentre in altri casi l'addetto alle vendite imitava in modo discreto i gesti del cliente (per esempio, scostarsi i capelli dal volto o grattarsi la testa) e ripeteva le sue parole. Se il cliente diceva «Voglio comprare un lettore MP3 per mio nipote», l'addetto alle vendite ripeteva la frase «Un lettore MP3 per suo nipote», seguita dalla domanda «Quanti anni ha?». Inoltre, l'addetto alle vendite pronunciava gli stessi termini utilizzati dal cliente per descrivere l'articolo (per esempio, «È carino» o «È leggero»). Nel complesso, i clienti che erano stati imitati dall'addetto alle vendite presero una decisione di acquisto positiva con maggiore frequenza (il 78.8% di loro acquistò un lettore MP3) rispetto ai clienti che avevano ricevuto un trattamento standard (che acquistarono il lettore MP3 nel 61.8% dei casi). Un altro dato interessante è la decisione di seguire le indicazioni dell'addetto alle vendite o di acquistare un modello di lettore MP3 diverso da quelli suggeriti. I consigli dell'addetto alle vendite vennero seguiti con maggiore frequenza dai clienti che erano stati imitati (71.7%) rispetto ai clienti con cui questa tecnica non era stata utilizzata.

Meccanismo

Affinché l'imitazione sia efficace come tecnica di influenza sociale, la persona che viene imitata non deve rendersi conto che l'imitatore sta copiando intenzionalmente i suoi gesti e le sue frasi, altrimenti potrebbe mettersi in allarme e, nei casi più estremi, pensare che l'altro la stia deridendo. Ecco perché i ricercatori temevano fortemente che, nel caso di un'imitazione molto marcata (come quella dell'esempio, in cui veniva riprodotta sia la comunicazione comportamentale che quella verbale), questa tecnica potesse perdere la capacità di rendere i soggetti più condiscendenti. L'esperimento menzionato dimostra che queste preoccupazioni non sono necessariamente fondate. Le persone che erano state imitate sia nei gesti che nelle parole avevano assecondato le richieste con maggiore frequenza di chi non era stato imitato, pertanto *il duplice collante sociale ha dimostrato di avere un forte potere adesivo.*

TECNICA #80
SINCRONIA

Idea

Immaginate di trovarvi di fronte a un grande specchio. Sollevate lentamente il braccio destro e vi toccate il naso con il dito indice. L'immagine nello specchio fa la stessa cosa. Ora fate un salto e, naturalmente, l'immagine salta con voi. Non c'è niente di strano perché è così che funzionano gli specchi. Ora, immaginate che davanti a voi non ci sia uno specchio, ma un'altra persona che riproduce all'istante ogni gesto che fate. Va sottolineato che qui abbiamo a che fare con qualcosa di diverso dall'imitazione di cui abbiamo parlato finora. Nel caso dell'imitazione, la persona riproduce i movimenti – o ripete le parole – dell'altro dopo un certo intervallo di tempo. Nel caso della sincronia, le persone fanno la stessa cosa nello stesso istante. La sincronia caratterizza attività come cantare in un coro, ballare con gli altri o qualsiasi situazione in cui due o più persone eseguono movimenti identici nello stesso momento, come per esempio le parate militari o lo sport denominato, appunto, nuoto sincronizzato. Alcuni esempi di sincronia sono passati alla storia con una connotazione estremamente negativa (si pensi, ad esempio, alle migliaia di mani sollevate contemporaneamente nel saluto nazista), altri invece hanno segnato svolte positive (come la marea di cittadini della Repubblica Ceca che saltavano all'unisono nella Piazza San Venceslao di Praga nel 1989, quando il paese lottava per la libertà e l'indipendenza). È possibile utilizzare la sincronia come strumento per esercitare influenza sociale? Esaminiamo insieme uno dei pochissimi studi sperimentali dedicati a questo interrogativo.

Ricerca

Scott Wiltermuth (2012) escogitò un metodo molto originale per creare una condizione di sincronia. Nella prima parte del suo esperimento, ai soggetti veniva richiesto di camminare per il campus universitario insieme allo sperimentatore. Ad alcuni di loro veniva richiesto specificamente di sincronizzare i passi con lui: piede destro con piede destro, piede sinistro con piede sinistro. Ad altri, invece, veniva chiesto di fare l'opposto: avanzare con il piede destro quando lo sperimentatore muoveva il sinistro e avanzare con il sinistro quando lo sperimentatore spostava il destro. A un terzo gruppo venne chiesto semplicemente di fare una passeggiata nel campus insieme allo sperimentatore. Tutti i soggetti ricevettero la stessa spiegazione per quella richiesta, e cioè che l'esperimento riguardava la connessione tra movimento e memoria. Ecco perché i soggetti non si stupirono quando, una volta rientrati al laboratorio, si sentirono porre domande come «Quanti bagni avete incontrato durante la passeggiata?» oppure «Quanti gradini avete salito durante la passeggiata?». Dopo queste domande, i ricercatori dichiaravano l'esperimento ufficialmente concluso, ma chiedevano ai partecipanti di trattenersi nel laboratorio.

A quel punto, lo sperimentatore annunciava ai soggetti che avrebbero partecipato a un altro esperimento, durante il quale i ricercatori avrebbero analizzato le loro reazioni mentre si dedicavano a un compito che, in molte parti del mondo, è visto come un comportamento indesiderabile. Il soggetto veniva condotto di fronte a un dispositivo simile a un macinacaffè che veniva chiamato "macchina sterminatrice", accanto a cui erano disposti 20 bicchieri di plastica trasparente contenenti dei porcellini di Sant'Antonio (animaletti simili ai coleotteri). Lo sperimentatore informava il soggetto che il suo compito era versare nel macinino il maggior numero possibile di animaletti nel giro di 30 secondi. Trascorsi i 30 secondi, il soggetto doveva attendere altri 3 secondi, poi la macchina sterminatrice sarebbe entrata in funzione automaticamente (o meglio, questo era ciò che gli veniva comunicato). I soggetti sarebbero stati disposti a uccidere in quel modo degli esseri viventi, per quanto sgraditi all'essere umano, come i porcellini di Sant'Antonio? Sicuramente no... I soggetti che avevano fatto una normalissima passeggiata per il campus assieme allo sperimentatore si mostrarono piuttosto svogliati nell'esecuzione del compito e, in media, versarono nel macinino il contenuto di 4.92 bicchieri di plastica. Si registrò un risultato simile (una media di 5.50 bicchieri) anche nel gruppo che aveva ricevuto l'indicazione di avanzare con il piede destro quando lo sperimentatore muoveva il sinistro e viceversa. I soggetti che avevano camminato in sincrono con lo sperimentatore, invece, si dedicarono al compito con molta più dedizione e versarono in media il contenuto di ben 7.57 bicchieri nel macchinario mortale.

Meccanismo

Come abbiamo accennato nell'introduzione di questa particolare tecnica, a differenza dell'imitazione, *la sincronia prevede che due o più soggetti manifestino una reazione analoga nello stesso identico momento.* C'è anche un'altra differenza sostanziale tra l'imitazione e la sincronia: affinché l'imitazione funzioni come strumento di influenza sociale, la persona che viene imitata non deve rendersi conto di ciò che sta accadendo. Se dovesse accorgersi di essere imitata, infatti, non sarebbe più disposta a soddisfare la richiesta dell'imitatore. Questa condizione imprescindibile non vale nel caso della sincronia, anche perché sarebbe piuttosto difficile non accorgersi che l'altro sta riproducendo i nostri movimenti nello stesso identico momento. Ma cos'è che rende la sincronia tanto efficace nell'ambito dell'influenza sociale? Se un'altra persona esegue i nostri stessi gesti, grida le nostre stesse parole o intona uno slogan in coro con noi, *significa che apparteniamo entrambi allo stesso gruppo* e che, quindi, condividiamo una serie di valori, di idee e di obiettivi. Anche se siamo solo in due, tenderemo a considerarci un "noi", anziché un "io" e un "lui/lei". Sapere che l'altro appartiene al nostro stesso gruppo, e che quindi non siamo i soli ad avere determinate opinioni o una certa visione del mondo, suscita in noi sensazioni positive. Ora, se la persona che è diventata un membro della categoria "noi" grazie al comportamento sincronizzato ci chiedesse un favore, sarebbe del tutto naturale concederglielo. Naturalmente, le richieste, i suggerimenti o le istruzioni in questione non devono essere destabilizzanti o eticamente discutibili come quelle dell'esperimento di Scott Wiltermuth.

TECNICA #81
LA REGOLA DEL "NOI"

Idea

«We the people» («Noi, il popolo») sono le prime parole della Costituzione degli Stati Uniti d'America; *We are the champions* è il titolo della canzone dei Queen che i tifosi di calcio di tutto il mondo cantano negli stadi quando la loro squadra vince un campionato nazionale. "Noi": una parola magica che esprime un senso di comunanza e che dimostra la nostra appartenenza a un insieme unitario, composto da individui ai quali ci sentiamo legati perché siamo accomunati da qualcosa che consideriamo importante. Questo "qualcosa" va oltre la mera somiglianza discussa nelle precedenti sezioni. Infatti, a volte consideriamo parte del "noi" anche persone con le quali abbiamo poco o niente in comune! Nonostante le diversità, c'è qualcosa di più importante che ci unisce. Potrebbe essere, per esempio, il fatto di provenire dallo stesso Paese o dalla stessa città, la passione per la stessa squadra di calcio, il sostegno per un partito politico o la fede religiosa. Queste caratteristiche sono sufficienti a farci sentire parte di un "noi". La domanda è: la propensione a soddisfare una richiesta aumenta se la persona che deve concederla scopre che anche il richiedente appartiene al "noi"?

Ricerca

Kelly Aune e Michael Basil (1994) hanno tentato di rispondere a questa domanda durante una campagna di raccolta fondi per un'associazione benefica, organizzata nel campus di una grande università delle Hawaii. Nell'esperimento di controllo, una giovane donna porgeva un salvadanaio ai passanti, chiedendo un aiuto in favore di un'associazione benefica molto conosciuta che, all'epoca, aveva appena realizzato una campagna all'interno del campus. In queste condizioni di prova, la maggioranza delle persone interpellate decise di non sostenere l'associazione. Meno del 10% dei soggetti mise qualche moneta nel salvadanaio. Nella variante ideata per testare la tecnica in oggetto, invece, la sperimentatrice si comportava in maniera diversa: chiedeva ai soggetti se fossero studenti dell'università locale. Naturalmente, nella maggior parte dei casi rispondevano di sì. A quel punto, la sperimentatrice diceva «Fantastico! Anch'io!» e, solo dopo questo piccolo scambio, procedeva a chiedere una donazione. In questo caso, la percentuale di soggetti che misero qualche moneta nel salvadanaio arrivò al 47%!

Meccanismo

Quando ci chiedono di raccontare qualcosa di noi, oltre a illustrare i nostri obiettivi, i nostri valori o ciò che abbiamo conquistato, spesso menzioniamo i *gruppi* a cui apparteniamo. Per esempio, parliamo della nostra famiglia o dei nostri amici, specifichiamo la nostra nazionalità, indichiamo la scuola o l'università in cui abbiamo studiato e, se abbiamo fede, nominiamo la nostra comunità religiosa. Nel riferirsi a questo genere di narrazione, gli psicologi sociali parlano di "identità sociale", ossia, il senso di comunanza con le altre persone alle quali ci sentiamo legati perché condividiamo con loro qualcosa che consideriamo importante. In alcuni casi (per esempio, con la nostra famiglia) abbiamo contatti frequenti e profondi, in altri sono, per buona parte, dei perfetti estranei (per esempio, i nostri connazionali). Il senso di appartenenza tipico dell'identità sociale e del "noi" si manifesta in entrambi i casi. Proviamo orgoglio sia quando i nostri figli si laureano, sia quando un connazionale vince la medaglia d'oro di marcia alle Olimpiadi, anche se non sapevamo nemmeno che esistesse uno sport del genere. Ci fa sempre piacere incontrare un concittadino quando andiamo in campeggio all'estero (ancora di più se viviamo in una piccola città e il campeggio è molto lontano dai confini nazionali). Esiste una norma sociale per cui ci sentiamo in dovere di sostenere chi appartiene al nostro stesso gruppo. Pertanto, siamo particolarmente propensi ad aiutare le persone che consideriamo parte della categoria "noi" e anche se, dal punto di vista oggettivo, la caratteristica che ci accomuna è del tutto irrilevante (come nell'esperimento descritto), la nostra disponibilità a soddisfare una richiesta aumenta se ad avanzarla è qualcuno che appartiene al "noi" (nel caso dell'esempio illustrato, gli studenti di una specifica università).

TECNICA #82
QUI SI FA COSÌ

Idea

Le norme sociali possono assumere molte forme diverse. A volte ci vengono illustrate in maniera chiara ed *esplicita* (ad esempio, nella fase di inserimento in un nuovo posto di lavoro, quando ci vengono spiegate le regole aziendali per l'uso comune della cucina o della macchina del caffè, o ci viene comunicato che tutti i martedì sera, dopo il lavoro, si va a bere una birra). Altre volte, invece, queste norme vengono trasmesse in maniera *implicita*. Uno degli autori del libro ha trascorso gran parte dell'infanzia in un villaggio di campagna, dove vigevano usanze piuttosto specifiche circa la pulizia e l'ordine della casa. Tutti i sabati, oltre al proprio cortile e al marciapiede di fronte, bisognava spazzare accuratamente anche una parte della strada pubblica sulla quale si affacciava la casa. Naturalmente era un compito molto faticoso, perciò il nostro eroe, poco più che bambino, chiedeva con insistenza perché dovesse pulire una strada che non era sua e che non spettava a lui curare. «Perché qui si fa così» era l'unica risposta che riceveva. A quel punto, smetteva di fare domande e si preoccupava solo di spazzare al meglio la strada pubblica. Perché a volte seguiamo le regole anche se non ne comprendiamo il senso? E cosa succede quando smettiamo di rispettarle? Modifichiamo il nostro comportamento non appena qualcuno ci fa notare che abbiamo violato una norma?

Ricerca

Michal Bilewicz e un gruppo di collaboratori (2021) hanno condotto una ricerca molto interessante su Reddit, un forum online in cui gli utenti possono scambiarsi opinioni. Tutti sappiamo che questi siti pullulano di commenti pieni di odio e non è raro che gli utenti si rivolgano ogni sorta di epiteto. L'obiettivo del team di ricerca era verificare se fosse possibile ridurre la quantità di post volgari o pieni di odio utilizzando i *bot*, ovvero programmi che analizzano il contenuto dei commenti e reagiscono a una determinata combinazione di parole. Per esempio, quando compariva un commento come «Vaffanculo, coglione», il bot lo rilevava e rispondeva. In che modo? L'esperimento iniziava proprio con le sue risposte. Il bot aveva tre possibili reazioni nel suo arsenale (mentre, nel gruppo di controllo, non reagiva in alcun modo). La prima reazione prevedeva che esprimesse disapprovazione con un messaggio del genere: «Capisco il tuo punto di vista, ma non offendere gli altri, per favore». La seconda reazione consisteva nel portare l'attenzione su una norma generale: «La capacità di concepire una prospettiva diversa dalla propria è una qualità straordinaria e serve molto impegno per svilupparla». L'ultima reazione era un messaggio che mostrava empatia: «A volte può essere difficile comprendere le parole o le azioni degli altri, ma non dobbiamo smettere di essere gentili. Le persone sono fragili». I risultati indicarono che tutti gli interventi portavano a un miglioramento; in seguito a questi messaggi del bot, la quantità di commenti aggressivi e carichi di odio diminuiva (ma va precisato che gli utenti non sapevano di avere a che fare con un programma). Inoltre, il fenomeno non era di breve durata, in quanto i dati vennero rilevati per 60 giorni consecutivi. Sebbene non ci fossero differenze sostanziali nel livello di efficacia dei tre messaggi, quando il bot aveva portato l'attenzione sulla norma generale dell'educazione, i commenti negativi avevano segnato il picco più basso, passando dal 2.1% all'1.4%. Dunque, perfino nel mondo della rete, etichettato come un luogo pieno di maleducazione, aggressività e odio, è bastato far notare agli utenti la negatività del loro comportamento per influenzarli, portandoli a mitigare le loro reazioni.

Meccanismo

Tutti (o quasi tutti) vogliamo credere di essere persone oneste e rispettabili che si comportano in maniera decorosa, perciò quando qualcuno ci fa notare che non è così, non possiamo restare indifferenti a quest'informazione. A volte è naturale reagire mettendo in dubbio la veridicità di ciò che l'altro dice o mostrando aggressività nei suoi confronti, infatti è successo proprio questo nella ricerca di Bilewicz e colleghi: più di un utente ha risposto al bot con suggerimenti di ogni genere su dove poteva infilarsi i suoi gentili consigli... Tuttavia, dopo l'iniziale ondata di aggressività, il comportamento degli utenti sul lungo termine è cambiato. Soffermiamoci un momento su un aspetto molto importante del messaggio in questione, ossia il suo carattere non personale. È sconsigliabile formulare commenti come «Non voglio che ti comporti in questo modo» oppure «Non approvo questo tuo comportamento». Un messaggio personale, infatti, può incontrare una certa resistenza («Che mi importa di cosa vuoi o di cosa approvi?») e alimentare il desiderio di aprire uno scontro diretto con il suo autore. Di fronte a un messaggio "spersonalizzato", invece, è difficile controbattere. Riassumendo: a volte basta semplicemente *attirare l'attenzione di qualcuno sulla cosa giusta* per raggiungere l'obiettivo, spostando abilmente il focus sull'importanza di una certa norma. Vale sempre la pena di provarci, anche se il cambiamento non sarà immediato.

TECNICA #83
SIAMO ECCEZIONALI

Idea

Dire che le norme sono importanti è un'ovvietà. Quando viaggiamo all'estero, quando ci troviamo in un ambiente nuovo o perfino quando andiamo a far visita a una nuova conoscenza per la prima volta, cerchiamo di comprendere rapidamente quali comportamenti siano benaccetti e quali no. In pratica, facciamo del nostro meglio per scoprire quali sono le norme da seguire, come dobbiamo comportarci e cosa, invece, dobbiamo assolutamente evitare. Tuttavia, non dobbiamo dimenticare che non tutte le norme si applicano allo stesso modo o alle stesse persone. Ci sono norme che valgono per tutti (o quasi) senza distinzione (per esempio, che al ristorante si mangia con le posate e non con le mani) e norme che riguardano solo alcuni gruppi sociali o persone in qualche modo "scelte". Ci sono norme che ci informano, per esempio, su chi deve tendere la mano per primo quando saluta o su chi deve essere presentato per primo a una nuova conoscenza. L'appartenenza a un certo gruppo (per esempio, "le donne" o "gli anziani") determina quali azioni dobbiamo compiere in una data situazione e quali comportamenti dobbiamo evitare. Ma sarebbe possibile, creando un gruppo in maniera artificiale, incoraggiare le persone ad adottare comportamenti che rispettino una regola inventata appositamente per quel gruppo?

Ricerca

Chi frequenta spesso gli hotel sa che nel bagno in camera si trova sempre un cartellino o un adesivo che incoraggia gli ospiti a riutilizzare gli asciugamani, adducendo argomentazioni di vario genere, che però solitamente rimandano all'ecologia (se si riutilizza l'asciugamano, l'hotel non dovrà lavarlo subito, perciò si eviterà lo spreco di acqua e si ridurrà la quantità di detersivi immessi nell'ambiente). È molto probabile che, in realtà, l'obiettivo della direzione dell'hotel sia un altro: il risparmio economico. Meno asciugamani da lavare equivalgono a minori consumi di elettricità, di acqua e di detersivi e, a volte, anche a una riduzione del personale di servizio. Ecco perché la direzione è determinata a trovare un'argomentazione che convinca efficacemente gli ospiti a riutilizzare gli asciugamani. Nel loro studio, Noah Goldstein, Robert Cialdini e Vladas Griskevicius (2008) hanno verificato quale messaggio era il più efficace nell'aumentare la percentuale di persone che sceglievano di riutilizzare gli asciugamani. Nel gruppo di controllo, il cartellino appeso in bagno riportava un messaggio standard sull'ecologia, il solito appello a rispettare la natura e a contribuire alla salvaguardia dell'ambiente. In una delle condizioni sperimentali, invece, i ricercatori decisero di utilizzare una regola descrittiva e crearono un cartellino recante l'indicazione che il 75% degli ospiti di quell'hotel sceglievano di riutilizzare gli asciugamani. Questo intervento generò un notevole aumento della percentuale di ospiti che riutilizzavano gli asciugamani. Tuttavia, Goldstein e colleghi crearono un terzo cartellino con il quale il cliente veniva informato che il 75% degli ospiti che avevano alloggiato in quella camera (si menzionava proprio il numero di stanza, per esempio 215) avevano scelto di riutilizzare gli asciugamani. Naturalmente, il numero riportato sul cartellino era lo stesso della stanza in cui veniva posizionato. In questo modo, gli ospiti venivano informati che *in quella camera* la norma voleva che gli asciugamani venissero utilizzati due volte. Questo fu il messaggio che si rivelò più efficace in assoluto: il 49.3% degli ospiti appartenenti a questo gruppo sperimentale assecondarono la richiesta riportata sul cartellino. Si tratta di una percentuale molto più alta di quella registrata nel gruppo di controllo (37.2%), dove il messaggio era incentrato esclusivamente sull'ecologia.

Meccanismo

Come scriveva Aristotele, siamo animali sociali, ciò significa che l'identità di gruppo è molto importante per noi. Tutti facciamo parte di un qualche gruppo (donne, uomini, membri di un club, residenti di un certo quartiere o perfino di una certa strada). Ciò significa che le regole rispettate dalle persone che appartengono al nostro gruppo sono le stesse a cui ci atteniamo anche noi. Forse a Elm Street si può parcheggiare selvaggiamente, ma noi di Cherry Street ci comportiamo in tutt'altro modo e parcheggiamo le nostre auto con ordine e rispetto. L'aderenza alle norme del gruppo, dunque, è un elemento molto importante dell'identità sociale. Da una parte ci siamo "noi" che ci distinguiamo, tra le altre cose, per il fatto di rispettare determinate norme; dall'altra ci sono "loro", che non rispettano necessariamente le stesse regole e che, quindi, sono diversi da noi. In generale, più il gruppo è ristretto, più il bisogno di rispettare le sue regole diventa importante e influenza le scelte dei suoi membri. Perché *in una cerchia molto ristretta e, diciamolo pure senza timore, di élite, siamo ancora più motivati a difendere l'interesse del gruppo.* E quale modo migliore per farlo se non rispettare tutte le sue regole?

TECNICA #84
IL CONSENSO

Idea

Immaginate di trovarvi in una piccola città dove non siete mai stati prima e di dover acquistare qualcosa al supermercato. Sperate che quest'incombenza vi rubi solo pochi minuti, ma è venerdì pomeriggio, il supermercato è pieno di clienti e non riuscite a trovare un solo posto libero nel parcheggio. A dire il vero, avete notato uno spazietto proprio accanto all'entrata, ma c'è un cartello che vieta di parcheggiare in quell'area. La situazione però non è chiara perché, sebbene il divieto sia ben visibile, ci sono diverse auto parcheggiate in quel settore e resta giusto lo spazio per un'altra vettura; è un posticino stretto, dove un camion non entrerebbe, ma è perfetto per la vostra macchina. A chi darete retta? Alle autorità locali che hanno installato il cartello stradale o agli abitanti della città (le targhe delle auto parcheggiate indicano che i proprietari sono tutte persone del posto) che, a quanto pare, non si curano del divieto? Quale norma vale, nel vostro caso?

Ricerca

La ricerca di psicologia sociale più conosciuta sull'effetto del consenso è quella condotta da Solomon Asch (1951), un esperimento nel quale i partecipanti dovevano mettere a confronto delle linee di diversa lunghezza, e in alcuni casi credevano più alle opinioni degli altri che a ciò che avevano sotto gli occhi. Tuttavia, in questa sede, forse è più utile descrivere uno studio un po' meno famoso, condotto da uno degli autori di questo libro (Grzyb e Dolinski, 2022). Ai partecipanti, tutti uomini, veniva detto che avrebbero preso parte a un programma televisivo. Lo scopo del programma era sondare le opinioni della cittadinanza su diversi argomenti e, in quel caso, il tema era il ricorso alle punizioni fisiche nell'educazione dei bambini. Il ricercatore domandava ai soggetti se avessero mai colpito i loro figli (si tenga presente che l'esperimento venne condotto venti anni fa, quando gli standard educativi erano un po' diversi da quelli di oggi). I soggetti venivano inseriti in gruppi di 5 persone, delle quali una soltanto era il vero partecipante mentre tutti gli altri erano assistenti dello sperimentatore. Il "giornalista" li informava che, prima di iniziare, era necessario regolare la strumentazione, perciò andava fatto un "giro di prova" che non sarebbe stato registrato. In questo primo scambio, tutti gli assistenti dello sperimentatore ammettevano di aver sculacciato i figli, anche se di rado. Nella maggior parte dei casi (quasi il 90%), anche il vero partecipante dichiarava di aver utilizzato questo tipo di punizione qualche volta. Al termine di questa prima interazione, il "giornalista" informava i soggetti che finalmente era tutto pronto e che potevano iniziare a registrare. Anche in questo caso iniziava dagli assistenti dello sperimentatore che, però, stavolta dichiaravano unanimemente di non aver mai colpito i propri figli in tutta la loro vita. Ebbene, quasi tutti i veri partecipanti (18 su 20, quindi il 90%) cambiarono versione, affermando il contrario di quanto avevano ammesso poco prima e conformandosi alle dichiarazioni degli altri "partecipanti", che sostenevano di non essere mai ricorsi alle punizioni fisiche.

Meccanismo

Essere in sintonia con i comportamenti e le idee delle persone che abbiamo intorno è molto importante per noi e, a volte, diventa un fattore determinante. È ciò che accade, per esempio, quando non sappiamo come comportarci, o quando le istruzioni che ci vengono date non sono chiare. C'è un vecchio detto che recita «When in doubt, follow the crowd», e cioè «Quando hai dubbi, segui la folla»: *se non sai cosa fare, imita gli altri.* Magari non sarà la scelta migliore in assoluto, ma di certo è la più sicura perché, se anche dovessimo scoprire di aver preso la decisione sbagliata, non saremmo i soli ad averlo fatto e questa, di per sé, rappresenta una garanzia fondamentale. Un altro aspetto importante di questo fenomeno è che, quando commettiamo un errore o viviamo un fallimento (eventualità che, in una situazione di incertezza, ci spaventano molto più del solito), i sentimenti negativi associati a questo tipo di esperienze sono molto meno intensi se non siamo i soli a viverle. Un voto insufficiente rappresenta un grave fallimento quando sei il solo ad essere andato male, ma perde di intensità se tutta la classe ha ottenuto lo stesso risultato. In pratica, se mangi tanto sei un ingordo, se tutti mangiano tanto significa solo che il cibo è molto buono.

TECNICA #85
MOSTRA L'ELENCO DELLE PERSONE COINVOLTE

Idea

Immaginate che un giorno, al lavoro, un vostro collega faccia una proposta che suscita in voi una certa perplessità, come ad esempio andare tutti insieme a mangiare in un nuovo ristorante specializzato in cucina molecolare. In linea generale, apprezzate la compagnia dei vostri colleghi e siete felici di poterli incontrare in un ambiente neutro in cui si possa parlare di tutto senza doversi per forza concentrare su questioni di natura professionale, ma avete già sentito parlare della cucina molecolare, con le sue bizzarre sfere di alginato di sodio e i suoi processi di sferificazione, e di certo preferireste andare a cena in un posto in cui il cibo viene preparato con coltelli e batticarne anziché con ampolle e cotture al laser. D'altro canto, rifiutare l'invito potrebbe risultare poco educato e non volete risultare scortesi... Ecco che vi trovate in una posizione scomoda. Non sapete cosa fare e il tempo stringe. Tra l'altro, dato il contesto sociale in questione, perfino la vostra esitazione potrebbe essere considerata una scortesia. Ora supponiamo che, mentre siete ancora in preda all'indecisione, il collega che ha fatto la proposta vi mostri l'elenco delle persone che hanno già confermato la loro presenza alla serata di cucina molecolare. Il collega sventola il foglio con i nomi da lontano, perciò non riuscite a vedere chi verrà alla cena e chi no, ma notate che almeno una decina di persone hanno già confermato la loro presenza. Questo vi aiuterà a prendere una decisione? Sapere che all'evento prenderanno parte molte persone basterà a convincervi ad accettare l'invito?

Ricerca

Peter Reingen (1978) condusse degli studi volti a verificare se questa teoria avesse senso: se mostrare un elenco delle persone coinvolte in una certa iniziativa influisse sulla capacità di persuadere un numero maggiore di persone a dare il proprio sostegno. Per la sua ricerca, Reingen organizzò una piccola campagna di raccolta fondi in favore della American Heart Association (organizzazione che si occupa di ridurre le morti causate da problemi cardiaci). I soggetti erano studenti delle università californiane che camminavano da soli all'interno del campus. I soggetti venivano assegnati in maniera casuale a uno dei gruppi sperimentali o al gruppo di controllo. Nell'esperimento di controllo, veniva avanzata una richiesta standard: lo sperimentatore si avvicinava al soggetto e si presentava come un volontario dell'American Heart Association che stava raccogliendo donazioni in favore dell'associazione nell'ambito della campagna di raccolta fondi annuale. Alla fine, lo sperimentatore domandava al soggetto se fosse disposto a partecipare alla campagna e a fare una donazione.

Oltre al gruppo di controllo, Reingen creò svariati gruppi sperimentali (ben 9, per l'esattezza). Nei vari gruppi sperimentali, manipolò tre variabili. Per prima cosa, anche se in tutti i gruppi sperimentali veniva mostrato ai soggetti un elenco delle persone che avevano già fatto una donazione, Reingen intervenne sulla lunghezza di questo elenco: in alcune varianti c'erano solo 4 cognomi, in altre ce n'erano 12. Anche le somme annotate sull'elenco variavano: in alcuni casi le donazioni erano molto basse (dai 15 ai 35 centesimi, con una media di 25 centesimi) mentre in altri erano più elevate (dai 75 ai 95 centesimi, con una media di 85 centesimi). Infine, nel corso dell'esperimento, Reingen voleva verificare anche un altro aspetto, ossia che effetto avrebbe avuto l'invocazione di una certa norma sociale sulla disponibilità dei soggetti a fare una donazione. A questo scopo, in alcuni gruppi, informò i soggetti che la loro donazione avrebbe contribuito a sostenere una campagna di prevenzione dell'infarto potenzialmente rivolta a persone di loro conoscenza, supponendo che questa precisazione aumentasse l'efficacia della sua richiesta.

I dati vennero analizzati attraverso la rilevazione di due parametri: il numero di soggetti che acconsentivano a fare una donazione e l'importo che decidevano di donare. I risultati dimostrarono chiaramente che le ipotesi di Reingen erano corrette. Nel gruppo di controllo, il 40% dei soggetti accettarono di fare una donazione. Nel gruppo al quale era stato mostrato l'elenco più breve dei precedenti benefattori, la percentuale aumentò leggermente (47%). Tuttavia, nel gruppo in cui era stato utilizzato l'elenco più lungo, ben il 60% dei soggetti fecero una donazione. La percentuale aumentò ancora di più nel gruppo in cui era stata sfruttata la norma sociale sopra menzionata; se combinata all'elenco di benefattori più lungo, infatti, la norma produsse una percentuale di efficacia pari al 70%. Inoltre, in queste condizioni di prova, anche l'importo delle donazioni aumentò, passando dai 28 centesimi del gruppo di controllo ai 68 del gruppo che era stato esposto all'elenco più lungo, all'importo medio delle donazioni più elevato e alla norma sociale.

Meccanismo

Per quanto riguarda questa tecnica, i meccanismi psicologici potenzialmente responsabili della sua efficacia sono almeno due. Il primo è il *principio del consenso* che già conosciamo: se non sappiamo cosa fare, imitiamo il comportamento degli altri perché, se la nostra decisione dovesse rivelarsi sbagliata, quanto meno non saremmo i soli a finire nei guai. Tuttavia, la tecnica trattata in questo paragrafo si basa anche su un altro meccanismo, e cioè *l'effetto prodotto da un impegno scritto*, il potere legittimante di un elenco di nomi. Va sottolineato che quando parliamo con un volontario che rappresenta un'associazione benefica, in noi è sempre presente un elemento di incertezza. Chissà se è un impostore? Magari la presunta campagna di raccolta fondi non è supervisionata in alcun modo e i soldi donati verranno trafugati… Ecco, in queste circostanze, vedere un elenco di nomi con le relative somme donate aiuta a dissipare questi dubbi (o, quanto meno, a contenerli).

Naturalmente l'efficacia di questa tecnica non è limitata alle raccolte fondi. Se state cercando di formare un gruppo di amici che sabato prossimo vengano in canoa o alla festa di compleanno di Steve, oppure se volete che la gente firmi a sostegno del vostro candidato alle elezioni comunali, mostrate l'elenco dei nomi di chi ha già soddisfatto la vostra richiesta e, naturalmente, fate in modo che la lista contenga almeno una dozzina di nomi.

C'è un uso particolare di questa tecnica che si è diffuso nel campo dell'affissione di volantini e annunci. Se, per esempio, vogliamo vendere una bicicletta o pubblicizzare la nostra ditta di traslochi, possiamo preparare un annuncio da affiggere in vari punti della città. Di solito, in fondo all'annuncio, vengono create delle piccole strisce verticali, contenenti i contatti telefonici di riferimento, che gli utenti possono facilmente staccare e mettere in tasca. Gli esperti di questo tipo di pubblicità consigliano di staccare sempre due o tre strisce dopo aver appeso il volantino, perché è un modo per creare una sorta di "elenco virtuale" di persone che hanno già espresso il loro interesse per quell'annuncio. Non abbiamo a disposizione dati certi che confermino l'efficacia di questo metodo, ma considerando i risultati dell'esperimento di Reingen, ci sembra ragionevole supporre che si tratti di una strategia valida.

TECNICA #86
IL TREND È IN CRESCITA

Idea

Abbiamo già illustrato come sfruttare a nostro vantaggio una situazione in cui una grande quantità di persone (o la maggioranza della popolazione a cui ci rivolgiamo) si comporta in un certo modo. Facendo leva sul principio del consenso, possiamo dimostrare che un determinato comportamento (un atteggiamento, un modo di apparire, una certa visione del problema in questione) è quello dominante e rappresenta la norma. E ciò che costituisce una norma deve essere preso a modello dagli altri, che devono conformarsi. Questo è il meccanismo alla base dell'efficacia del consenso come tecnica di influenza sociale.

Cosa possiamo fare quando il comportamento di nostro interesse non viene adottato dalla maggioranza delle persone? Immaginiamo, per esempio, di voler promuovere la prevenzione invitando le persone a eseguire un'ecografia addominale a cadenza annuale. È opinione comune della comunità medica che questo sia un ottimo modo per monitorare la funzionalità di organi come il fegato, il pancreas e i reni; nel caso venga rilevato qualcosa di sospetto, si può agire tempestivamente e diagnosticare la patologia quando è ancora curabile. Tuttavia, nonostante si tratti di una procedura indolore che comporta numerosi vantaggi, sono ancora poche le persone che eseguono questo tipo di esame. In che modo, dunque, possiamo fare informazione su questo tema? Scrivere che il 4% della popolazione si sottopone a un'ecografia addominale con cadenza annuale sarebbe controproducente, perché la gente interpreterebbe questo dato come la prova che si tratta di un esame inutile e inefficace, che quasi nessuno esegue. D'altra parte, non possiamo neanche mentire e dichiarare mendacemente che la maggioranza della popolazione effettua questo tipo di screening.

Che fare? In una situazione di questo genere, è meglio evitare del tutto di citare i numeri e concentrarsi, invece, sul fatto che *il trend è in crescita*. Dunque, non diremo che «l'anno scorso il 4% della popolazione adulta si è sottoposta a un'ecografia addominale», ma piuttosto che «lo scorso anno, la percentuale di persone che si sono sottoposte a un'ecografia addominale è raddoppiata rispetto all'anno precedente».

Ricerca

Alcune interessanti ricerche su questa dinamica sono state condotte da Chad Mortensen e colleghi (2019). Il team ha sviluppato una procedura piuttosto ingegnosa e molto precisa dal punto di vista delle misurazioni. I partecipanti erano studenti ai quali veniva detto che avrebbero preso parte a uno studio sulla correlazione fra tratti di personalità e capacità di redazione. I soggetti dovevano leggere un testo scientifico che descriveva i risultati di uno studio sull'approccio degli studenti al risparmio idrico. Nel primo gruppo, i partecipanti scoprivano che solo una minoranza di studenti (il 48%) adottava attivamente delle misure per risparmiare acqua (per esempio, chiudere il rubinetto mentre si lavavano le mani, utilizzare gli aeratori – dei dispositivi da installare sul soffione della doccia per ridurre il consumo di acqua – e così via). Nel secondo gruppo, a queste informazioni veniva aggiunta la seguente frase: «Anche se oggi la percentuale raggiunge il 48%, due anni fa era solo del 37%, perciò si è verificato un notevole aumento». C'era poi il gruppo di controllo, nel quale gli studenti dovevano lavorare su un testo di architettura. Una volta che i soggetti avevano elaborato una parafrasi e una revisione del testo, venivano informati che l'esperimento era concluso, ma che, se volevano, potevano partecipare a un altro studio in corso nell'aula adiacente. Quando entravano in questa seconda aula, i partecipanti ricevevano uno spazzolino e un dentifricio e venivano informati che lo scopo della ricerca era rilevare le preferenze dei consumatori riguardo al dentifricio. Veniva chiesto loro di raggiungere il lavandino e di lavarsi i denti, per poi compilare un questionario sulle loro impressioni in merito al dentifricio. Ciò che gli studenti non sapevano era che sul lavandino era stato installato un dispositivo che rilevava la quantità di acqua utilizzata per lavarsi i denti – che era il reale scopo dell'esperimento. I risultati confermarono che l'informazione sul "trend in crescita" rappresentava una forte motivazione a ridurre il consumo di acqua; infatti, i soggetti appartenenti a questo gruppo furono quelli che manifestarono la maggiore tendenza a chiudere il rubinetto mentre si lavavano i denti e che raggiunsero il consumo medio più basso (1.2 litri). Il risultato peggiore, invece, fu quello del gruppo in cui l'informazione trasmessa era che solo una minoranza di studenti si preoccupava di non sprecare l'acqua. Fu in questo gruppo, infatti, che venne rilevata la minore propensione a chiudere il rubinetto e, di conseguenza, quello in cui si registrarono i consumi più elevati (1.8 litri).

Meccanismo

Non c'è dubbio che il nostro comportamento venga notevolmente influenzato dal comportamento degli altri (anche se siamo tutti restii ad ammetterlo). Tuttavia, dobbiamo tenere presente che anche il comportamento degli altri è soggetto al cambiamento. Questo significa che, in determinate circostanze, la nostra valutazione non deve basarsi solo sulla quantità di persone che fanno una certa cosa, ma anche su come cambia questa quantità. Questo fenomeno è particolarmente evidente nel caso della moda, per esempio nella scelta delle scarpe. Se ci rendiamo conto che la quantità di donne che indossano stivaletti UGG è in aumento, allora possiamo star certi che questa sarà la nuova tendenza della stagione, anche se, in assoluto, il totale dei soggetti che le indossano in questo momento si aggira intorno al 10-15% della popolazione femminile. Infatti, il numero di donne che scelgono questo tipo di calzature di certo andrà aumentando. Pertanto, in determinate circostanze, è la minoranza a influenzare fortemente il comportamento della maggioranza, a patto però che questa minoranza segua una traiettoria ascendente. In tal caso, l'approccio, il comportamento o l'opinione rappresentata dalla minoranza conquisteranno un numero sempre crescente di sostenitori. La ricerca psicologica dimostra che, in seguito a due misurazioni consecutive di un fenomeno, le persone tendono a sviluppare la convinzione che il fenomeno in questione seguirà un andamento rettilineo (ossia, se è in crescita, continuerà ad aumentare e, se è in calo, continuerà a diminuire). È questa la ragione per cui, spesso, gli azionisti vendono le proprie quote quando i prezzi scendono e le acquistano quando i prezzi salgono, sebbene non sempre queste valutazioni si rivelino corrette. In conclusione, *dimostrare che la frequenza di un dato comportamento è in crescita rappresenta un ottimo metodo per sfruttare il principio del "consenso emergente"*: un consenso che (ancora) non esiste, ma che, secondo il destinatario di questo tipo di messaggio, esisterà in futuro.

7
Verbalizzare la richiesta

È praticamente impossibile elencare i tanti modi in cui si può chiedere a un vicino di prestarci le sue cesoie da giardino. Per esempio, si potrebbe avviare la conversazione chiedendogli se ha intenzione di fare qualche lavoro nel suo giardino nei giorni a venire, oppure dicendogli che le nostre forbici da giardino sono scomparse o si sono rotte, o ancora chiedendogli esplicitamente se può prestarci le sue forbici per un paio d'ore. Se scegliamo l'ultima opzione, possiamo aprire l'interazione preannunciando al vicino che dobbiamo chiedergli un favore oppure possiamo formulare subito la richiesta senza alcuna introduzione. Ci sono persone che presterebbero le loro cesoie comunque, a prescindere dalla modalità utilizzata per formulare la richiesta, e persone che invece non prestano i loro attrezzi a nessuno e che non lo farebbero nemmeno in questo caso, indipendentemente dalle nostre scelte verbali. A eccezione di questi due casi estremi, spesso le parole che scegliamo per formulare una richiesta hanno il potere di determinarne l'esito; una sfumatura verbale, l'uso di un certo termine, la scelta di dire alcune cose e di non dirne altre sono tutti fattori in grado di determinare se torneremo a casa con un paio di cesoie prestate oppure no. Come i nostri lettori hanno già avuto modo di scoprire, quasi tutte le tecniche di influenza sociale si basano sulla comunicazione verbale, ma in questo capitolo illustreremo specificamente quelle tecniche in cui la formulazione verbale gioca un ruolo decisivo.

TECNICA #87
(NON) DIRE "PER FAVORE"

Idea

In alcune culture si insegna ai bambini che esistono tre paroline magiche: "per favore", "grazie" e "scusa". L'uso di queste espressioni fa sì che il "mago" appaia come una persona educata e gentile e che incontri l'approvazione del suo ambiente sociale. Nell'ambito dell'influenza sociale, una di queste espressioni è particolarmente importante. È ovvio che, al momento di avanzare una richiesta, utilizzare il "per favore" aumenta le nostre chance di successo. Questa regola vale nella maggior parte dei casi, ma alcuni esperimenti hanno dimostrato che esistono situazioni in cui concludere una richiesta con questa espressione riduce le possibilità che essa venga soddisfatta, anziché aumentarle. Lo scopo di questo paragrafo non è dimostrarvi che l'educazione non paga, né incoraggiarvi a eliminare l'espressione "per favore" dal vocabolario. Tuttavia, non possiamo astenerci dal presentarvi questo meccanismo così paradossale e controintuitivo e spiegarvi quali sono le situazioni in cui è meglio non utilizzare questa espressione.

Ricerca

Michael Firmin, Janine Helmick, Brian Iezzi e Aaron Vaughn (2004) hanno condotto un esperimento molto semplice, il cui scopo era persuadere gli studenti residenti nel dormitorio universitario (sia ragazzi che ragazze) ad acquistare dei biscotti al cioccolato fatti in casa. Il costo di un biscotto era di 50 centesimi e i potenziali acquirenti venivano informati che i proventi delle vendite avrebbero contribuito a sostenere un'organizzazione benefica che aiutava gli affamati. A seconda delle condizioni sperimentali, Firmin e colleghi utilizzavano un modo leggermente diverso per incoraggiare gli studenti all'acquisto. In metà dei casi chiedevano semplicemente «Compreresti un biscotto?», mentre nell'altra metà aggiungevano il "per favore" alla fine della domanda. Nel primo caso, il 79% dei partecipanti acquistarono i biscotti. Volete sapere cosa accadde nella seconda variante? Con grande sorpresa degli autori stessi, in queste condizioni sperimentali solo il 65.3% dei soggetti acquistarono i biscotti. Come vedete, in questo caso l'utilizzo del "per favore" non solo non servì ad aumentare la propensione all'acquisto, ma addirittura produsse un calo significativo di questo dato.

Meccanismo

Solitamente, quando scopriamo che una certa attività contribuirà ad aiutare le persone in difficoltà, accettiamo volentieri di realizzarla per il loro bene. Probabilmente è ciò che accadde anche nelle condizioni create per l'esperimento appena descritto. Se ci viene offerto un biscotto a 50 centesimi e ci viene detto che i proventi delle vendite contribuiranno ad aiutare chi soffre la fame, il messaggio è privo di ambiguità e noi saremo felici di toglierci di tasca qualche moneta per acquistare un biscotto che magari nemmeno ci piace, perché abbiamo la certezza che saranno gli affamati a beneficiare del nostro gesto. Cosa accade quando nel messaggio viene aggiunto il "per favore"? In questo caso, abbiamo la sensazione che il richiedente sia particolarmente interessato a vendere quei biscotti, perciò cominciamo a sospettare che il principale beneficiario della nostra azione (cioè, l'acquisto dei biscotti) non siano gli affamati, ma la persona che avanza la richiesta. Non si tratta tanto del dubbio che il venditore tragga un qualche guadagno personale dalla vendita dei biscotti, quanto della sensazione che sia lui la persona a cui stiamo facendo un favore. Noi vogliamo aiutare gli affamati, non il venditore! Naturalmente, la situazione costruita ai fini dell'esperimento era molto specifica. Tuttavia, vale la pena di *valutare sempre con attenzione se l'uso dell'espressione «per favore» rischi di creare ambiguità sul reale beneficiario della richiesta* e, quindi, di ridurre sensibilmente le probabilità che essa venga soddisfatta.

TECNICA #88
GRATITUDINE

Idea

Spesso il "grazie" viene utilizzato come una mera formula di cortesia. Le norme della buona educazione, infatti, prevedono che si ringrazi sempre in determinate situazioni, per esempio quando si riceve un regalo di compleanno, quando qualcuno raccoglie una penna che ci è caduta di tasca, quando ci aiutano a mettere una valigia pesante sulla cappelliera del treno o quando ci vengono fornite spiegazioni dettagliate su come raggiungere un certo indirizzo. In questi casi, il "grazie" conclude l'azione, anziché introdurla (sebbene a volte capiti di ringraziare in anticipo). Ci sono situazioni, però, in cui il ringraziamento viene formulato quando l'attività è ancora in corso; è ciò che accade, per esempio, quando qualcuno sta facendo un ottimo lavoro e noi lo ringraziamo, augurandoci che continui a lavorare bene. E se, invece, abbiamo a che fare con qualcuno che non si sta occupando in maniera particolarmente zelante dell'attività di nostro interesse? Ringraziarlo in corso d'opera potrebbe servire a migliorare la sua condotta? Oppure, al contrario, il ringraziamento verrà interpretato come una conferma della buona qualità del suo lavoro e, quindi, come un incoraggiamento a continuare nello stesso modo?

Come tutti sappiamo, esistono attività che possono essere svolte con una frequenza variabile. Per esempio, si possono pulire le finestre una volta a settimana, una volta al mese, una volta ogni tre mesi o perfino più di rado. Allo stesso modo, si può fare jogging tutti i giorni, ogni due giorni o due volte a settimana. Nel caso dei programmi di rieducazione, per esempio, la frequenza di determinate attività è un elemento fondamentale per la loro riuscita. Nel nostro caso, parleremo della frequenza con cui gli assistenti sociali fanno visita ai minori che hanno avuto problemi con la giustizia. È possibile che ringraziare questi professionisti per il lavoro svolto li induca ad aumentare la frequenza dei contatti con i propri assistiti, nel breve termine?

Ricerca

Un aspetto molto importante dei programmi di rieducazione per minori è il sostegno fornito dagli assistenti sociali, che sono figure con una preparazione specifica in questo campo. La chiave del loro lavoro è il contatto diretto con gli assistiti, che avviene attraverso degli incontri durante i quali i professionisti hanno l'occasione di approfondire le problematiche dei ragazzi e di capire, tra le altre cose, se sono sobri o sotto l'effetto di sostanze. L'obiettivo più importante di queste conversazioni faccia a faccia, però, è quello di costruire un rapporto di fiducia reciproca. Hewitt Clark, James Northrop e Charles Barkshire (1988) decisero di indagare a fondo su questo tema e scoprirono che solo il 43% dei giovani inseriti in questi programmi ricevevano la visita degli assistenti sociali con cadenza settimanale. Naturalmente, tale scoperta li portò a domandarsi cosa si potesse fare per cambiare in meglio la situazione. Tra gli interventi psicologici realizzati, ce ne fu uno molto semplice: inviare a tutto il personale una breve lettera di ringraziamento per il lavoro svolto, provvedimento che veniva messo in atto ogni volta che facevano visita a un assistito. Questa semplice misura fu sufficiente ad aumentare in maniera significativa la frequenza delle visite! Infatti, in seguito a questo intervento, ben il 78% dei giovani nel programma di rieducazione dichiararono di ricevere visite settimanali da parte degli assistenti sociali. Tuttavia, non appena le lettere si fermarono, la frequenza delle visite calò nuovamente e la percentuale di assistiti che incontravano i professionisti dei servizi sociali con cadenza settimanale scese al 50%.

Meccanismo

Oltre a suscitare un senso di soddisfazione in chi lo riceve, un ringraziamento per il lavoro svolto genera anche conseguenze meno ovvie. Punto primo, chi si vede recapitare un messaggio del genere prende consapevolezza del fatto che il suo lavoro è importante e che viene notato dagli altri. Punto secondo, il ringraziamento costituisce una sorta di vincolo che "obbliga" il destinatario a comportarsi in modo tale da meritare tanta gratitudine. Punto terzo, le azioni per cui il soggetto è stato ringraziato diventano più accessibili dal punto di vista cognitivo: il destinatario del ringraziamento ci pensa più spesso e riflette con maggior frequenza sul loro corso e sulle loro conseguenze, percependo con maggiore intensità il senso profondo delle azioni compiute fino a quel momento. La sinergia di tutti questi elementi rende le persone più inclini a dedicarsi alle attività per cui, in passato, sono state ringraziate. L'esperimento sopra descritto dimostra che l'invio di una lettera di ringraziamento ha il potere di aumentare notevolmente la frequenza delle visite effettuate dagli assistenti sociali. Si tratta di un dato inequivocabile e facilmente quantificabile. Non possiamo essere certi (anche se lo speriamo) che la misura adottata abbia generato un miglioramento nella qualità dell'assistenza fornita dai servizi sociali ai ragazzi problematici o nel livello di impegno dei professionisti verso le proprie responsabilità. A differenza del paragrafo precedente, nella quale abbiamo riportato evidenze a sostegno della tesi che, in certi casi, l'uso dell'espressione «Per favore» può ridurre le probabilità che la richiesta venga soddisfatta, in questo caso ci preme dichiarare senza mezzi termini che non siamo a conoscenza di ricerche empiriche che abbiano rilevato particolari situazioni in cui l'uso della parola "grazie" fosse associato a una diminuzione dell'influenza sociale. Pertanto, *non tratteniamoci dal ringraziare gli altri per ciò che fanno, specie se lo fanno bene.*

TECNICA #89
SCUSA, TI DISTURBO?

Idea

La tecnica *Chiedi un favore* descritta all'inizio del libro (*Tecnica #4*) ha il grande vantaggio di essere molto semplice e allo stesso tempo universale. Sostanzialmente, consiste nell'anteporre alla richiesta principale una frase che, in sé e per sé, non ha un vero significato, qualcosa come «Posso chiederti un favore?» oppure «Potresti farmi una cortesia?». Sarebbe interessante scoprire se esistono altre espressioni che hanno lo stesso effetto e che portano il rispondente a dare automaticamente una risposta educata e convenzionale. Così come al «Buongiorno» rispondiamo con un altro «Buongiorno», quando ci sentiamo chiedere «Scusa, ti disturbo?», rispondiamo automaticamente di no. Naturalmente, anche questa regola ha le sue eccezioni. Per esempio, se siamo molto occupati con qualcosa di importante o se chi ci interpella non è una persona di nostro gradimento, non ci sforzeremo di assecondare l'altro e faremo di tutto per concludere l'interazione più in fretta possibile. Ma cosa accade quando invece diamo una risposta convenzionale a questa domanda? Come reagiremmo se, subito dopo, l'interlocutore avanzasse una richiesta? Due ricercatori francesi hanno deciso di scoprirlo.

Ricerca

Sebastien Meineri e Nicolas Gueguen (2011) vennero incaricati di condurre un'indagine telefonica per rilevare l'opinione degli abitanti del sud della Bretagna (Francia) circa un giornale locale. L'intervista era composta da 32 domande e ci volevano diversi minuti per completarla. Il problema principale in questo genere di indagini è che, di solito, un'elevata percentuale di soggetti rifiutano di partecipare. I ricercatori decisero di sfruttare il loro incarico per testare l'efficacia di una tecnica di influenza sociale che riducesse, almeno in parte, il tasso di rifiuto, grazie alla frase «Mi scusi, la disturbo?». Ai fini dell'indagine che, come sappiamo, era anche un esperimento, vennero selezionati casualmente dall'elenco del telefono 1791 contatti (a quell'epoca quasi tutti avevano ancora la linea fissa e sull'elenco telefonico si potevano reperire nomi e numeri senza difficoltà). I chiamanti si presentavano educatamente, dopodiché la conversazione poteva seguire tre percorsi differenti, a seconda delle condizioni sperimentali. Nel primo caso, quello del gruppo di controllo, veniva semplicemente formulata la richiesta di dedicare qualche minuto a un sondaggio sul giornale *Le Télégramme*. In questo caso, solo il 17.3% dei rispondenti accettò di sostenere l'intervista. Nel secondo gruppo, il chiamante esordiva con «Mi scusi, la disturbo?», attendeva la risposta e poi (a prescindere dal suo contenuto) chiedeva di parlare del giornale. Delle 587 persone a cui il chiamante chiese se disturbava, solo 12 (cioè, circa il 2%) risposero di sì, adducendo giustificazioni come «Vado di fretta», «In questo momento non ho tempo» oppure «Sto uscendo di casa». Come era prevedibile, solo una di queste 12 persone successivamente accettò di rispondere all'intervista. A parte queste persone, gli altri partecipanti risposero tutti in maniera educata, con frasi come «No, non mi disturba» oppure «No, si figuri». Nel gruppo che era stato interpellato con queste modalità (compresi i soggetti che avevano risposto di sì alla domanda «La disturbo?»), il 25.2% dei soggetti accettarono di parlare del giornale, una percentuale notevolmente più alta di quella rilevata nel gruppo di controllo. C'era poi un terzo gruppo, nel quale il chiamante chiedeva «Mi scusi, la disturbo?» ma poi non aspettava la risposta del partecipante e procedeva subito con la richiesta di effettuare l'indagine; in queste condizioni di prova, si registrò una percentuale di assenso del 19.1%, quindi molto simile a quella del gruppo di controllo.

Meccanismo

L'ipotesi più accreditata è che il meccanismo psicologico responsabile dell'efficacia di questa tecnica sia la tendenza umana a mostrare *coerenza*. Quando qualcuno risponde negativamente alla domanda «Scusa, ti disturbo?», sta implicitamente affermando che ha del tempo a disposizione e che non sta facendo nulla di importante o di urgente in questo momento. Stando così le cose, è legittimo aspettarsi che accetti anche di soddisfare la successiva richiesta, un'attività alla quale dovrà dedicare 10-15 minuti al massimo. Quest'ipotesi è confermata anche dal fatto che la tecnica perde la sua efficacia quando la persona che chiede «Scusa, ti disturbo?» non attende la risposta dell'altro, ma formula subito la richiesta. Infatti, in questo caso, la persona che viene interpellata non si ritroverà incastrata nella trappola della coerenza, in quanto non ha mai dichiarato che il chiamante non le arreca alcun disturbo o che non ha interrotto un'attività importante. Tuttavia, c'è anche un'altra possibile interpretazione dei risultati: forse la chiave di tutto è la percezione che il chiamante sia una persona molto cortese. Iniziare una conversazione con la domanda «Mi scusi, la disturbo?», attendere una risposta e avanzare una sola richiesta, seguendo il *principio di reciprocità* di cui abbiamo già parlato, trasmette un'idea di grande cortesia, che si traduce nel consenso a soddisfare la richiesta. Al contrario, porre la domanda senza attendere la risposta non è considerato un comportamento educato (anzi, a dirla tutta, è una vera e propria scortesia!). Non stupisce, dunque, che un simile atteggiamento non contribuisca ad aumentare la propensione ad assecondare la richiesta che segue.

TECNICA #90
LEGITTIMA I CONTRIBUTI MODESTI (LCM): «ANCHE UN CENTESIMO SAREBBE DI AIUTO»

Idea

È probabile che a tutti voi, cari lettori, spesso venga chiesto di fare una donazione in favore di un'organizzazione benefica. In queste circostanze, vi trovate a dover decidere se fare o non fare la donazione. Da cosa dipende questa decisione? Probabilmente rispondereste che dipende da molti fattori: la causa da sostenere, l'associazione che si occupa della raccolta fondi, l'abbigliamento del dialogatore o la vostra situazione economica. Converrete con noi che l'esito può variare anche in base al vostro umore o al fatto di aver appena donato del denaro per un'altra causa. Ma ci sono anche altri fattori rilevanti, per esempio se al momento della richiesta siete soli o in compagnia di amici e, nel caso siate con degli amici, come si comportano: donano o non donano? E se facessero una donazione dicendo ad alta voce «Per conto di tutto il gruppo»? L'elenco dei potenziali fattori che contribuiscono a determinare la vostra reazione potrebbe proseguire ancora a lungo. Tuttavia, preferiamo soffermarci su un aspetto completamente diverso, ma altrettanto importante, ovvero il modo in cui viene formulata la richiesta di donazione o, più precisamente, quali parole vengono utilizzate dalla persona che avanza la richiesta.

Ricerca

Robert Cialdini e David Schroeder (1976) condussero un interessante esperimento sull'efficacia della richiesta di donare per beneficenza. Nella loro ricerca, hanno esaminato i risultati ottenuti da alcuni rappresentanti dell'American Cancer Society durante una campagna di raccolta fondi porta a porta in favore della lotta contro il cancro. In condizioni standard, il 28.6% delle persone interpellate accettarono di fare una donazione. A onor del vero, si tratta di una percentuale piuttosto incoraggiante, che indica un buon livello di generosità della popolazione consultata! Tuttavia, i ricercatori scoprirono che, aggiungendo qualche parola apparentemente insignificante alla loro richiesta (per l'esattezza, «Anche un centesimo sarebbe di aiuto»), i dialogatori erano riusciti a incrementare notevolmente la frequenza delle donazioni! In questo caso, infatti, addirittura una persona su due aveva scelto di donare! Inoltre, va sottolineato che, se si prendono in considerazione solo i soggetti che avevano fatto una donazione, l'importo medio delle donazioni nelle due varianti cambia davvero poco (rispettivamente, 1.44 e 1.54 dollari). Ciò significa che, semplicemente aggiungendo le poche parole menzionate, la somma raccolta era letteralmente raddoppiata!

Meccanismo

Cialdini e Schroeder sottolineano che, in generale, è relativamente facile rifiutare una richiesta impegnativa. Se ciò che ci viene chiesto è molto costoso dal punto di vista materiale, se richiede molto tempo o se in qualche modo ci arreca disturbo, siamo in grado di giustificare in molti modi la nostra scelta di non soddisfare la richiesta. Ma c'è di più: in questo caso, le ragioni del nostro rifiuto sono socialmente accettabili, cioè vengono considerate dagli altri come un motivo sufficiente per rifiutarsi di dare aiuto. Cosa succede, invece, quando qualcuno ci chiede di fare una donazione per una buona causa? Quando rifiutiamo, spesso ci giustifichiamo con noi stessi dicendoci che il dialogatore non ci ispirava fiducia o che non possiamo sapere se i nostri soldi verrebbero realmente utilizzati come promesso. Di solito, però, questi sospetti non hanno una causa reale. Perché mai dovremmo offendere un volontario, anche solo nella nostra testa? Così, troviamo un'altra argomentazione solida e razionale: «Non sono abbastanza ricco». Non sono abbastanza ricco da poter aiutare tutti quelli che ne hanno bisogno, non sono abbastanza ricco da poter dare il mio contribuito in una situazione come questa. Ma cosa succede se il richiedente utilizza la frase «Anche un centesimo sarebbe di aiuto», legittimando dei contributi modesti? Pronunciando queste parole, ci nega la possibilità di utilizzare questa argomentazione, che fino a un attimo prima ci era parsa inattaccabile. In fondo, non serve essere ricchi per donare un centesimo. Non sono mica così povero da non poter donare una somma così ridicola! Così, mettiamo le mani in tasca e, già che ci siamo, non tiriamo fuori un solo centesimo, ma l'importo che abitualmente si dona in queste circostanze. Ecco dunque che poche parole apparentemente banali riescono a generare un grande cambiamento nel comportamento delle persone a cui si chiede di fare una donazione per una buona causa.

TECNICA #91
LEGITTIMA I CONTRIBUTI MODESTI (LCM): OLTRE LA RACCOLTA FONDI

Idea

La tecnica appena descritta è finalizzata ad aumentare in maniera significativa la quantità di denaro raccolta attraverso le richieste di donazione. Tuttavia, legittimare i contributi modesti è utile anche in altri tipi di attività, diverse dalla raccolta fondi. Per esempio, se stiamo cercando volontari disposti a sistemare un cimitero abbandonato o a pulire le gabbie degli animali in un rifugio, potremmo utilizzare la frase «Anche pochi minuti sarebbero di aiuto». Se stiamo organizzando una protesta contro una minaccia alla democrazia, invece, il nostro principale obiettivo è fare in modo che all'evento si presenti il maggior numero possibile di partecipanti, perciò, oltre a chiedere alle persone di presenziare, le preghiamo di convincere anche i loro amici ad accompagnarle. Qual è la cosa giusta da dire in questi casi? Probabilmente qualcosa come «Anche una sola persona in più fa la differenza». Naturalmente, gli esempi di questo genere sono moltissimi. Possiamo dunque affermare che l'efficacia di questa tecnica vada ben oltre le raccolte fondi? Di seguito illustriamo un esperimento i cui risultati rappresentano una risposta inequivocabile a questa domanda.

Ricerca

Molti anni fa, Breslavia – la città in cui è situata l'università in cui lavoriamo – si candidò a ospitare l'Esposizione Universale. Le autorità locali decisero (giustamente) che era necessario ottenere il pieno consenso dei residenti per questo progetto, perciò realizzarono, tra le altre iniziative, dei volantini nei quali venivano fornite informazioni sull'Esposizione Universale in generale e su quali i benefici questo evento comporta per la città che lo ospita. Naturalmente, l'obiettivo era distribuire i volantini al maggior numero di persone possibile. Insieme ad alcuni colleghi, decidemmo di unire l'utile al dilettevole, e di realizzare un esperimento per testare una tecnica che inducesse i passanti non solo ad accettare il volantino che veniva offerto, ma addirittura a prendere del materiale aggiuntivo da distribuire ad altre persone (Dolinski et al., 2005). L'esperimento si svolgeva come segue: gli studenti distribuivano i volantini nel centro storico della città; quando un passante tendeva la mano verso di loro, gli davano un volantino e allo stesso tempo gli dicevano che sarebbe stato di grande aiuto se avesse preso un po' di volantini da distribuire a vicini di casa e amici. Nella metà dei casi, a questa richiesta veniva aggiunta la frase «Ogni volantino in più che viene distribuito fa la differenza». Dai risultati emerse che, mentre nell'esperimento di controllo solo il 31% dei passanti aveva accettato di prendere il materiale aggiuntivo, nelle condizioni sperimentali in cui il messaggio conteneva la frase menzionata questo dato aumentò notevolmente, raggiungendo il 43%.

Meccanismo

Il meccanismo responsabile dell'efficacia di questa tecnica, naturalmente, è molto simile a quello descritto nel precedente paragrafo (*Tecnica #90*). Dopotutto, chi di noi non conosce almeno una persona a cui può consegnare un volantino senza troppa fatica e senza perdere tempo? Data la facilità della richiesta, è difficile rifiutarsi di partecipare alla distribuzione di questo interessante materiale informativo ed evitare di prendere qualche volantino in più. Tuttavia, se accettiamo di distribuire volantini, non possiamo limitare il nostro contributo a un solo volantino. Dobbiamo prenderne almeno una decina o magari anche diverse decine (in fondo, nessuno di noi ha un solo amico o un solo vicino di casa). La forza della tecnica illustrata in questo paragrafo e di quella precedente consiste proprio nel fatto che, *pur affermando che un contributo modesto sarebbe sufficiente, non diciamo esplicitamente all'altro che la sua partecipazione dovrà essere minima*. In effetti, come abbiamo visto, chi subisce l'effetto di questa tecnica non si limita quasi mai a dare il contributo minimo richiesto.

TECNICA #92
IL VINCOLO DELLA METACOMUNICAZIONE

Idea

Immaginate il seguente scenario: state camminando da soli per strada quando uno sconosciuto vi ferma e vi chiede qualcosa. La sua richiesta vi sembra un po' strana. Perché dovreste accontentarlo? Probabilmente risponderete «No, grazie. Arrivederci» e vi allontanerete, o magari non risponderete nemmeno, vi limiterete a fare di no con la testa o a stringervi nelle spalle, rivolgendogli un sorriso di convenienza, per poi tirare dritto. Ma che fareste se la persona chc ha avanzato la richiesta concludesse il suo discorso più o meno così: «Spero che la mia richiesta non l'abbia messa a disagio. Se è così, me lo dica pure», oppure «Se la mia richiesta le sembra inappropriata, dato che non ci conosciamo, si senta libero di dirmelo»? Forse pensate che questa piccola aggiunta finale non influenzerebbe in alcun modo la vostra decisione. In fondo, sono solo formule di cortesia che non significano niente, giusto? Eppure... Aspettate di scoprire l'esperimento riportato: quando vedrete i risultati, non sarete più tanto sicuri che queste poche parole non abbiano alcun peso.

Ricerca

Michael Patch, Vicki Hoang e Anthony Stahelski (1997), nella loro ricerca, coinvolsero persone che si trovavano all'interno di un campus universitario. Nell'esperimento di controllo, il messaggio, indirizzato solo a persone che camminavano da sole, era il seguente: «Faccio parte di un gruppo studentesco che difende gli interessi degli studenti su temi come gli eventi sociali del campus e i posti auto. Abbiamo bisogno di condurre delle interviste approfondite con qualche studente per capire quali sono le problematiche più urgenti. Potresti concederci 20 minuti del tuo tempo per un incontro pomeridiano, questa settimana?». In questa variante dell'esperimento, solo il 18% dei soggetti interpellati accettarono di soddisfare la richiesta. In condizioni sperimentali, invece, prima di chiedere ai partecipanti di dedicare 20 minuti del loro tempo all'intervista, lo sperimentatore pronunciava la seguente frase: «Può sembrare strano, me ne rendo conto, ma vorrei chiederti una cosa. Se ti sembra inappropriato, dato che non ci conosciamo, sentiti libero di dirmelo». Ebbene, in questo caso più del doppio dei soggetti accettarono di sostenere l'intervista, con una percentuale di assenso del 41%.

Meccanismo

Se uno sconosciuto avanza una richiesta che non vogliamo assecondare, rifiutiamo di aiutarlo. Tuttavia, la ragione del rifiuto è una questione privata, di cui non abbiamo intenzione di parlare. Il richiedente, però, può utilizzare il cosiddetto *vincolo metacomunicativo*, ovvero introdurre nel suo breve discorso un riferimento alla possibilità che la sua richiesta provochi in noi un certo disagio e che questo ci spinga a rifiutarla. Il richiedente aggiunge un'ulteriore sollecitazione, molto particolare: se abbiamo intenzione di rifiutare, dobbiamo dirglielo esplicitamente e spiegare le ragioni della nostra scelta. Il problema è che spiegare a uno sconosciuto il motivo per cui non ci va di fare una certa cosa o ammettere che troviamo inappropriata la sua richiesta ci metterebbe ancor più a disagio che soddisfare la richiesta stessa! Dal punto di vista psicologico, questo messaggio apparentemente educato e premuroso ci toglie la possibilità di rifiutare la richiesta senza spiegare le ragioni della nostra decisione, rendendo di fatto impossibile adottare un comportamento che, in genere, manifestiamo spesso. Ci restano solo due scelte: soddisfare la richiesta o rifiutare spiegando le ragioni della nostra scelta. Come abbiamo visto, in queste circostanze molte persone preferiscono assecondare la richiesta anziché ritrovarsi intrappolate in una spiacevole discussione sulle ragioni del loro rifiuto.

TECNICA #93
L'UNICA RICHIESTA

Idea

Cosa proviamo quando qualcuno ci fa una richiesta? Immaginiamo il seguente scenario: è un bel pomeriggio di sole e stiamo tornando a casa a piedi dal lavoro, o magari stiamo solo facendo una breve passeggiata. Osserviamo il mondo intorno a noi, ragioniamo su cosa preparare per cena (e magari pensiamo alla persona con cui ci piacerebbe cenare) e ci godiamo la nostra passeggiata senza fretta, quando all'improvviso veniamo fermati da una donna con una cartellina, che ci fa una domanda. Supponiamo, per esempio, che ci chieda di compilare un questionario sui nostri programmi per le vacanze.

Che fare? Siete davvero stufi di tutte quelle chiamate di telemarketing in cui vi fanno una marea di domande solo per offrirvi l'irrinunciabile occasione di acquistare una pregiatissima trapunta di alpaca o di partecipare alla dimostrazione di un dispositivo medico. Sospettate che le domande sulle vacanze siano solo un'introduzione fuorviante, un tentativo di intrappolarvi in una conversazione in cui, alla fine, vi verrà proposto l'acquisto di un prodotto o vi verrà chiesto di fare una donazione in favore di un'associazione benefica. Se così fosse, sarebbe meglio rifiutare subito, dicendo alla donna che andate di fretta o che non siete interessati a ciò che vuole offrirvi. O forse la cosa più semplice sarebbe tirare dritto senza stabilire alcun tipo di comunicazione con lei. Sì, questa è sicuramente la soluzione migliore. In questo modo, eviterete di perdere tempo e di farlo perdere agli altri e vi metterete in salvo dal rischio di un'escalation di richieste. Ma che succederebbe se lei aggiungesse, alla fine del discorso, la frase: «Questa è la mia unica richiesta, non gliene farò altre»?

Ricerca

Abbiamo realizzato una serie di studi finalizzati a verificare se il fatto di specificare che la richiesta avanzata non sarà seguita da altre richieste possa influenzare la propensione a fare una donazione in favore di un'associazione benefica (Grzyb e Dolinski, 2017). A questo scopo, abbiamo avviato una collaborazione con un hospice pediatrico che è solito raccogliere fondi durante i grandi eventi (mercati, concerti e fiere professionali di ogni genere). Va precisato che questo genere di collaborazioni sono sempre vantaggiose per entrambe le parti: noi ricercatori otteniamo dati utili per le nostre rilevazioni e le donazioni raccolte durante gli esperimenti vengono devolute all'associazione con cui collaboriamo.

Nel caso specifico di questo studio, due volontarie di sesso femminile fermavano dei passanti selezionati in maniera casuale tra il pubblico di un concerto all'aperto organizzato dall'hospice. Nel gruppo di controllo, i soggetti venivano interpellati come segue: «Buongiorno, stiamo raccogliendo fondi in favore di un hospice pediatrico della zona. Vorrebbe unirsi alla nostra causa e fare una donazione?». Nel gruppo sperimentale, le volontarie pronunciavano la stessa frase, ma alla fine aggiungevano: «Questa è la nostra unica richiesta, non le chiederemo altro».

I risultati confermarono le ipotesi iniziali. Nel gruppo sperimentale, il numero di soggetti che decisero di aprire il portafoglio per fare una donazione fu molto più alto che nel gruppo di controllo. Nelle condizioni di controllo, infatti, solo il 15% dei soggetti acconsentirono a donare, mentre questa percentuale arrivò al 55% quando le volontarie avevano specificato «Questa è la nostra unica richiesta». Aggiungere questa semplice informazione alla fine del discorso fece aumentare di quasi tre volte il numero di persone disposte a dare sostegno all'hospice!

Meccanismo

Tutti vorremmo vivere in un mondo governato da regole chiare e ben definite (o, per lo meno, di solito sosteniamo che sia così). Non siamo particolarmente amanti dell'incertezza, che essa riguardi le intenzioni del nostro interlocutore o gli sviluppi futuri della situazione in cui ci troviamo. Pertanto, a volte preferiamo andare sul sicuro ed evitare le situazioni che potrebbero prendere una piega spiacevole. Così, decidiamo di dire di no in via preventiva anziché intrattenere una conversazione il cui esito è incerto. La *tecnica dell'unica richiesta* fa leva proprio su questa paura o, per essere più precisi, sull'attenuazione di questo sentimento. Pertanto, se avete intenzione di chiedere qualcosa di specifico (fare una donazione, firmare una petizione o rispondere alle domande di un questionario), potete *provare a smorzare i timori dell'interlocutore sottolineando che questa sarà la vostra unica richiesta e che non ne seguiranno altre*. Così facendo, aumenterete le vostre probabilità di successo; infatti, come dimostrato dagli studi sopra descritti (oltre che da molti altri studi che ne confermano i risultati), questo metodo è piuttosto efficace.

Cosa succederebbe se decideste di fare una nuova richiesta allo stesso soggetto che ha assecondato la prima? Questa eventualità non dev'essere necessariamente frutto di un freddo calcolo o di una strategia preparata a tavolino; a volte, infatti, accade che la seconda richiesta sia la naturale conseguenza della prima e che, quindi, ci sentiamo liberi di avanzarla. È un metodo inesorabilmente destinato al fallimento? Il soggetto potrebbe pensare che non erano questi i patti e concludere l'interazione. Tuttavia, alcune delle tecniche descritte in altri capitoli di questo libro (la meta-tecnica del *dialogo* e il *principio di impegno e di coerenza*) suggeriscono che questo esito sia altamente improbabile. In conclusione, se anche nel corso della conversazione dovesse venir fuori che la famosa "unica richiesta" in realtà non è l'unica, non è detto che la persona si tiri indietro.

TECNICA #94
COINVOLGIMENTO IN UN DIALOGO

Idea

Diversi anni fa, uno degli autori di questo libro realizzò uno studio commissionato da una grande catena di elettrodomestici. Lo scopo dello studio era identificare i tratti che distinguevano i migliori venditori dello staff. I risultati sarebbero poi stati utilizzati come punto di partenza per organizzare la formazione dei dipendenti. La prima caratteristica che ci viene in mente quando pensiamo a un buon venditore è il suo livello di competenza. Un bravo addetto alle vendite è una persona che sa rispondere in maniera esaustiva e competente a tutte le domande poste dal cliente. Tuttavia, dalla ricerca emerse che gli addetti che avevano più successo nelle vendite non erano tanto quelli che sapevano rispondere alle domande, quanto quelli che *ponevano* molte domande. Se, per esempio, un cliente entra in negozio per acquistare un ferro da stiro, un buon addetto alle vendite gli chiederà se il ferro verrà utilizzato con frequenza o solo occasionalmente. Inoltre, il cliente lo userà solo per gli abiti di tutti i giorni o dovrà stirarci anche tende e coperte pesanti? Lo utilizzerà esclusivamente in casa o lo porterà con sé nei suoi spostamenti? Solo al termine di questa breve conversazione, l'addetto alle vendite presenterà al cliente tre o quattro ferri da stiro tra cui scegliere, dicendo: «Ecco, questi sono i modelli che fanno per lei». In altre parole, i migliori addetti alle vendite sono quelli che intrattengono delle conversazioni con i clienti, anziché limitarsi a illustrare il prodotto richiesto. Accantoniamo ora i ferri da stiro, le macchine da caffè e gli spremiagrumi elettrici e chiediamoci: sostenere una conversazione con il nostro interlocutore lo renderà più incline a soddisfare la nostra richiesta o ad accettare la nostra offerta? In altre parole, *coinvolgere attivamente qualcuno in un dialogo* può rappresentare una tecnica di influenza sociale?

Ricerca

L'esperimento (Dolinski et al., 2001) venne condotto da persone di giovane età (studenti universitari) nell'area pedonale principale di Breslavia, una delle città più grandi della Polonia (700 000 abitanti). La persona che conduceva lo studio si avvicinava ai passanti adulti non accompagnati e, nell'esperimento di controllo, si presentava come uno studente universitario che, insieme a un gruppo di amici, stava cercando di raccogliere soldi per organizzare un viaggio in Nepal. A questo scopo, vendeva dei bastoncini di incenso indiano a un prezzo molto conveniente. Quanti passanti avrebbero accettato di acquistarli? In queste condizioni di prova, solo il 6% delle persone interpellate colse questa occasione. Le condizioni sperimentali, invece, prevedevano l'uso della tecnica del coinvolgimento in un dialogo. Ecco perché, dopo aver avvicinato il soggetto, lo sperimentatore esordiva con la seguente domandava: «Secondo lei chi ha l'olfatto più sensibile ai profumi, le donne o gli uomini?». A prescindere dalla risposta, lo sperimentatore proseguiva chiedendo le motivazioni della sua scelta. Dopo aver ascoltato le argomentazioni fornite dal soggetto, lo sperimentatore lo informava che, insieme a un gruppo di amici, stava provando a raccogliere dei soldi per organizzare un viaggio in Nepal e che, a questo scopo, vendeva dei bastoncini di incenso indiano a un prezzo molto conveniente. In queste condizioni sperimentali, il 20% esatto dei partecipanti acconsentì ad acquistare i bastoncini di incenso. Inoltre, a seguito di un'ulteriore analisi dei risultati, è stato rilevato che l'incremento delle decisioni di acquisto non era legato a fattori come il sesso del soggetto, il sesso dello sperimentatore o le risposte fornite dal soggetto alle domande dello sperimentatore.

Meccanismo

Il monologo e il dialogo sono le due principali forme di comunicazione. Il *monologo* è la modalità tipica delle situazioni in cui i due soggetti che comunicano non si conoscono: è ciò che succede, per esempio, quando accendiamo la radio e ascoltiamo un monologo sulle previsioni del tempo o quando entriamo in una stazione dei treni e sentiamo i messaggi sui ritardi. Non conosciamo lo speaker radiofonico, né tanto meno la signora che lavora in stazione. Cosa accade, invece, quando incontriamo un conoscente? Prima di tutto lo salutiamo e poi gli poniamo una domanda, che può essere di carattere generale (per esempio, «Come stai?» o «Come va?») oppure più specifica (per esempio, «Sei stato a lezione ieri?» oppure «Sai com'è finita la partita ieri?»). Una volta ascoltata la risposta, la commentiamo o comunque diamo seguito al suo contenuto. Pertanto, il *dialogo* è la tipica forma di interazione che adottiamo con le persone che conosciamo. Probabilmente converrete con noi che, in linea generale, siamo maggiormente propensi a soddisfare una richiesta avanzata da qualcuno che conosciamo piuttosto che da un estraneo. Rifiutarsi di aiutare un conoscente può risultare un gesto insensibile, se non addirittura scortese, specie se la richiesta non è impegnativa, né particolarmente problematica. Se, invece, un estraneo ci rivolge una richiesta in forma di monologo, sta adottando la modalità tipica e preferenziale delle interazioni tra sconosciuti. Tuttavia, se questa persona, prima di avanzare la richiesta, riesce a coinvolgerci in un dialogo, si sta comportando come se ci conoscesse. Dal momento che, come abbiamo ribadito più volte nel corso del libro, le persone spesso agiscono in maniera automatica, ricorrendo a schemi comportamentali "pronti all'uso" sviluppati in precedenza, un estraneo che ci coinvolge in un dialogo innesca lo schema comportamentale riservato alle interazioni con le persone di nostra conoscenza. Questo modello comportamentale prevede che assecondiamo la sua richiesta o che accettiamo la sua offerta.

Nell'esperimento descritto, la conversazione iniziale (dialogo) riguardava lo stesso argomento dell'offerta che veniva fatta alla fine dell'interazione, poiché l'una verteva sulla sensibilità ai profumi e l'altra sulla vendita di bastoncini di incenso. Altri esperimenti hanno dimostrato chiaramente che questo collegamento non è necessario. Il dialogo iniziale può riguardare qualsiasi argomento, dal tempo all'umore di quel giorno, agli esami di fine semestre di uno studente universitario: qualsiasi sia il tema, *il dialogo renderà la persona più propensa ad assecondare la nostra richiesta, a prescindere dal suo contenuto – che non deve essere necessariamente collegato all'argomento della conversazione iniziale.* Tuttavia, è indispensabile che il dialogo iniziale riguardi qualcosa di banale e di ordinario, in quanto se iniziassimo la conversazione con un tema molto importante per il nostro interlocutore, quest'ultimo smetterebbe di agire in maniera automatica e adotterebbe un atteggiamento più critico e riflessivo. Se, nel corso di questa conversazione, dovesse divenire evidente che la nostra opinione su questo tema così importante diverge da quella del nostro interlocutore, le probabilità che la nostra richiesta venga soddisfatta non solo non aumenterebbero, ma addirittura diminuirebbero.

TECNICA #95
DIALOGO E LEGITTIMAZIONE DEI CONTRIBUTI MODESTI (LCM)

Idea

La tecnica di *coinvolgimento in un dialogo* è di facile applicazione; infatti, iniziare un'interazione con la persona che desideriamo influenzare conversando di un argomento banale è del tutto naturale. In questo caso, fare conversazione equivale a porre qualche domanda, ascoltare le risposte e magari rispondere a qualche quesito posto dall'interlocutore. La naturalezza che contraddistingue questa tecnica e il fatto che abbia la funzione di stabilire il primo contatto con l'interlocutore rendono questo metodo perfetto per essere combinato con altre tecniche di influenza sociale. Quando chiediamo aiuto a qualcuno – aiuto che può richiedere un livello di impegno molto variabile, per esempio fare un favore può richiedere da un minuto a diverse ore, una donazione benefica può andare da un centesimo a somme esorbitanti, e così via – è sempre consigliabile utilizzare la tecnica *LCM*, di cui abbiamo già parlato. Ci permettiamo di ricordare brevemente che la tecnica consiste nell'informare l'interlocutore che anche un contributo minimo sarà molto apprezzato. Sappiamo già che si tratta di una tecnica molto efficace, ma la sua efficacia aumenterà se la utilizzeremo con persone che abbiamo precedentemente coinvolto in un dialogo?

Ricerca

Gli autori di questo libro, insieme ad altri colleghi (Dolinski et al., 2005), hanno condotto uno studio sul campo a Opole (città polacca che conta circa 100 000 abitanti). Gli studenti si fingevano volontari di un'associazione benefica che raccoglievano fondi per i rifugiati afghani in Pakistan. I soggetti interpellati erano passanti adulti che camminavano da soli. Nell'esperimento di controllo, gli studenti dicevano semplicemente «Buongiorno/Buonasera», poi porgevano un salvadanaio tintinnante di monete al soggetto e pronunciavano questa domanda: «Un contributo per un'associazione che aiuta i rifugiati afghani?». In queste condizioni di prova, il 16.7% dei soggetti decise di mettere qualche moneta nel salvadanaio. In condizioni sperimentali, invece, lo sperimentatore iniziava coinvolgendo il soggetto in un dialogo e solo dopo avanzava la richiesta di donazione. I ricercatori decisero di utilizzare due diversi argomenti di conversazione per il dialogo iniziale. Alcuni soggetti vennero interpellati sul tema dei rifugiati. In questo caso, dopo i saluti iniziali, la domanda che veniva posta era la seguente: «Ha sentito parlare della guerra in Afghanistan?». Naturalmente, la risposta era affermativa. A questo punto, lo sperimentatore faceva un'altra domanda: «Ritiene giusto aiutare in qualche modo i rifugiati che restano bloccati nei campi profughi sul confine pakistano?». In queste condizioni sperimentali, ben il 50% dei soggetti interpellati decise di mettere del denaro nel salvadanaio. Come potete vedere, anche in questo caso il coinvolgimento in un dialogo si è dimostrato molto efficace come tecnica di influenza sociale.

Cosa è accaduto quando, nelle condizioni di prova appena descritte, lo sperimentatore, oltre a porgere il salvadanaio, pronunciava la frase «Anche un centesimo sarebbe di aiuto»? In questo caso, addirittura il 63.3% dei soggetti rispose in maniera affermativa alla richiesta di donazione. Alla luce di questi risultati, verrebbe da dubitare che il ruolo del dialogo iniziale sia davvero determinante. Va precisato, però, che la maggior parte delle persone a cui fu chiesto se era giusto aiutare i rifugiati rispose affermativamente. Se subito dopo avessero rifiutato di fare una donazione, dunque, avrebbero in un certo senso contraddetto le loro stesse parole. Se invece acconsentivano a donare del denaro, il metodo impiegato poteva essere considerato semplicemente una variante della *tecnica dei quattro muri*, illustrata nel primo capitolo del libro. Ecco perché una parte dei soggetti non venne coinvolta in una conversazione sui rifugiati, ma si sentì rivolgere la seguente domanda: «Come sta oggi?». Lo sperimentatore ascoltava la risposta e la commentava, chiedendo poi se, per caso, il tempo non influenzasse l'umore del suo interlocutore. Anche stavolta attendeva che il soggetto rispondesse e poi lo informava della raccolta fondi in favore dei rifugiati afghani, mostrando il salvadanaio. Anche questo dialogo si dimostrò efficace. In queste condizioni sperimentali, infatti, venne rilevata una percentuale di donazioni (36.7%) quasi doppia rispetto a quella del gruppo di controllo. Quali furono i risultati della frase «Anche un centesimo sarebbe di aiuto», in questo caso? Ben il 53.3% dei partecipanti mise delle monete nel salvadanaio!

Meccanismo

Questo metodo consiste nel combinare due tecniche di influenza sociale in modo tale da farle apparire come una normalissima conversazione, che si conclude in maniera prevedibile. Infatti, non c'è niente di strano, di insolito o di sorprendente nell'interazione che avviene con la persona che desideriamo influenzare, eppure, come dimostrato dai risultati dell'esperimento appena descritto, l'efficacia di questa tecnica è notevole. Va precisato che questa tecnica non richiede alcuna programmazione temporale, né una preparazione precisa. Paradossalmente, è proprio per questo che funziona così bene. Il soggetto target, infatti, non riesce a trovare nessuna buona ragione per rifiutare la richiesta che è stata formulata. Inoltre, le due componenti persuasive fanno leva su meccanismi psicologici diversi, che lavorano in sinergia. Grazie al coinvolgimento in un dialogo, si avvia l'interazione trattando un estraneo come se fosse un conoscente, poi si prosegue con la legittimazione dei contributi modesti, che rende ancora più difficile dire di no.

TECNICA #96
DIALOGO ED ETICHETTE

Idea

Quando si combinano diverse tecniche di influenza sociale per aumentare la probabilità che la nostra richiesta venga soddisfatta, si deve fare in modo che questa combinazione risulti naturale ai nostri interlocutori. Nel paragrafo precedente abbiamo descritto una tecnica composita in cui la richiesta di donazione per un'organizzazione benefica (accompagnata dal gesto di porgere un salvadanaio) era preceduta da un dialogo ed era seguita dalla frase «Anche un centesimo sarebbe di aiuto». L'interazione, nel complesso, risulta coerente e procede in maniera fluida. Sicuramente, però, esistono molti altri tipi di tecniche di influenza sociale che possono risultare particolarmente efficaci se utilizzate quando il soggetto è coinvolto in un dialogo. Una di queste, per esempio, è la tecnica che sfrutta l'effetto delle etichette (*Tecnica #64*): sarà sufficiente comunicare al nostro interlocutore che, per qualche ragione, lo reputiamo una persona incline ad aiutare gli altri. La combinazione del coinvolgimento in un dialogo con l'assegnazione di un'etichetta si rivelerà efficace? Gli psicologi sociali non sono soliti formulare un enunciato senza prima aver verificato empiricamente le loro ipotesi. Vediamo dunque quali sono i risultati degli studi dedicati a questo tema.

Ricerca

L'esperimento, progettato dagli autori di questo libro e da Wojciech Kulesza, venne condotto per le strade di Breslavia in una giornata di sole (Grzyb et al., 2021). Nella metà dei casi, l'esperimento veniva realizzato da una ragazza poco più che ventenne e nell'altra metà da un suo coetaneo di sesso maschile. Gli sperimentatori interpellavano solo persone adulte che non erano in compagnia. Nell'esperimento di controllo, gli sperimentatori dicevano il loro nome e si presentavano come volontari del reparto pediatrico dell'ospedale cittadino. Purtroppo, spiegavano, non tutti i piccoli pazienti ricevevano le visite dei loro genitori, perciò c'era bisogno di volontari che li aiutassero a non sentirsi soli. Il soggetto era disposto ad andare in reparto per leggere un libro ai bambini? In queste condizioni di prova, il 26.7% dei soggetti si disse disposto ad andare in ospedale. Nella variante del coinvolgimento in un dialogo, lo sperimentatore apriva l'interazione chiedendo al soggetto se vivesse a Breslavia e poi, dopo aver ascoltato la sua risposta, gli domandava: «Dal suo punto di vista, com'è la qualità della vita dei più piccoli a Breslavia?». Una volta che il soggetto aveva esposto le sue opinioni in merito, lo sperimentatore poneva la seguente domanda: «Pensa che ci siano bambini che vivono in condizioni (perfino) peggiori, magari a causa di una situazione familiare difficile o di gravi difficoltà economiche?». Anche stavolta lo sperimentatore attendeva che il soggetto rispondesse e, solo a questo punto, lo informava che stava cercando persone disposte a dedicare un po' del loro tempo a leggere dei libri ai piccoli pazienti dell'ospedale cittadino. Anche in questo caso, il coinvolgimento in un dialogo si rivelò efficace: la percentuale di assenso arrivò al 38.3%. Nella variante in cui, dopo aver sostenuto il dialogo iniziale e aver chiesto al soggetto di diventare un volontario, lo sperimentatore aggiungeva la frase «Lei mi sembra una persona che tiene davvero al benessere dei più piccoli» (tecnica dell'assegnazione di un'etichetta), la percentuale di soggetti che accettò di unirsi al gruppo di volontari fu molto più alta: in questo caso, addirittura una persona su due acconsentì a soddisfare la richiesta!

Meccanismo

Va precisato che l'etichetta assegnata nell'esperimento appena descritto spingeva il soggetto a percepire sé stesso come una persona altruista. Dal momento che il dialogo antecedente all'etichettamento porta la persona a trattare l'interlocutore come se fosse un suo conoscente, si potrebbe pensare che la combinazione di queste due tecniche sia efficace solo nel caso in cui il beneficiario dell'aiuto sia chi ha formulato la richiesta. Infatti, in teoria, chi subisce l'effetto di questa tecnica, dovrebbe essere portato a pensare «Sono altruista» e a sviluppare una maggiore propensione ad aiutare le persone di sua conoscenza (o coloro che si comportano come tali). Eppure, nell'esperimento descritto è stata creata una situazione totalmente diversa. La persona che inizialmente coinvolgeva il soggetto in un dialogo e che, subito dopo, lo etichettava, non voleva aiuto per sé stessa, ma gli chiedeva di partecipare a un'iniziativa in favore di altri. In realtà, non c'è niente di strano negli ottimi risultati ottenuti, perché confermano ciò che già sapevamo sulla disponibilità ad aiutare gli altri: non è necessario che il richiedente chieda qualcosa per sé, ma è sufficiente che sia lui (e non un estraneo) a formulare la richiesta. Da questo meccanismo derivano l'efficacia del coinvolgimento in un dialogo e la grande facilità con cui questa strategia può essere abbinata ad altre tecniche di influenza sociale.

8
Miscellanea

Le lettere dell'alfabeto possono essere facilmente suddivise in due categorie: vocali e consonanti. Classificare i numeri, invece, è un compito molto più difficile, perché possono essere positivi o negativi, pari o dispari, razionali o irrazionali... per non parlare della particolarità dello zero. Pertanto, se dovessimo classificare un insieme di trenta numeri, per esempio, dovremmo ragionare molto attentamente su quali categorie utilizzare per essere certi che tutti vengano assegnati a quella giusta. La cosa si fa ancora più complessa quando la quantità di gruppi o di categorie utilizzati dev'essere ridotta al minimo. Anche noi, durante la stesura di questo libro, ci eravamo posti l'obiettivo di assegnare tutte le 100 tecniche di persuasione sociale a uno dei capitoli precedenti, ma per quanto ci provassimo, creando categorie di ogni sorta, c'era sempre qualche tecnica che restava fuori. Alla fine ci siamo arresi e abbiamo deciso di fare come quelle persone pignole che tengono tutti gli oggetti suddivisi per categoria nei cassetti della scrivania (il primo per i conti, il secondo per le polizze assicurative, il terzo per i documenti dell'eredità lasciata dallo zio, il quarto per le lettere che la nonna si scambiava con un pittore famoso, ecc.) e poi riservano un cassetto per "cose varie". Il contenuto di quest'ultimo cassetto è costituito da tutti quegli oggetti che non rientrano nelle categorie degli altri cassetti. Ecco, questo capitolo è "l'ultimo cassetto" e comprende quelle tecniche che non rientrano in nessuna delle sette categorie precedenti.

TECNICA #97
UN PREMIO SU CINQUE

Idea

Oggigiorno è praticamente impossibile trovare una persona che non abbia mai ricevuto un'e-mail in cui le viene comunicato che, per ragioni non del tutto chiare, le è capitata una fortuna straordinaria. A volte si tratta di una donna con un nome esotico, vedova di un miliardario, che ha ereditato un capitale, ma ha problemi a prelevare questo denaro dal suo conto; la donna sarebbe disposta a trasferirlo tutto a noi in cambio del pagamento di una piccola percentuale per finanziare l'operazione. Altre volte, scopriamo che un computer ci ha selezionati come vincitori di un concorso indetto da una grande catena di negozi. Be', in realtà, *quasi* vincitori: siamo arrivati in semifinale, ma se faremo parecchi acquisti nella catena in questione, accederemo automaticamente alla finale e, a quel punto, la vincita sarà assicurata. Una di queste straordinarie opportunità di guadagno (che alla fine si tramutano sempre in perdite piuttosto ordinarie) è la tattica denominata *un premio su cinque*: un operatore di telemarketing contatta chiunque sia in possesso di un telefono, si presenta e annuncia con tono entusiasta che il suo interlocutore è appena stato selezionato come vincitore di un concorso e ha diritto a ricevere uno tra cinque possibili premi. Dopodiché l'operatore elenca i premi disponibili. Supponiamo che siano i seguenti: un'auto nuova, un soggiorno di lusso in una famosa località turistica, una casa in montagna, un libro autografato da un Premio Nobel con una dedica personale o 100 000 dollari in contanti. Naturalmente, il vincitore deve rallegrarsi di questo grande colpo di fortuna, ma per prendere parte all'estrazione dei premi deve versare una piccola somma (di solito diverse decine di dollari, sterline o euro) in un conto bancario. Si tratta di un pagamento necessario, in quanto è previsto dal regolamento dei concorsi di questo tipo. Una volta fatto il pagamento, la persona contattata non riceve alcun premio o, se riceve qualcosa, si tratta di una fregatura, un oggetto privo di valore che il disonesto operatore di telemarketing ha nominato di sfuggita dopo aver elencato gli altri splendidi premi. Nel nostro caso, sarebbe il libro con dedica e autografo di un Premio Nobel. Il libro contiene davvero una dedica personale e il nome del personaggio in questione, ma non sono scritti a mano e l'autografo è stato riprodotto con una scansione. Il libro, tra l'altro, è stampato su carta di scarsa qualità e la copertina sembra fatta con la carta igienica.

Ricerca

Todd Horowitz e Anthony Pratkanis (2002) hanno voluto testare l'efficacia di questa tecnica palesemente fraudolenta. I soggetti del loro esperimento erano studenti che avevano appena partecipato a un altro studio. I ricercatori li informarono che l'università aveva da poco lanciato un'iniziativa per persuadere un maggior numero di persone a prendere parte alle ricerche psicologiche: un computer aveva selezionato casualmente delle persone a cui assegnare uno tra i possibili premi e loro erano i fortunati vincitori. I premi erano i seguenti: un televisore, un lettore CD portatile, una tazza colorata con il logo dell'università o un buono regalo del valore di 50 dollari da spendere al centro commerciale. Per ricevere uno di questi premi, gli studenti dovevano dedicare due ore del loro tempo a redigere una tesina. Ebbene, tutti i partecipanti (il 100%!) accettarono questa proposta. Quando invece agli studenti non era stato promesso alcun premio, solo un soggetto su cinque aveva acconsentito a sacrificare due ore del suo tempo. Come è facilmente intuibile, se non si fosse trattato di un esperimento ma di una situazione reale, il vincitore avrebbe ricevuto il premio "fregatura", che nel nostro caso era la tazza colorata. Per completare il quadro, aggiungiamo che in un altro studio Horowitz e Pratkanis chiesero agli studenti di dedicare due ore del loro tempo a redigere una tesina in cambio della sola tazza colorata e, in questo caso, solo il 10% dei soggetti interpellati accettò.

Meccanismo

Gli autori dello studio appena illustrato indicano come principale responsabile dell'efficacia di questa disonesta tecnica il cosiddetto meccanismo della *fissazione immaginaria*: la possibilità di vincere uno dei favolosi premi elencati cattura l'attenzione della persona a tal punto da impedirle di analizzare lucidamente i dettagli dell'offerta. Inoltre, dà per scontato che la probabilità di vincere ognuno dei premi sia del 20% (anche se l'operatore al telefono non ha mai detto niente del genere), perciò sovrastima enormemente le probabilità di vincere i premi più allettanti. Infine, la cosa più importante: se il soggetto non asseconda subito la richiesta dell'operatore, perderà ciò che, di fatto, ha già ottenuto (anche se non sa con esattezza cosa sia, è certo di avere diritto a uno dei premi!). Tutti questi elementi rendono estremamente efficace questa tecnica, utilizzata da truffatori che operano principalmente al telefono o in rete. Se doveste trovarvi in questa situazione, cari lettori, sappiate che la vittoria più grande è la soddisfazione di non essersi lasciati truffare e la otterrete solo se non vi farete attirare in questo gioco.

TECNICA #98
LO DICE UNA FIGURA AUTOREVOLE (CHE INDOSSA UNA DIVISA)

Idea

Vi è mai capitato di chiamare un idraulico per aggiustare un rubinetto che perdeva o un wc che, per ragioni note solo a lui, scaricava acqua anche quando nessuno lo utilizzava? Sicuramente sì. Forse avete cercato un professionista consultando delle inserzioni, oppure avete chiesto consiglio a un amico che aveva da poco ristrutturato il bagno e che sembrava soddisfatto del servizio ricevuto. Comunque siano andate le cose, immaginiamo che nel vostro bagno entri questo famigerato idraulico, che indossa una camicia a scacchi e pantaloni da lavoro e ha con sé una borsa per gli attrezzi in cuoio, un oggetto che lo ha accompagnato in centinaia di ore di lavoro, trasportando viti, bulloni e raccordi per la riparazione dei tubi. Arriva il momento clou: l'idraulico lancia un'occhiata di disapprovazione al vostro impianto e pronuncia la fatidica frase che viene insegnata alla prima lezione della Scuola di idraulica di Hogwarts: «Chi ha fatto questo disastro?». Poi, assumendo un'aria sicura e autorevole, annuncia: «Bisogna rifare tutto l'impianto con i tubi in polietilene. Quelli in acciaio non si usano più». Date le circostanze, ci dice che non avrebbe senso iniziare subito un intervento così impegnativo e che quindi tornerà l'indomani per sistemare il guasto, lasciandoci però con un monito: non sarà un lavoro facile né economico.

Cosa rispondiamo? Probabilmente concludiamo che, se un esperto ritiene necessario realizzare questo intervento, non abbiamo altra scelta. Ma in base a cosa abbiamo stabilito che Mario è un esperto? La raccomandazione del nostro amico, il tipico abbigliamento da idraulico o quel suo lieve odore di WD-40 misto a grasso? *È possibile che una divisa ci induca a credere alle parole di una persona (e a seguire le sue indicazioni) anche se non abbiamo altri strumenti per verificare il suo livello di attendibilità, di professionalità o di competenza?*

Ricerca

Esiste un ampio corpo di ricerche che confermano l'influenza esercitata dalle figure autorevoli sul comportamento dei soggetti coinvolti negli esperimenti. Buona parte di questi studi esaminano anche il ruolo dell'abbigliamento indossato dalla figura autorevole (in alcuni casi è l'abbigliamento stesso a conferire autorità a questa persona). In questo paragrafo illustriamo un esperimento molto semplice, che venne condotto da Leonard Bickman nel 1974. Lo schema proposto da Bickman venne successivamente replicato da molti altri ricercatori, generando sempre risultati simili. Anche gli autori di questo libro hanno utilizzato spesso questo schema come esercizio da assegnare agli studenti, in quanto l'idea di Bickman è di facile realizzazione ma estremamente efficace.

Nello studio originario, l'esperimento si svolse in una situazione naturale in cui i soggetti parcheggiavano l'auto e pagavano il biglietto al parchimetro. Poiché lo studio di Bickman (1974) venne condotto in un'epoca in cui le carte di credito o di debito non erano ancora molto utilizzate (per non parlare dei pagamenti effettuati con smartphone o smartwatch), i contanti erano l'unica forma di pagamento possibile e, purtroppo, il parchimetro accettava solo monete. Per questo motivo, a volte capitava di vedere persone che frugavano disperatamente nelle tasche in cerca di qualche centesimo per fare il biglietto ed erano proprio queste le circostanze sfruttate da Bickman nel suo esperimento. Il ricercatore scelse un parcheggio a pagamento di una piccola cittadina americana e intervenne nelle circostanze appena descritte, assegnando casualmente i soggetti ai seguenti 3 gruppi: nel primo gruppo sperimentale, lo sperimentatore indossava una divisa da guardia; nel secondo gruppo sperimentale, era vestito da lattaio; nel terzo gruppo, il gruppo di controllo, indossava abiti normali. Indipendentemente dall'abbigliamento, lo sperimentatore si avvicinava a soggetti selezionati in maniera casuale e diceva ai passanti: «Questo signore ha parcheggiato qui, ma non ha monete per il parchimetro. Dategli 10 centesimi!».

Va precisato che in nessuna delle tre varianti il "personaggio" aveva l'autorità di imporre una simile richiesta ai soggetti. Nel caso del gruppo di controllo, quando indossava abiti normali, questo era più che ovvio, ma nemmeno il lattaio, sebbene indossasse una sorta di divisa e avesse tra le braccia una cassetta piena di bottiglie di latte, aveva alcun diritto di avanzare una richiesta del genere e lo stesso valeva per la guardia, che, pur indossando un'uniforme simile a quella di un poliziotto (ma senza mostrine né armi da fianco), non aveva il potere di chiedere né di imporre un comportamento del genere. Alla luce di queste considerazioni, i risultati ottenuti divengono ancor più interessanti. Nel gruppo di controllo, un terzo dei soggetti acconsentì a soddisfare la richiesta dello sperimentatore, vestito con abiti normali. Quando la richiesta venne formulata dal lattaio, la sua efficacia arrivò al 57%, ma la maggiore propensione ad assecondare la richiesta si registrò nel gruppo in cui lo sperimentatore era vestito da guardia: in queste condizioni sperimentali, infatti, l'89% dei soggetti diede 10 centesimi alla persona in difficoltà.

Meccanismo

I risultati dell'esperimento condotto da Bickman (e da molti altri ricercatori dopo di lui) possono essere interpretati in diversi modi. Per prima cosa, si potrebbe sostenere che tendiamo a obbedire alle figure autorevoli perché ci è stato insegnato che si deve fare così. Fin da quando eravamo piccoli, ci è stato detto che dobbiamo sempre obbedire alle indicazioni di un poliziotto, di un medico o di un pompiere. I libri di testo spesso presentano i personaggi in divisa come figure di autorità, che istruiscono i bambini su argomenti importanti (da come lavarsi i denti a come attraversare una strada in modo sicuro). Pertanto, non deve sorprenderci che, di fronte a un'indicazione caratterizzata da un livello relativamente basso di dannosità (10 centesimi non sono una gran somma), tendiamo ad agire in maniera automatica. Non ci chiediamo se quella figura autorevole abbia o meno il diritto di fare ciò che sta facendo, ma diamo per scontato che lo abbia perché indossa un'uniforme (perfino se è semplicemente vestito da lattaio!).

Un altro aspetto importante è che, nella realtà dei fatti, siamo quasi del tutto inconsapevoli di questo meccanismo. Una volta condotto il suo esperimento (o meglio, una serie di esperimenti, dal momento che analizzò questo fenomeno in molti modi diversi), Bickman decise di spiegare in dettaglio la procedura seguita a tutti i partecipanti e di chiedere loro una stima personale sui comportamenti adottati dai soggetti nel corso dell'esperimento. Con sua grande sorpresa, scoprì che, in generale, le persone non attribuivano grande rilevanza alla presenza di un'uniforme. Per la precisione, pur prevedendo che i 3 gruppi avrebbero raggiunto risultati diversi, i soggetti tendevano a sottostimare molto l'entità di queste differenze (queste furono le loro previsioni: la persona in difficoltà avrebbe ricevuto i 10 centesimi dal 50% dei soggetti del gruppo di controllo, dal 54% dei soggetti nel gruppo del lattaio e dal 63% dei soggetti nel gruppo della guardia). Le percentuali citate dimostrano che tendiamo a sottostimare l'efficacia dei meccanismi psicologici che stanno all'origine del nostro comportamento.

Infine, va sottolineato che non è necessario indossare un'uniforme da guardia per indurre un livello di obbedienza così elevato. In uno degli esercizi assegnati ai nostri studenti, abbiamo fornito loro una serie di richieste da avanzare mentre indossavano non una divisa, ma un gilet catarifrangente, simile a quelli che si tengono nel portabagagli dell'auto. Ebbene, questi capi così comuni, disponibili a poco prezzo in tutti i distributori, consentirono ai nostri studenti di indurre un livello di obbedienza simile a quello generato dall'uniforme da guardia negli studi di Bickman. Pertanto, sappiate che se avanzerete una richiesta indossando una divisa di qualche tipo, gran parte delle persone non solleverà obiezioni.

TECNICA #99
AFFATICAMENTO COGNITIVO

Idea

Vi siete mai sentiti come se non vi restasse più un briciolo di energia, talmente stremati che anche l'attività più banale vi sembrava impossibile? Questi episodi capitano a tutti, con maggiore frequenza di quanto vorremmo. A volte si tratta di stanchezza fisica, che sopraggiunge dopo una lunga escursione, un allenamento o un lavoro manuale pesante. Altre volte accade l'esatto contrario: ci sentiamo stanchi perché siamo stati tutti il giorno seduti al computer. In questo caso, a volte proviamo il cosiddetto *affaticamento cognitivo*, una condizione per cui, volendo usare una metafora, il nostro cervello diventa come una spugna che è stata strizzata a più non posso e che, per quanto ci si provi, non riesce più a tirare fuori nemmeno una goccia d'acqua. In momenti come questo, tutto ciò che desideriamo è bere una tazza di tè o un bicchiere di vino nel completo isolamento dall'eccesso di stimoli con cui siamo stati bombardati. Forse vi sorprenderà saperlo, ma questa condizione ci rende più inclini a prendere nuovi impegni. Ci rendiamo conto che può sembrare una contraddizione, ma i risultati degli esperimenti svolti dimostrano che è proprio così: l'affaticamento, soprattutto se di natura cognitiva, aumenta la nostra propensione ad acconsentire a richieste che, in un altro momento, troveremmo molto difficili da accettare. A quanto pare, *lo sforzo intellettuale che precede l'affaticamento (o la condizione stessa di sentirsi affaticati) sottrae le energie necessarie per rifiutare altre richieste.*

Ma è davvero così difficile da credere? Immaginiamo un bambino che stia cercando di convincere i genitori a comprargli quello che è l'incubo di tutti i dentisti: lo zucchero filato. Al diciassettesimo «Per favooreeee!» è probabile che anche il genitore più fermo ceda, a prescindere dalle sue convinzioni sull'igiene orale o sulle proprietà nutritive degli zuccheri.

Ricerca

Alcune ricerche circa l'effetto prodotto dall'affaticamento sulla disponibilità ad assecondare le richieste altrui sono state condotte da Bob Fennis, Loes Janssen e Kathleen Vohs (2009). In un esperimento semplice ma geniale, i ricercatori invitarono gli studenti universitari a partecipare a una serie di studi, dicendo loro che erano condotti per conto dell'Amministrazione fiscale e doganale olandese (Dutch Tax and Customs Administration). I partecipanti venivano assegnati in maniera casuale a due gruppi. In entrambi i gruppi, venivano incaricati di portare a termine un'attività, ma nel primo gruppo si trattava di un compito difficile e stancante, mentre nel secondo si trattava di una mansione semplice che non richiedeva grossi sforzi intellettuali.

Una delle domande poste ai soggetti del primo gruppo ("stancante") era la seguente: «Uno dei problemi dell'Amministrazione fiscale e doganale è che molte persone presentano la dichiarazione dei redditi in ritardo rispetto alla scadenza annuale. Quali misure può adottare l'ente per evitare questo problema senza multare i cittadini?». Converrete con noi che fornire una risposta sensata a questa domanda è già di per sé un compito stancante dal punto di vista cognitivo, figurarsi poi se le domande di questo tipo sono dieci! Nel gruppo del compito "facile" dal punto di vista cognitivo, invece, si ponevano domande di questo genere: «Cosa ti viene in mente quando senti il nome "Amministrazione fiscale e doganale"?». Dopo aver risposto alle dieci domande, i soggetti dovevano dichiarare se erano disposti o meno a partecipare agli studi che l'ente avrebbe condotto in futuro. Tale dichiarazione doveva essere resa indicando su una scala da 1 a 10 il numero di studi ai quali erano disposti a partecipare (naturalmente, il soggetto era anche libero di non dare nessuna disponibilità). Come gli autori dell'esperimento avevano previsto, emersero delle notevoli differenze tra i due gruppi. I partecipanti nella condizione di affaticamento cognitivo diedero disponibilità a partecipare in media a 2.28 studi; nel gruppo che aveva risposto a domande poco impegnative, che quindi non era particolarmente affaticato, invece, la media fu di 0.95 studi.

I lettori più attenti si staranno chiedendo in che modo fosse stato stabilito che i soggetti del primo gruppo erano cognitivamente affaticati e che i soggetti del secondo gruppo non lo erano. Dopotutto, potrebbe anche darsi che il solo pensiero delle tasse faccia affaticare, a prescindere dal contenuto delle domande. Fennis, Janssen e Vohs verificarono questo aspetto con il Test di Stroop, un test molto interessante nel quale si sottopone al soggetto una serie di parole che designano un colore, scritte però in un colore diverso da quello a cui fanno riferimento. Il soggetto deve dire qual è il colore della parola, e non leggere il colore che essa indica (per esempio, la parola "blu" è scritta in giallo e il soggetto deve dire "giallo"). Contrariamente a quanto si possa pensare, è un'impresa piuttosto impegnativa in quanto richiede di ignorare la risposta più ovvia ("blu") in favore di quella meno ovvia ("giallo") e, credeteci, è molto più difficile di quanto sembri. Grazie ad altre ricerche, sappiamo che le persone in una condizione di affaticamento cognitivo hanno maggiori difficoltà a svolgere il test rispetto a chi è più "fresco" mentalmente. Fu così anche nell'esperimento condotto da Bob Fennis e colleghi: il gruppo che aveva risposto alle domande più difficili ottenne risultati peggiori dell'altro nel Test di Stroop.

Meccanismo

Come mai si verifica questo fenomeno? Cosa ci rende più accondiscendenti quando siamo affaticati a livello cognitivo? Proviamo ad analizzare la questione partendo "dalla fine", ossia dalle conseguenze che ci aspettiamo in caso di accettazione o di rifiuto della richiesta. Cosa accade quando una persona ci chiede qualcosa e noi rifiutiamo? Probabilmente, ci verrà domandato il perché del rifiuto e, quindi, dovremo dare delle spiegazioni («Ti aiuterei volentieri, ma proprio non posso perché...»); inoltre, potrebbe rendersi necessario giustificare ulteriormente la nostra decisione, negoziare e perfino difendere la nostra posizione. Oltre a tutto ciò, c'è anche il fatto che il rifiuto provoca delle ripercussioni "sociali": anche se non vuole ammetterlo, l'altro ci rimane male, si indispone o protesta. Di conseguenza ci troviamo costretti a utilizzare le nostre risorse cognitive per spiegare le ragioni che giustificano la nostra decisione, oppure per riconquistare una percezione di noi stessi positiva dopo aver fatto dispiacere qualcuno. Però non abbiamo più a disposizione queste risorse, perché le abbiamo già prosciugate! Ora confrontiamo la situazione appena descritta con le conseguenze previste in caso di assenso: l'altro ci guarda con aria contenta, entrambi sorridiamo e proviamo soddisfazione, le cose filano lisce. Qual è la scelta migliore per noi (per lo meno nel breve termine)? Quella che appesantisce il carico cognitivo o quella che ci consente di concludere in fretta la conversazione senza difficoltà? Dopotutto, in quel momento non vogliamo problemi, ma desideriamo solo essere lasciati in pace.

È per questo che dobbiamo stare in guardia quando siamo stanchi (e questa regola vale tanto per la stanchezza fisica quanto per la stanchezza cognitiva ed emotiva): *quando ci sentiamo affaticati, è molto facile essere persuasi a fare cose che non vorremmo, perché siamo troppo sfiniti per difenderci* (e, quindi, per rifiutare).

TECNICA #100
NON ESITARE, CHIEDI

Idea

Chiedete e basta! Questa dovrebbe essere una tecnica di influenza sociale? Quale sarebbe il trucco, ammesso che ce ne sia uno? Che indicazione è "chiedi e basta"? Nonostante le apparenze, le cose non sono così semplici. Immaginate di dover chiedere a qualcuno il suo aiuto e che non si tratti di una sciocchezza come sapere che ore sono o qual è la strada per la stazione. Supponiamo, per esempio, che dobbiate chiedere a qualcuno di salire sul tetto di casa vostra per controllare che le grondaie non siano otturate di foglie. Voi non potete farlo perché avete paura dell'altezza. Ecco una persona! Glielo chiederete? No, meglio di no, non sembra proprio il tipo che salirebbe su un tetto. E quel ragazzo che si sta avvicinando, invece? Mmm… Perché mai dovrebbe aiutarmi? Non mi conosce neanche! Come dimostra la ricerca di Francis Flynn e Vanessa Lake (2008), abbiamo la tendenza a valutare erroneamente la probabilità che gli altri assecondino le nostre richieste. Che si tratti di prestare il cellulare per qualche istante, di fare una donazione per un'associazione benefica o di aiutare qualcuno a orientarsi all'interno del campus universitario, siamo convinti che in pochi sarebbero disposti ad accontentarci. Tuttavia, parlando con le persone, si scopre che le richieste degli altri vengono soddisfatte molto più spesso di quanto si creda. È molto probabile che anche a voi capiti di non chiedere un favore perché date per scontato che sia inutile e che gli altri non accetterebbero di aiutarvi. La tecnica *non esitare, chiedi*, quindi, esorta a non pensare che la probabilità di essere assecondati sia troppo bassa per avanzare la richiesta. Non perdete tempo a ragionare su quali siano le probabilità che l'altro vi dica di sì (anche perché i vostri calcoli sarebbero sottostimati): andate dal diretto interessato e fate la vostra richiesta.

Ricerca

Tra i tanti studi pubblicati su questa tecnica, abbiamo scelto di illustrare quello che forse è il più memorabile, poiché ai soggetti veniva chiesto di adottare un comportamento davvero poco etico: commettere un atto di vandalismo. Per prima cosa, Vanessa Bohns, Mahdi Roghanizad e Amy Xu (2014) chiesero ai loro studenti di immaginare una situazione in cui si avvicinavano alle persone sedute in biblioteca, porgevano loro un libro e una penna e dicevano: «Ciao, voglio fare uno scherzo a un amico, ma sicuramente riconoscerebbe la mia calligrafia. Puoi scrivere "idiota" qui, su questo libro della biblioteca?». I ricercatori chiesero poi ai ragazzi di avanzare un'ipotesi su quante persone avrebbero dovuto interpellare per trovarne almeno tre disposte a soddisfare la loro insolita richiesta. Gli stessi studenti che avevano risposto a queste domande, successivamente si recarono davvero in biblioteca e riprodussero la situazione che avevano immaginato: si avvicinarono ai presenti tenendo in mano una penna e un libro che sembrava provenire da quella biblioteca (aveva gli stessi timbri e le stesse etichette degli altri libri), ma che in realtà era stato confezionato ad hoc dai ricercatori per la realizzazione dell'esperimento. I ragazzi aprivano il libro e avanzavano la richiesta in questione, poi andavano da un'altra persona e facevano la stessa cosa, ripetendo l'operazione finché non avevano ottenuto quello che chiedevano da almeno tre persone. Quali furono i risultati di questo originale esperimento? Nella prima fase dello studio, gli studenti avevano stimato che fosse necessario interpellare più di 10 persone (10.7 in media) per procurarsi il consenso di almeno tre di loro. In realtà, fu sufficiente interrogarne in media 4.7 per ottenere tre atti di vandalismo. Pertanto, non c'è dubbio che la previsione iniziale circa le probabilità di successo della richiesta fosse errata; i ragazzi, infatti, avevano ampiamente sottostimato questo dato.

Meccanismo

Naturalmente, il nostro obiettivo non è incoraggiare gli altri a commettere atti vandalici, ma dimostrare che *perfino le richieste bizzarre (e, nel caso dello studio citato, non etiche) incontrano il favore degli altri più spesso di quanto crediamo.* Un buon modo per esercitare influenza sociale, dunque, è evitare di dare per scontato fin dall'inizio dell'interazione (o perfino prima che incominci) che non abbia senso avanzare una certa richiesta perché quasi certamente andremo incontro a un rifiuto. Perché le persone soddisfano le nostre richieste più spesso di quanto crediamo? Innanzitutto, quando si chiede qualcosa in maniera educata, gli altri non riescono a dire di no, nemmeno quando, per un motivo o per un altro, pensano che non dovrebbero assecondare la richiesta in questione. Infatti, fin da quando eravamo bambini, ci è stato insegnato che se qualcuno ci fa una richiesta, è buona educazione soddisfarla. Nel caso della tecnica discussa in questo paragrafo, poi, dobbiamo rispondere anche a un'altra domanda importante: perché ci tratteniamo dall'avanzare le nostre richieste, credendo – erroneamente – che gli altri non le asseconderanno? Entra in gioco un meccanismo molto interessante: infatti, non è solo la paura di andare incontro a un rifiuto che ci spinge a trattenerci, ma anche il fatto che, quando decidiamo di non avanzare la richiesta, ci convinciamo immediatamente di aver agito per il meglio, dal momento che il diretto interessato non avrebbe mai acconsentito a soddisfarla. Da qui, il passo è breve per pensare che, se le persone non soddisfano certe richieste, non abbia senso nemmeno provare ad avanzarle; e se non ha senso avanzarle, allora evitiamo del tutto di farlo. Di conseguenza, *le convinzioni influenzano il comportamento, il comportamento influenza le convinzioni*, le convinzioni influenzano il comportamento, e così via, in un circolo senza fine.

Abbiamo deciso di presentare per ultima la tecnica del «Non esitare, chiedi» perché, oltre ad aumentare le probabilità che gli altri assecondino le nostre richieste o le nostre indicazioni, rappresenta anche un presupposto necessario affinché tutte le altre tecniche descritte abbiano efficacia. Del resto, le 99 tecniche precedenti funzionano solo se decidiamo di applicarle nella realtà. Se, invece, diamo per scontato fin dall'inizio che non abbiamo nessuna chance di influenzare gli altri, non ne utilizzeremo proprio nessuna. In definitiva, quindi, la tecnica del «Non esitare, chiedi» è la più importante di tutte!

Conclusioni

Terminata la lettura delle 100 tecniche illustrate nel libro, i lettori potrebbero avere la curiosità di provarne una nella vita reale, per esempio con un amico al quale chiedere del denaro in prestito, con il proprio partner, nella speranza di convincerlo ad andare in vacanza in una località che non ama particolarmente, o con un socio in affari con il quale sono in corso delle lunghe trattative. Potrebbe accadere che, nonostante si impieghi una certa tecnica, il soggetto in questione non acconsenta a fare ciò che gli viene suggerito o richiesto. In tutta onestà, non ci sorprenderebbe sapere che è andata così. Infatti, si deve tenere presente che nessuna delle tecniche descritte ha mai indotto la totalità dei soggetti ad assecondare le richieste avanzate e che la loro funzione è stata aumentare le probabilità di successo, in alcuni casi di pochi punti percentuali, in altri (più raramente) di diverse decine di punti. Inoltre, ognuna di queste tecniche si è dimostrata efficace all'interno di un determinato contesto situazionale. Alcune tecniche, per esempio, sono particolarmente efficaci se utilizzate per raccogliere donazioni benefiche, mentre altre sono più adatte ad aumentare le vendite di un certo prodotto. Sono davvero poche le tecniche "universali".

C'è un ulteriore aspetto importante da considerare: la psicologia dell'influenza sociale è indubbiamente una scienza, in quanto fa uso di metodi empirici, coinvolge il sistema cognitivo e ricorre a strumenti statistici che, in alcuni casi, sono estremamente sofisticati. Tuttavia, appartiene alla sfera delle scienze sociali, un ambito scientifico che si potrebbe addirittura definire "probabilistico". Ciò significa che, in base ai risultati ottenuti dalla ricerca, siamo in grado di aumentare la probabilità che una persona agisca in un certo modo, ma non potremo mai essere certi al 100% di riuscire in questa impresa. Cerchiamo di capire meglio questo concetto con un esempio: immaginate di tenere in mano una matita; cosa succederebbe se allentaste la presa? La matita cadrebbe in terra (potete verificarlo voi stessi, se volete). Poiché il metodo scientifico richiede che i risultati vengano replicati, possiamo ripetere l'esperimento. La matita è caduta di nuovo? Sicuramente sì. Se ripetessimo questa operazione 100 volte, la matita cadrebbe in terra ogni singola volta e sappiamo con certezza che è così perché stiamo testando una legge afferente al dominio delle scienze naturali, ovvero la gravità. Se, però, stessimo testando una tecnica di influenza sociale, la nostra metaforica matita adotterebbe il comportamento atteso (cioè cadere in terra), diciamo, nel 70% dei casi; in un 10% dei casi resterebbe nella posizione iniziale, in un altro 10% salirebbe verso l'alto e nel restante 10% si metterebbe a ruotare su sé stessa. Ecco perché la psicologia dell'influenza sociale può essere considerata una scienza probabilistica, ossia una scienza che rende un certo comportamento più probabile, ma che non garantisce un'efficacia del 100%.

Il problema è che non tutti sono disposti ad ammetterlo. Uno degli autori di questo libro, agli inizi della sua carriera, lavorava nell'ambito della formazione aziendale e, tra le altre cose, insegnava come diventare dei bravi venditori. Una delle domande che gli aspiranti venditori gli ponevano più spesso era: «Qual è la parola che devo sempre inserire nella mia richiesta se voglio che tutti mi dicano di sì?». «Prova con *abracadabra*» avrebbe voluto rispondere l'autore, ma non era ciò che volevano sentire. Come mai si replicava sempre questa conversazione? Probabilmente perché la gente considera la psicologia dell'influenza sociale alla stregua della "psicologia dei cavalieri Jedi". I fan di Star Wars sicuramente sapranno che i cavalieri Jedi erano dotati di uno straordinario potere persuasivo: potevano lanciare degli "incantesimi" sui loro interlocutori e renderli docili e condiscendenti con un gesto della mano o con il suono della voce.

È tempo di affrontare la verità, per quanto difficile essa sia: la psicologia dell'influenza sociale non dona simili "poteri" e può capitare di non riuscire a raggiungere il risultato sperato nonostante l'uso delle tecniche qui descritte.

Quali consigli possiamo dare, dunque, a chi ha utilizzato una tecnica di influenza sociale senza ottenere alcun risultato? Innanzitutto, per poter stabilire se la tecnica è efficace o meno in una certa situazione, la si deve utilizzare con un gruppo di persone abbastanza numeroso (approssimativamente, con qualche decina di individui). Inoltre, è fondamentale tenere in considerazione il meccanismo psicologico che ha reso la tecnica efficace nell'esperimento descritto in questo libro e assicurarsi che venga innescato lo stesso meccanismo anche nella situazione in cui voi la state applicando. Infine, potrebbe accadere che, per varie ragioni, la tecnica prescelta non funzioni nella situazione specifica che avete creato. Se così fosse, potete provare con un'altra tecnica, ma prima di fare questo, riflettete attentamente sul ruolo cruciale svolto dal fattore tempo in questo contesto. Per spiegarci meglio, esamineremo a scopo esemplificativo due delle tecniche descritte in precedenza.

Nel caso della *porta in faccia*, la regola stabilisce che, se vogliamo chiedere qualcosa di particolarmente difficile, dobbiamo prima avanzare una richiesta ancora più complessa, con la consapevolezza che riceveremo un rifiuto. Solo dopo che il soggetto avrà rifiutato la prima richiesta, potremo procedere con quella che rappresenta il nostro vero obiettivo. Tuttavia, se aspettiamo troppo a lungo tra la prima e la seconda richiesta (ad esempio, se formuliamo la seconda un giorno dopo il rifiuto della prima), la tecnica perderà la sua efficacia. In altre parole, la tecnica della porta in faccia funziona solo se la richiesta target viene formulata subito dopo aver ricevuto il rifiuto dell'interlocutore alla richiesta iniziale. Lasciar passare troppo tempo ha un effetto ancora più deleterio nel caso di un'altra delle tecniche discusse, ossia quella della *sequenza paura-sollievo*. Se è vero che un individuo che sta provando un'inaspettata ondata di sollievo è più propenso a soddisfare le richieste altrui (comprese quelle che reputa scomode), è vero anche che questa condizione dura solo una decina di secondi dopo la scomparsa dello stimolo che ha indotto la paura. Trascorso questo breve lasso di tempo, la tecnica perde ogni efficacia.

È proprio per questo che uno dei più recenti lavori di Robert Cialdini della University of Arizona, uno dei massimi ricercatori nel campo dell'influenza sociale, si intitola *Pre-suasione*. La somiglianza tra il titolo del libro e la parola "persuasione" è evidente e voluta: Cialdini dimostra l'importanza del fattore tempo, illustrando in dettaglio cosa accade prima di chiedere un favore a qualcuno e prima di fornire a questa persona delle argomentazioni a sostegno del nostro punto di vista. Dunque, si potrebbe affermare che non esiste persuasione senza pre-suasione.

Quando si parla di psicologia e di tecniche di influenza sociale, si devono considerare entrambe le facce della medaglia: la persona che utilizza una certa tecnica e la persona (o, molto spesso, il gruppo) che costituisce il suo obiettivo. Tutti ci troviamo a svolgere entrambi i ruoli nella nostra vita. A volte desideriamo influenzare il comportamento di altre persone, altre volte vogliamo difenderci dalla loro influenza, per esempio quando un'amica ci chiede un favore che va palesemente contro i nostri interessi. Se, però, questa amica utilizzasse argomentazioni come «Io ti ho sempre aiutato quando ne avevi bisogno, potresti darmi una mano tu, almeno per una volta?», sarebbe molto difficile rifiutare. Molto difficile, ma forse non impossibile.

Capita spesso che gli studenti ci chiedano come evitare l'influenza sociale indesiderata. Si potrebbe pensare che, per difendersi, sia sufficiente conoscere le tecniche che potrebbero essere utilizzate per persuaderci a compiere determinate azioni. In realtà, il problema è più complesso di così. Il già menzionato Robert Cialdini, durante una visita alla nostra università, ci raccontò il seguente aneddoto: un giorno si recò in un negozio di elettrodomestici per comprare un articolo di poco conto ma, mentre cercava questo prodotto, finì per sbaglio nel reparto in cui erano esposti i televisori. Lì notò un modello sul quale aveva letto delle recensioni molto positive in rete. Come se non bastasse, il prodotto era in offerta a un prezzo molto allettante. Mentre leggeva la scheda tecnica del televisore, Cialdini venne avvicinato da un addetto alle vendite che gli disse: «Non ho potuto fare a meno di notare che è interessato a questo televisore. La cosa non mi sorprende: è un prodotto eccezionale a un prezzo davvero imbattibile. Tenga presente, però, che questo è l'ultimo in vendita a questo prezzo. I prossimi televisori che metteremo in offerta avranno prezzi molto più alti. Tra l'altro, un quarto d'ora fa ci ha chiamato un cliente interessato proprio a questo modello e credo che stia venendo in negozio per acquistarlo». A questo punto, Cialdini tirò fuori il portafoglio e si affrettò ad acquistare il televisore in offerta, anche se si trovava in quel negozio per tutt'altra ragione. Si noti che il protagonista di questa storia è uno dei massimi esperti di influenza sociale, che ha dedicato anni a studiare e a descrivere il *principio di scarsità*, ossia la tecnica che l'addetto alle vendite aveva utilizzato proprio con lui!

Questa esperienza personale di Cialdini conferma i risultati di uno studio condotto da Richard Katzev e Richard Brownstein. Pubblicando degli annunci a mezzo stampa, i due ricercatori riuscirono a reclutare per il loro esperimento di laboratorio più di 100 adulti, tutti residenti a Portland, in Oregon. I soggetti venivano informati che avrebbero partecipato a uno studio finalizzato ad analizzare l'effetto della caffeina sulla comprensione del testo e, prima di dare il via all'esperimento, si chiedeva loro di bere una tazza di caffè o una tazza di tè. Subito dopo, veniva consegnato al soggetto un testo da leggere; alcuni ricevevano un articolo scientifico sulla *tecnica del colpo basso*, altri un testo sulla *tecnica della porta in faccia* e altri ancora un articolo su un argomento psicologico che non aveva niente a che fare con l'influenza sociale. Dopo 10 minuti, si chiedeva al soggetto di sostenere una prova di comprensione del testo; lo svolgimento del test, però, veniva interrotto dall'arrivo di un altro psicologo, che entrava nel laboratorio lamentandosi di un problema inatteso: aveva reclutato un certo numero di soggetti per il suo studio, ma uno di loro non si era presentato. Date le circostanze, forse la persona che stava terminando la prova di comprensione del testo era disposta a prendere parte anche a un altro esperimento? In quel frangente, veniva applicata la tecnica di influenza sociale più rilevante per il soggetto in questione. Chi aveva letto il testo sulla tecnica della porta in faccia, si sentiva rivolgere dallo psicologo la seguente richiesta: «Avrei bisogno che digiunasse per le prossime 24 ore e che poi tornasse in laboratorio per fare 75 flessioni con degli elettrodi attaccati alle braccia e alla testa, in modo da consentirmi di raccogliere i dati necessari». Come immaginerete, la stragrande maggioranza dei soggetti rifiutavano. In seguito al rifiuto, lo sperimentatore diceva che, in tal caso, il soggetto poteva aiutarlo portando a casa un test di problemi matematici, dedicando 2 ore del suo tempo a risolverli, per poi spedirli all'università. L'approccio con chi aveva letto il testo sulla tecnica del colpo basso era completamente diverso; in questo caso, infatti, veniva formulato il seguente messaggio: «Si tratta soltanto di sostenere un test matematico composto da 25 domande. Sarebbe disposto ad aiutarmi? Ci vorranno pochi minuti». Non appena i soggetti acconsentivano a sostenere il test, lo psicologo aggiungeva che sarebbe stato grandioso se avessero accettato di portare a casa il test e di dedicare 2 ore del loro tempo a rispondere alle domande per conto loro. Ai soggetti che avevano letto un testo neutro, invece, veniva chiesto semplicemente se erano disposti a portare a casa un test matematico per provare a risolverlo da soli. La percentuale di soggetti che diedero la loro disponibilità a sostenere il test matematico fu pressoché identica nei 3 gruppi. Tuttavia, nel gruppo con cui era stata utilizzata la tecnica della porta in faccia, il numero di partecipanti che inviarono il test all'università (come richiesto) fu maggiore rispetto agli altri due gruppi.

Va precisato che questi risultati provano semplicemente l'efficacia della tecnica utilizzata, ma non dimostrano in alcun modo che conoscere questa tecnica ci rende meno soggetti alla sua influenza. Come mai? Innanzitutto si deve tenere presente che, in gran parte delle situazioni di vita reale, reagiamo in maniera istantanea, attivando una catena di risposte automatiche e "preconfezionate" che abbiamo creato nel corso della nostra vita. Il momento dell'analisi fredda e razionale dell'accaduto – ammesso che si verifichi – arriva solo dopo che abbiamo accordato una certa richiesta, ordinato un certo articolo o acquistato un certo prodotto. Oggi Robert Cialdini è in grado di spiegare con esattezza la sua decisione di acquistare quel televisore. In quel momento, quando ha detto «Sì, lo prendo!», ha attivato la reazione tipica che si verifica quando qualcosa cessa di essere disponibile e, pertanto, risulta più attraente ai nostri occhi. Acquistare il televisore è stato un errore? Cialdini è stato manipolato? Non necessariamente! Se le informazioni fornite dall'addetto alle vendite erano attendibili, se il suo incoraggiamento a prendere in fretta la decisione d'acquisto era realmente motivato dal fatto che la disponibilità stava per esaurirsi o che il prezzo stava per aumentare, allora l'addetto ha fatto l'interesse del cliente, comportandosi come un alleato di Cialdini, e non come un nemico o un manipolatore. Naturalmente, Cialdini non poteva sapere se l'addetto alle vendite fosse sincero oppure no, ma di certo, se avesse scoperto di essere stato ingannato, non sarebbe più tornato in quel negozio. Pertanto, anche se conoscere le tecniche di influenza sociale non basta a renderci consapevoli delle manipolazioni che subiamo in certe situazioni, può aiutarci a non cadere vittime dei manipolatori in futuro.

Sarebbe scortese e ingiusto riportare la disavventura di Robert Cialdini e omettere le nostre esperienze personali. Ci riferiamo, in particolar modo, a un interessante episodio che ha coinvolto entrambi gli autori. In teoria, dovrebbe essere pressoché impossibile manipolare due esperti di influenza sociale contemporaneamente, perfino per i veri maghi della persuasione, e invece in questo caso fu facile come rubare le caramelle a un bambino. L'episodio avvenne mentre ci trovavamo a Bangkok, in Tailandia, per una conferenza scientifica. Naturalmente, sapevamo benissimo quante trappole per turisti si nascondono in posti come quello, ma eravamo certi che non ci saremmo fatti fregare dalla gente del posto, così uscimmo a fare una passeggiata. A un certo punto, mentre ci trovavamo in un quartiere non turistico, ci fermammo per attraversare la strada e ci trovammo di fianco un signore anziano, che ci rivolse un sorriso e ci chiese cosa ci facessimo lì, dato che le principali attrazioni turistiche erano situate altrove. Rispondemmo che lo sapevamo, ma che non amavamo particolarmente i luoghi turistici perché il nostro principale interesse era conoscere le vere abitudini di vita dei tailandesi. Quando sentì queste parole, l'uomo sfoderò un gran sorriso e ci fece i complimenti per la nostra saggia scelta. Disse che le attrazioni turistiche erano sopravvalutate e che i veri tailandesi non andavano mai in quei posti. Ci informò che, se volevamo scoprire davvero la città, dovevamo esplorarla dalla prospettiva "acquatica" (ossia, stando su una barca), perché era ciò che avrebbe fatto un tailandese al nostro posto. Noi ci mostrammo interessati a quel consiglio, così l'uomo aggiunse: «Mi sembrate due bravi ragazzi quindi voglio aiutarvi. Oggi c'è un mercato galleggiante, come quelli che si vedono sulle cartoline, con l'unica differenza che questo è autentico perché è per la gente del posto. Non è grande come quello per i turisti, ma è molto caratteristico. Ricordate, però, che dovete sempre chiedere il "prezzo tailandese", altrimenti vi faranno pagare le tariffe per turisti!». Questa raccomandazione fu un grande campanello d'allarme per noi, ma l'uomo era molto efficiente e si prodigò in ogni modo: fermò un tuk-tuk (il tipico taxi a tre ruote) e cominciò a parlare sotto voce con il conducente, usando un tono duro e minaccioso. Finita la contrattazione, annunciò: «Gli ho detto di trattarvi come locali! La corsa vi costerà 20 baht, non uno in più!». Salimmo sul tuk-tuk con animo sollevato, dato che quella era davvero la tariffa più bassa che avessimo mai pagato per un taxi a Bangkok.

Poco dopo raggiungemmo un porticciolo brulicante di imbarcazioni e, nonostante continuassimo a ripetere «Prezzo tailandese», ci spennarono come polli. Pagammo circa 100 dollari a testa per una crociera di un'ora sul fiume Chao Phraya e sui canali di Bangkok. A un certo punto, raggiungemmo il famoso mercato galleggiante di cui ci aveva parlato quell'uomo. In realtà, il nostro "capitano" si limitò a fare un cenno a un altro uomo, che si avvicinò con la sua barca e provò a venderci ogni sorta di pregiata mercanzia, come un piccolo Buddha di plastica o una statuetta a forma di elefante (assicurandoci, naturalmente, che quegli articoli erano riservati solo alla gente del posto e che ci avrebbe fatto pagare il "prezzo tailandese"). Vedendoci determinati nel rifiutare ogni sua proposta, l'uomo sospirò e si rassegnò a tirare fuori dal suo piccolo frigorifero l'unico prodotto al quale non sappiamo dire di no: la birra. Acconsentimmo a comprarne due lattine, anche se erano le birre più costose che avessimo mai bevuto in tutta la nostra vita. Ma la storia non finisce qui... Infatti, non appena iniziammo a bere le nostre birre, l'astuto venditore indicò il nostro "capitano" e ci chiese: «E lui?». Era in gioco il nostro onore, perciò non avevamo scelta: comprammo una birra anche per lui, che se la mise in tasca, probabilmente per restituirla all'altro uomo durante la crociera successiva in cambio di una percentuale dei guadagni.

Tutto sommato, la gita in barca non fu un'esperienza insoddisfacente (ma potrebbe anche essere che stiamo solo cercando di dare un senso alle nostre azioni per tentare, nei limiti del possibile, di salvare la faccia): ci permise di scoprire delle zone di Bangkok che altrimenti non avremmo mai visto, di navigare lungo i canali della città e di avvistare varani e altri animali selvatici. Soprattutto, però, quest'esperienza fu l'ennesima dimostrazione del fatto che, per quanto furbo tu creda di essere, ci sarà sempre qualcuno più furbo di te. Puoi anche essere uno dei maggiori esperti di influenza sociale, ma quando ti trovi di fronte un vero professionista, non c'è santo che tenga.

C'è anche un altro aspetto importante da sottolineare. Spesso sentiamo le persone dichiarare con orgoglio: «Io non mi faccio fregare dagli esperti di marketing o di vendite. Quando mi parlano di "offerta speciale" o di "prezzi scontatissimi", non prendo neanche in considerazione l'idea di comprare quello che mi propongono». A nostro modo di vedere, questo sentimento di orgoglio è del tutto ingiustificato poiché un simile approccio ci sembra irrazionale quanto quello della compulsione ad accaparrarsi tutte le "offerte speciali" del mondo solo perché sono disponibili. L'elemento comune di questi due atteggiamenti è la grande rigidità del comportamento adottato. E allora cosa dovremmo fare? Qual è il modo giusto di porsi? Immaginiamo che sulla vetrina di un negozio di abbigliamento sia appeso il seguente cartello: «Offerta speciale! Solo per oggi! Se compri una cravatta, la seconda te la regaliamo noi!». È giusto approfittare di questa offerta? Innanzitutto dovremmo porci le seguenti domande: «Indosso le cravatte?», «Le cravatte in vendita in questo negozio mi piacciono?» e «Metterei questa cravatta se me la regalassero?». Se la risposta a queste domande è no, non dovremmo nemmeno prendere in considerazione l'offerta. Acquistare una cravatta e riceverne una seconda in omaggio servirebbe solo ad avere due cravatte inutili che prendono polvere nell'armadio. E se, invece, indossiamo la cravatta tutti i giorni o se ne abbiamo poche e quelle in vendita ci piacciono molto? Se è così, perché mai dovremmo rinunciare alla possibilità di ottenere due cravatte al prezzo di una? In questo caso, l'unica cosa di cui dovremmo preoccuparci sarebbe di verificare che il prezzo della prima cravatta non sia stato gonfiato di proposito. In altre parole, dobbiamo assicurarci che sia un vero affare. Una volta chiarito questo dubbio, non c'è ragione per non approfittare dell'offerta speciale, che è chiaramente vantaggiosa dal nostro punto di vista. In sostanza, il segreto per muoversi bene in un ambiente in cui siamo costantemente esposti all'influenza sociale è la ponderazione: dobbiamo trattenerci dal reagire in maniera automatica, stando attenti a valutare bene i pro e i contro della decisione che stiamo per prendere. Naturalmente, questo principio va molto oltre il semplice acquisto di una cravatta.

Se riusciamo a raggiungere il giusto livello di ponderazione, ci sarà molto utile conoscere le tecniche di influenza sociale e i meccanismi psicologici su cui si basano. Ne abbiamo avuto una prova concreta in un bel pomeriggio di sole a Breslavia, mentre ci rilassavamo in una delle numerose birrerie all'aperto della città. Stavamo dibattendo animatamente sulle ultime novità proposte dai birrifici artigianali locali quando un'anziana signora, vestita in maniera piuttosto semplice, si avvicinò al nostro tavolo, ci guardò e ci disse: «Dareste un piccolo aiuto a un'anziana?». Restammo un po' interdetti, perché non aveva utilizzato nessuna tecnica di influenza sociale, così uno di noi chiese intelligentemente: «D'accordo, ma quanti soldi dovremmo darle secondo lei?». La signora fece un passo indietro, ci studiò con attenzione e rispose: «Cari signori, sarei felice di ricevere 100, 50 o perfino 10 zloty, ma non credo che siate disposti a darmi così tanto...». Naturalmente, quella richiesta esagerata ci strappò una risata; decidemmo di darle qualche moneta, ma era una somma ampiamente inferiore a 10, 50 o 100 zloty (si tenga anche presente che l'episodio avvenne parecchi anni fa). Dopo che se ne fu andata, dibattemmo a lungo sulla validità del metodo che aveva impiegato. Se non avesse avuto la sfortuna di imbattersi in due esperti di influenza sociale che (in quel momento) erano in grado di agire con ponderazione, probabilmente avrebbe ottenuto una somma molto più alta.

Le tecniche di influenza sociale possono essere utilizzate sia per cause nobili (come persuadere le persone a donare il sangue, a firmare una petizione in difesa della democrazia o a sostenere economicamente le associazioni di beneficenza), sia per scopi disonesti (tutte le volte che mentiamo, ad esempio fingendo di essere figure autorevoli in un certo campo o facendo credere a qualcuno che il prezzo del prodotto che vendiamo aumenterà notevolmente nei giorni a venire). Naturalmente, invitiamo i nostri lettori a utilizzare le tecniche di influenza sociale in maniera etica e, inoltre, a denunciare tutti coloro che fanno un uso scorretto di questi strumenti o che li impiegano per raggiungere obiettivi non etici. Ora che conoscete molte tecniche di influenza sociale, sarete facilitati in questo compito. Del resto, se abbiamo scritto questo libro è proprio per aiutarvi a ottenere dei risultati. Infatti, abbiamo illustrato soltanto quelle tecniche (e gli esperimenti comprovanti la loro efficacia) che provocano dei cambiamenti concreti e osservabili nel comportamento umano. Abbiamo omesso, invece, i metodi finalizzati a influenzare l'atteggiamento e le opinioni degli altri, sebbene – e questo va detto chiaramente – gran parte degli studi psicologici nel campo dell'influenza sociale si concentrino proprio su come modificare l'atteggiamento e le convinzioni altrui, piuttosto che il comportamento. La decisione di concentrare la nostra attenzione su una sola area dell'influenza sociale è stata ben ragionata. Nell'ambito della psicologia, esistono già molti testi che illustrano come influenzare gli atteggiamenti altrui e ce n'è anche qualcuno che si occupa sia degli atteggiamenti che dei comportamenti. Tuttavia, i testi incentrati esclusivamente sul comportamento erano praticamente inesistenti. Di certo, non esiste un altro libro che illustri così tante tecniche finalizzate a influenzare il comportamento degli altri. D'altro canto, siamo consapevoli che per molti lettori interessati all'influenza sociale potrebbe essere utile scoprire di più sui metodi finalizzati a influenzare atteggiamenti e convinzioni. Ecco perché vi invitiamo a leggere altri testi che forniscono informazioni attendibili su queste tematiche utilizzando un linguaggio accessibile, che non richiede una laurea in psicologia per essere compreso. Di seguito riportiamo, in ordine alfabetico, un elenco dei testi che riteniamo più indicati e che, a nostro modo di vedere, rappresentano letture fondamentali per chi vuole approfondire l'argomento. Naturalmente, questo non significa che le monografie non incluse in questo elenco non siano valide o utili. Inoltre, i lettori più esigenti farebbero bene a rivolgere l'attenzione anche e soprattutto agli articoli scientifici che trattano i temi in questione in grande dettaglio, ma questo non è l'intento dell'elenco fornito di seguito.

Letture consigliate:

1. Cialdini R. B. (2017), *Influence: science and practice*, Harper Business, New York (trad. it. *Le armi della persuasione*, Giunti Editore, Firenze, 2022).
2. Cialdini R. B. (2017), *PRE-SUASION. A revolutionary way to influence and persuade*, Random House, New York (trad. it. *PRE-SUASIONE. Creare le condizioni per il successo dei persuasori*, Giunti Editore, Firenze, 2022).
3. Crano W. D., Priskin R. (2014), *Attitudes and attitude change*, Psychology Press, New York e Hove.

4. Dolinski D. (2016), *Techniques of social influence. The psychology of gaining compliance*, Routledge, Londra e New York.
5. Forgas J. P., Cooper J., Crano W. D. (2016), *The psychology of attitudes and attitude change*, Psychology Press, New York e Hove.
6. Gass R. H., Seiter J. S. (2018), *Persuasion, social influence and compliance gaining*, Routledge, New York e Londra.
7. Gold Goldsmith E. B. (2015), *Social influence and sustainable consumption*, Springer, New York.
8. Maio G. R., Haddock G., Verplanken B. (2019), *The psychology of attitudes and attitude change*, Sage, Thousand Oaks, Londra, New Delhi (trad. it. *Psicologia degli atteggiamenti*, 3° edizione, a cura di Francesca Alparone, Antonio Aquino, Isabella Giammusso e Alberto Mirisola, Edizioni Edra, Milano, 2022).
9. O'Keefe D. J. (2015), *Persuasion. Theory and Research*, Sage, Thousand Oaks, Londra, New Delhi.
10. Pratkanis A. R. (2014), *The science of social influence. Advances and future progress*, Psychology Press, New York e Hove.
11. Pratkanis A. R., Aronson E. (1992), *Age of propaganda. The everyday use and abuse persuasion*, Freeman, New York (trad. it. *L'età della propaganda. Usi e abusi quotidiani della persuasione*, Il Mulino, Bologna, 2003).
12. Vogel T., Bohner G., Wanke M. (2015), *Attitudes and attitude change*, Routledge, New York e Londra.

Una delle qualità migliori della nostra civiltà è che le persone spesso si aiutano a vicenda in maniera disinteressata. In effetti, negli studi empirici sviluppati per verificare l'efficacia delle tecniche descritte, la percentuale di persone che acconsentivano a soddisfare le richieste era piuttosto rilevante anche nei gruppi di controllo (cioè, quelli in cui non si faceva uso di alcuna tecnica). In gran parte dei casi, questa percentuale era compresa tra il 20% e il 60%. Pertanto, possiamo affermare che assecondare richieste dirette e di varia natura rappresenta un comportamento naturale per un numero considerevole di persone, che semplicemente non trovano delle valide ragioni per dire di no. Quando mettiamo in campo una tecnica di influenza sociale pertinente, il numero di soggetti disposti a soddisfare la nostra richiesta aumenta ancora di più. In altre parole, una tecnica adeguata agisce come un fattore concomitante che favorisce il consenso verso la richiesta e, di conseguenza, aumenta il numero di persone che non trovano una buona ragione per rifiutare.

Ma cosa accade quando a questo fattore aggiuntivo, che rende le persone più propense a soddisfare le nostre richieste, si affianca un fattore dall'effetto contrario, che induce a dire di no? Konrad Maj ha condotto degli studi interessanti sulla *tecnica del colpo basso*. Nel corso di queste ricerche, offriva agli studenti universitari l'opportunità di acquistare dei materiali didattici che li avrebbero aiutati a prepararsi per l'imminente sessione di esami. Nell'esperimento di controllo, il prezzo era di circa 20 dollari; nelle condizioni progettate per testare l'efficacia del colpo basso, invece, i materiali venivano inizialmente offerti a 15 dollari ma, al momento di concludere la vendita, lo sperimentatore si scusava e diceva di aver commesso un errore perché, in effetti, il prezzo del materiale era di 20 dollari. Dai risultati emerse che la tecnica impiegata da Maj era stata molto efficace. Nel gruppo di controllo, infatti, i materiali vennero acquistati dal 34% degli studenti, mentre nelle condizioni sperimentali del colpo basso l'acquisto venne effettuato da quasi il doppio dei soggetti (il 62.5%). Lo schema dell'esperimento di Maj, tuttavia, forniva la possibilità di creare un'ulteriore variante. Stavolta il venditore iniziava dando un prezzo di 15 dollari ma poi, in un secondo momento, comunicava che il prezzo era di 20 dollari senza scusarsi per l'errore commesso e senza dare alcuna spiegazione. In questo caso, solo il 25% dei soggetti (ossia, un numero inferiore a quello rilevato nel gruppo di controllo) decise di acquistare il materiale didattico. Molto probabilmente, la brutale scortesia del venditore (che forse in questo caso sfiorava l'insolenza) è la ragione per cui i soggetti non sentivano la necessità di rispettare la parola data in precedenza.

Nelle situazioni sociali che affrontiamo nella realtà, non è solo la scortesia di chi chiede un favore o offre qualcosa a indurre le persone a rifiutare una richiesta nonostante l'uso di una tecnica di influenza sociale. Infatti, questo esito può verificarsi per molti altri motivi, per esempio se il soggetto interpellato va di fretta, se ha fame oppure se ha appena iniziato a diluviare. Una delle verità apparentemente più banali della psicologia è che *ognuno reagisce in maniera diversa alle diverse situazioni*. Quale che sia la tecnica di influenza sociale scelta, essa rappresenta solo uno dei fattori che influenzano il comportamento di un certo individuo e si deve tenere presente che potrebbero esserci dei fattori concomitanti che lavorano in direzione contraria, spingendo la persona a respingere la richiesta.

Inoltre, si deve tenere presente che le tecniche descritte in questo libro sono state testate in condizioni in cui la persona che esercitava influenza sociale e l'individuo soggetto a questa influenza non si conoscevano e, probabilmente, non avevano motivo di credere che avrebbero approfondito la loro conoscenza in futuro. Naturalmente, l'efficacia delle tecniche illustrate cambia nel caso in cui i due individui che tentano di influenzarsi a vicenda abbiano un legame stretto (amici, colleghi, coniugi).

Alcuni lettori potrebbero sorprendersi di non trovare tra le 100 tecniche descritte una tecnica che hanno già visto utilizzare da addetti alle vendite, venditori porta a porta o operatori di telemarketing. È sicuramente possibile che non ci sia mai capitato di incontrarla e che ne ignoriamo l'esistenza. Tuttavia, è forse più probabile che non sia mai stata verificata con uno studio empirico adeguatamente controllato – e in questo libro sono presenti solo tecniche già testate con questa metodologia.

Infine, un ultimo aspetto su cui vorremmo soffermarci. La psicologia, come scienza, esiste da circa 150 anni. La psicologia dell'influenza sociale è ancora più recente: la sua prima fase di sviluppo dinamico risale agli anni Settanta e i libri più conosciuti sulle tecniche di influenza sociale sono stati pubblicati solo successivamente. Questo significa che prima degli anni Settanta nessuno si era mai interessato a questo argomento? Assolutamente no, e lo dimostrano moltissimi testi non scientifici di altre epoche. Nel campo della letteratura, per esempio, le regole dell'influenza sociale sono state descritte molto spesso nel corso della storia. Uno dei libri più importanti della cultura scandinava è l'*Edda poetica*, il più antico testo letterario islandese, risalente al IX secolo d.C. Nel *Discorso di Odino l'Eccelso*, si legge quanto segue:

> Con armi e vestiti
> saranno gli amici lieti,
> ciò è già evidente su sé stessi.
> Chi dona e chi ricambia doni
> son fra sé gli amici più intimi,
> se le cose procedono bene.
>
> Al proprio amico
> deve l'uomo essere amico
> e ricambiare dono con dono.
> Le risa con le risa
> ripagheranno gli uomini,
> ma l'ipocrisia con la menzogna.

Hávamál
Il Discorso di Hár
tratto dall'*Edda poetica*
(Edda di Sæmund)
Traduzione di Olga Gogala di Leesthal

In questo brano possiamo riconoscere chiaramente il principio di reciprocità. Tra l'altro, in questo caso ne vengono descritte due varianti (ricambiare il bene ricevuto e prendersi una vendetta). Passaggi simili sono presenti nell'*Epopea di Gilgamesh*, nell'*Eneide*, nella *Bibbia* e in altri testi antichi. Le tecniche di influenza sociale fanno parte della vita degli uomini fin dal principio della storia e probabilmente sarà così per sempre. Ecco perché siamo convinti che conoscerle sia un vantaggio per tutti e questo è uno dei motivi che ci hanno spinto a scrivere il libro che tenete tra le mani. Ora che lo avete letto, ci auguriamo che siate d'accordo con noi. Del resto, qualsiasi persona di buonsenso lo sarebbe...

Bibliografia

Allen C., Schewe C., Wijk G. (1980), «More on self-perception theory' foot technique in the pre-call/mail survey setting», *Journal of Marketing Research*, *17*, 488-502.

Apsler R. (1975), «Effects of embarrassment on behavior toward others», *Journal of Personality and Social Psychology*, *32*, 145-153.

Aronson E. (1969), «The theory of cognitive dissonance: A current perspective», *Advances in Experimental Social Psychology*, *4*, 1-34.

Asch S. E. (1951), «Effects of group pressure upon the modification distortion in judgments». In H. Guetzkow (Ed.), *Groups, leadership and men*, Carnegie Press, Pittsburgh, pp. 177-190.

Aune R. K, Basil M. D. (1994), «A relational obligations approach to the foot-in-the-mouth effect», *Journal of Applied Social Psychology*, *24*, 546-556.

Bem D. J. (1967), «Self-perception: An alternative explanation of cognitive dissonance phenomena», *Psychological Review*, *74*, 183-200.

Bialaszek W., Marcowski P., Mizak S., Ostaszewski P., Dolinski D. (2022), *The role of temporal scheduling in task preference*. In preparazione.

Bickman L. (1974), «The social power of a uniform», *Journal of Applied Social Psychology*, *4*, 47-61.

Bilewicz M., Tempska P., Leliwa G., Dowgiałło M., Tańska M., Urbaniak R., Wroczyński M. (2021), «Artificial intelligence against hate: Intervention reducing verbal aggression in the social network environment», *Aggressive Behavior*, *47*, 260-266.

Bohns V. K., Roghanizad M. M., Xu A. Z. (2014), «Underestimating our influence over others' unethical behavior and decisions», *Personality and Social Psychology Bulletin*, *40*, 348-362.

Bolkan S., Andersen P. A. (2009), «Image induction and social influence: Explication and initial tests», *Basic and Applied Social Psychology*, *31*, 317-324.

Boster F. J., Shaw A. S., Hughes M., Kotowski M. R., Strom R. E., Deatrick L. M. (2009), «Dump-and-chase: The effectiveness of persistence as a sequential request compliance-gaining strategy», *Communication Studies*, *60*, 219-234.

Brehm J. W. (1966), *A theory of psychological reactance*, Academic Press, New York.

Bryan C. J., Master A., Walton G. M. (2014), «"Helping" versus "being a helper": Invoking the self to increase helping in young children», *Child Development*, *85*, 1836-1842.

Bryan C. J., Walton G. M., Rogers T., Dweck C. S. (2011), «Motivating voter turnout by invoking the self», *Proceedings of the National Academy of Sciences of the United States of America*, *108*, 12653-12656.

Burger J. M. (1986), «Increasing compliance by improving the deal: The that's-not-all technique», *Journal of Personality and Social Psychology*, *51*, 277-283.

Burger J. M., Hornisher J., Martin V., Newman G., Pringle S. (2007), «The pique technique: Overcoming mindlessness or shifting heuristics?», *Journal of Applied Social Psychology*, *37*, 2086-2096.

Burger J. M., Messian N., Patel S., Del Prado A., Anderson C. (2004), «What a coincidence! The effects of incidental similarity on compliance», *Personality and Social Psychology Bulletin*, *30*, 35-43.

Burger J. M., Soroka S., Gonzago K., Murphy E., Somervell E. (2001), «The effect of fleeting attraction on compliance to requests», *Personality and Social Psychology Bulletin*, *27*, 1578-1586.

Cann A., Blackwelder J. G. (1984), «Compliance and mood: A field investigation of the impact of embarrassment», *Journal of Psychology*, *117*, 221-226.

Carpenter C. J. (2014), «Making compliance seem more important: The "just one more" technique of gaining compliance», *Communication Research Reports*, *31*, 163-170.

Charles-Sire V., Stefan J., Gueguen N. (2016), «Single exposure to the word "loving" and implicit helping behavior», *Social Influence*, *11*, 1-6.

Chartrand T., Bargh J. (1999), «The Chameleon effect: The perception-behavior link and social interaction», *Journal of Personality and Social Psychology*, *76*, 893-910.

Cialdini R. B. (1980), «Full-cycle social psychology», *Applied Social Psychology Annual*, *1*, 21-45.

Cialdini R. B. (2017a), *Influence: science and practice*, Harper Business, New York (trad. it. *Le armi della persuasione*, Giunti Editore, Firenze, 2022).

Cialdini R. B. (2017b), *PRE-SUASION. A revolutionary way to influence and persuade*, Random House, New York (trad. it. *PRE-SUASIONE. Creare le condizioni per il successo dei persuasori*, Giunti Editore, 2022).

Cialdini R. B., Cacioppo J. T., Bassett R., Miller J. A. (1978), «Low-ball procedure for producing compliance: Commitment then cost», *Journal of Personality and Social Psychology*, *36*, 463-476.

Cialdini R. B., Demaine L., Sagarin B. J., Barrett D. W., Rhoads K., Winter P. (2006), «Managing social norms for persuasive impact», *Social Influence*, *1*, 3-15.

Cialdini R. B., Kenrick D. T. (1976), «Altruism as hedonism: A social development perspective on the relationship of negative mood state and helping», *Journal of Personality and Social Psychology*, *34*, 907-914.

Cialdini R. B., Sagarin B. J. (2005), «Interpersonal influence». In T. Brock, M. Green (Eds.), *Persuasion: Psychological insights and perspectives*, Sage Press, Newbury Park, pp. 143-169.

Cialdini R. B., Schroeder D. (1976), «Increasing compliance by legitimizing, paltry contributions: When even a penny helps», *Journal of Personality and Social Psychology*, *34*, 599-604.

Cialdini R. B., Vincent J. E., Lewis S. K., Catalan J., Wheeler D., Darby B. L. (1975), «Reciprocal concessions procedure for inducing compliance: The door-in-the-face technique», *Journal of Personality and Social Psychology*, *31*, 206-215.

Clark H. B., Northrop J. T., Barkshire C. T. (1988), «The effects of contingent thank-you notes on case managers' visiting residential clients», *Education and Treatment of Children*, *11*, 45-51.

Crano W. D., Priskin R. (Eds., 2014), *Attitudes and attitude change*, Psychology Press, New York e Hove.

Davis B. P., Knowles E. S. (1999), «A disrupt-then-reframe technique of social influence», *Journal of Personality and Social Psychology*, *76*, 192-199.

Dickerson C. A., Thibodeau R., Aronson E., Miller D. (1992), «Using cognitive dissonance to encourage water conservation 1», *Journal of Applied Social Psychology*, *22*, 841-854.

Dolinski D. (2011), «A rock or a hard place: The foot-in-the-face technique for inducing compliance without pressure», *Journal of Applied Social Psychology*, *41*, 1514-1537.

Dolinski D. (2016), *Techniques of social influence. The psychology of gaining compliance*, Routledge, Londra e New York.

Dolinski D., Grzyb T. (2022), *We are looking for people like you*. In preparazione.

Dolinski D., Grzyb T., Kulesza W. (2022), *The egotistic trap as a technique of social influence*. Inviato per la pubblicazione.

Dolinski D., Grzyb T., Olejnik J., Prusakowski S., Urban K. (2005), «Let's dialogue about penny», *Journal of Applied Social Psychology*, *35*, 1150-1170.

Dolinski D., Nawrat M., Rudak I. (2001), «Dialogue involvement as a social influence technique», *Personality and Social Psychology Bulletin*, *27*, 1395-1406.

Dolinski D., Nawrat R. (1998), «"Fear-then-relief" procedure for producing compliance: Beware when the danger is over», *Journal of Experimental Social Psychology*, *34*, 27-50.
Dolinski D., Szczucka K. (2013), «Emotional disrupt-then-reframe», *Journal of Applied Social Psychology*, *43*, 2031-2041.
Ellsworth P. C., Langer E. (1976), «Staring and approach: An interpretation of the stare as a nonspecific activator», *Journal of Personality and Social Psychology*, *33*, 117-122.
Fennis B. M., Janssen L., Vohs K. (2009), «Acts of benevolence: A limited-resource account of compliance with charitable requests», *Journal of Consumer Research*, *35*, 906-924.
Firmin M. W., Helmick J. M., Iezzi B. A., Vaughn A. (2004), «Say please: The effect of the word "please" in compliance-seeking request», *Social Behavior and Personality*, *32*, 67-72.
Flynn F. J., Lake V. K. B. (2008), «If you need help, just ask: Underestimating compliance with direct request for help», *Journal of Personality and Social Psychology*, *95*, 128-143.
Fointiat V. (2000), «"Foot-in-the-mouth" versus "door-in-the-face" requests», *Journal of Social Psychology*, *140*, 264-266.
Forgas J. P., Cooper J., Crano W. D. (Eds., 2016), *The psychology of attitudes and attitude change*, Psychology Press, New York e Hove.
Freedman J. L., Fraser S. (1966), «Compliance without pressure: The foot in the door technique», *Journal of Personality and Social Psychology*, *4*, 195-202.
Friedman H., Rahman A. (2011), «Gifts-upon-entry and appreciatory comments: Reciprocity effects in retailing», *Journal of International Marketing Studies*, *3*, 161-164.
Gass R. H., Seiter J. S. (2018), *Persuasion, social influence and compliance gaining*, Routledge, New York e Londra.
Goldman M. (2011), «Compliance employing a combined foot-in-the-door and door-in-the-face procedure», *Journal of Social Psychology*, *126*, 111-116.
Goldman M., Creason C. R. (1981), «Inducing compliance by a two-door-in-the-face procedure and a self-determination action request», *Journal of Social Psychology*, *114*, 229-235.
Goldsmith E. B. (2015), *Social influence and sustainable consumption*, Springer, New York.
Goldstein N. J., Cialdini R. B., Griskevicius V. (2008), «A room with a viewpoint: Using social norms to motivate environmental conservation in hotels», *Journal of Consumer Research*, *35*, 472-482.

Goldstein N. J., Griskevicius V., Cialdini R. B. (2011), «Reciprocity by proxy: A novel influence strategy for stimulating cooperation», *Administrative Science Quarterly*, *56*, 444-473.

Gouldner A. W. (1960), «The norm of reciprocity: A preliminary statement», *American Sociological Review*, *25*, 161-178.

Grzyb T., Dolinski D. (2017), «"This is my only request" – Using the "Omega" strategy to boost the success of charity drives», *European Review of Applied Psychology*, *67*, 181-185.

Grzyb T., Dolinski D. (2022), *The field study in social psychology. How to conduct research outside of a laboratory setting?*, Routledge, New York.

Grzyb T., Dolinski D., Kulesza W. (2021), «Dialogue and labelling, Are these helpful in finding volunteers?», *Journal of Social Psychology*, *161*, 63-71.

Gueguen N. (2016), «"You will probably refuse, but…": When activating reactance in a single sentence increases compliance with a request», *Polish Psychological Bulletin*, *47*, 170-173.

Gueguen N., Jacob C. (2013), «The birthdate effect: Solicitation on birthday affect compliance», *The International Review of Retail Distribution and Consumer Research*, *23*, 353-356.

Gueguen N., Joule R. V., Courbet D., Halimi-Falkowicz S., Marchand M. (2013), «Repeating "yes" in a first request and compliance with a later request: The fourth walls technique», *Social Behavior and Personality*, *41*, 199-202.

Gueguen N., Meineri S., Stefan J. (2012), «"Say it with flowers"… to female drivers: Hitchhikers holding flowers and driver behavior», *North American Journal of Psychology*, *14*, 623-628.

Gueguen N., Pascual A. (2005), «Improving the response rate to street survey: An evaluation of the "But you are free to accept or to refuse" technique», *Psychological Record*, *55*, 297-303.

Gueguen N., Silone F., David M. (2016), «The effect of the two feet-in-the-door technique on tobacco deprivation», *Psychology and Health*, *31*, 168-775.

Hendrick C., Borden R., Giesen M., Murray E. J., Seyfried B. A. (1972), «Effectiveness of ingratiation tactics in a cover letter on mail questionnaire response», *Psychonomic Science*, *26*, 349-351.

Hetts J. J., Boninger D. S., Armor D. A., Gleicher F., Nathanson A. (2000), «The influence of anticipated counterfactual regret on behavior», *Psychology and Marketing*, *17*, 345-368.

Higgins E. T. (2005), «Value from regulatory fit», *Current Directions in Psychological Science*, *14*, 209-213.

Hornik J., Zaig T., Shadmon D., Barbash G. I. (1990), «Comparison of three inducement techniques to improve compliance in a health survey conducted by telephone», *Public Health Reports*, *105*, 524-529.

Horowitz T., Pratkanis A. R. (2002), «A laboratory demonstration of the fraudulent telemarketers' 1 in 5 prize tactic», *Journal of Applied Social Psychology*, *32*, 310-317.

Howard D. J. (1990), «The influence of verbal responses to common greetings on compliance behavior: The foot-in-the-mouth effect», *Journal of Applied Social Psychology*, *20*, 1185-1196.

Howard D., Gengler C., Jain A. (1995), «What's in a name? A complimentary means of persuasion», *Journal of Consumer Research*, *22*, 200-211.

Hull C. L. (1943), «The goal-gradient hypothesis and maze learning», *Psychological Review*, *39*, 25-43.

Isen A. M., Simmonds S. F. (1978), «The effect of feeling good on a helping task that is incompatible with good mood», *Social Psychology*, *41*, 346-349.

Iyengar S. S., Lepper M. R. (2000), «When choice is demotivating: Can one desire too much of a good thing?», *Journal of Personality and Social Psychology*, *79*, 995-1006.

Jacob C., Gueguen N., Martin A., Boulbry G. (2011), «Retail salespeople's mimicry of customers: Effects on consumer behavior», *Journal of Retailing and Consumer Services*, *18*, 381-388.

Johnson E. J., Goldstein D. G. (2004), «Defaults and donation decisions», *Transplantation*, *78*, 1713-1716.

Johnson W. B. (1937), «Euphoric and depressed mood in normal subjects», *Character and Personality*, *6*, 79-98.

Joule R. V., Gouilloux F., Weber F. (1989), «The lure: A new compliance procedure», *Journal of Social Psychology*, *129*, 741-749.

Kaczmarek M. C., Steffens M. C. (2017), «Mindlessly polite: A conceptual replication of the emotional seesaw effect on compliance and information processing», *Frontiers in Psychology*, *8*, 239.

Kahneman D., Knetsch J. L., Thaler R. H. (1991), «The endowment effect, loss aversion, and status quo bias», *Journal of Economic Perspectives*, *5*, 193-206.

Kahneman D., Tversky A. (1979), «Prospect theory: An analysis of decision under risk», *Econometria*, *47*, 263-291.

Katzev R., Brownstein R. (1989), «The influence of enlightenment on compliance», *Journal of Social Psychology*, *129*, 335-347.

Kivetz R., Urminsky O., Zheng Y. (2006), «The goal gradient hypothesis resurrected: Purchase acceleration, illusionary goal progress and customer retention», *Journal of Marketing Research*, *43*, 39-58.

Kleinke C. L., Singer D. A. (1979), «Influence of gaze on compliance with demanding and conciliatory request in field setting», *Personality and Social Psychology Bulletin*, *5*, 386-390.

Konoske P., Staple S., Graf R. G. (1979), «Compliant reactions to guilt: Self-esteem or self-punishment», *Journal of Social Psychology*, *108*, 207-211.

Kubala I. (2002), «420 sekund to mniej niż 7 minut, Eksploracja zakresu efektywności techniki "Dobrze To Rozegraj"», [420 secondi durano meno di 7 minuti, Esplorazione empirica della tecnica "Scardina e riformula"], *Studia Psychologiczne*, *40*, 111-125.

Kulesza W., Dolinski D., Szczesna K., Kosim M., Grzyb T. (2019), «Temporal aspects of the chameleon effect and hospitality: The link between mimicry, its impact, and duration», *Cornell Hospitality Quarterly*, *60*, 212-215.

Kulesza W., Szypowska Z., Jarman M. S., Dolinski D. (2014), «Attractive chameleon sell: The mimicry-attractiveness link», *Psychology and Marketing*, *31*, 549-561.

Lamy L., Fischer-Lokou J., Gueguen N. (2012), «Priming emotion concepts and helping behavior: How unlived emotions can influence action», *Social Behavior and Personality: An International Journal*, *40*, 55-62.

Langer E. J., Blank A., Chanowitz B. (1978), «The mindlessness of ostensibly thoughtful action: The role of "placebic" information in interpersonal interaction», *Journal of Personality and Social Psychology*, *36*, 635-642.

Maimaran M., Salant Y. (2019), «The effect of limited availability on children's consumption, engagement, and choice behavior», *Judgment and Decision Making*, *14*, 72.

Maio G. R., Haddock G., Verplanken B. (2019), *The psychology of attitudes and attitude change*, Sage, Thousand Oaks, Londra, New Delhi (trad. it. *Psicologia degli atteggiamenti*, 3° edizione, a cura di Francesca Alparone, Antonio Aquino, Isabella Giammusso e Alberto Mirisola, Edizioni Edra, Milano, 2022).

Maj K. (2002), «Zachowanie uprzejme jako czynnik warunkujacy skutecznocc techniki wplywu spolecznego "niska pilka"» [La cortesia come presupposto indispensabile per l'efficacia della tecnica del colpo basso], *Studia Psychologiczne*, *40*, 93-109.

Marzoli D., Tommasi L. (2009), «Side biases in humans (Homo sapiens); three ecological studies on hemispheric asymmetries», *Naturwissenschaften*, *96*, 1099-1106.

Meineri S., Dupre M., Vallee B., Gueguen N. (2015), «When a service request precedes the target request: Another compliance without pressure techniques?», *Social Influence*, *10*, 278-285.

Meineri S., Gueguen N. (2011), «"I hope I'm not disturbing you, am I?" Another operationalization of the foot-in-the-mouth paradigm», *Journal of Applied Social Psychology*, *41*, 965-975.

Meyerowitz B. E., Chaiken S. (1987), «The effect of message framing on breast self-examination attitudes, intentions, and behavior», *Journal of Personality and Social Psychology*, *52*, 500-510.

Milgram S., Sabini J. (1978), «On maintaining social norms: A field experiment in the subway». In A. Baum, J. E. Singer, S. Valins (Eds.), *Advances in environmental psychology, 1: The urban environment*, Erlbaum, Hillsdale, pp. 31-40.

Miller R. L., Seligman C., Clark N. T., Bush M. (1976), «Perceptual contrast versus reciprocal concession as mediators of induce compliance», *Canadian Journal of Behavioral Science*, *8*, 401-409.

Mortensen C. R., Neel R., Cialdini R. B., Jaeger C. M., Jacobson R. P., Ringel M. M. (2019), «Trending Norms: A lever for encouraging behaviors performed by the minority», *Social Psychological and Personality Science*, *10*, 201-210.

Mujcic R., Leibbrandt A. (2017), «Indirect reciprocity and prosocial behavior: Evidence from a natural field experiment», *The Economic Journal*, *128*, 1683-1699.

Nisbett R. E. (2015), *Mindware. Tools for smart thinking*, Farrar, Straus and Giroux, New York.

Nyer P. U., Dellande S. (2009), «Public commitment as a motivator for weight loss», *Psychology and Marketing*, *27*, 1-12.

O'Carroll R. E., Dryden J., Hamilton-Barclay T., Ferguson E. (2011), «Anticipated regret and organ donor registration: A pilot study», *Health Psychology*, *30*, 661-664.

O'Keefe D. J. (2015), *Persuasion. Theory and Research*, Sage, Thousand Oaks, Londra, New Delhi.

O'Keefe D. J., Figge M. (1997), «A guilt-based explanation of the door-in-the-face influence strategy», *Human Communication Research*, *24*, 64-81.

O'Quin K., Aronoff J. (1981), «Humor as a technique of social influence», *Social Psychology Quarterly*, *44*, 349-357.

Patch M. E., Hoang V. R., Stahelski A. J. (1997), «The use of metacommunication in compliance: Door-in-the-face and single-request strategies», *Journal of Social Psychology*, *137*, 88-94.

Pratkanis A. R. (2007a), «Social influence analysis: An index of tactics». In A. R. Pratkanis (Ed.), *The science of social influence. Advances and future progress*, Psychology Press, New York e Hove, pp. 17-82.

Pratkanis A. R. (Ed., 2007b), *The science of social influence. Advances and future progress*, Psychology Press, New York e Hove.

Pratkanis A. R., Aronson E. (2001), *Age of propaganda. The everyday use and abuse persuasion*, Freeman, New York (trad. it. *L'età della propaganda. Usi e abusi quotidiani della persuasione*, Il Mulino, Bologna, 2003).

Pratkanis A. R., Uriel Y. (2011), «The expert snare as an influence tactic: Surf, turf, and ballroom demonstrations of some compliance consequences of being altercast as an expert», *Current Psychology*, *30*, 335-344.

Reingen P. H. (1978), «On inducing compliance with requests», *Journal of Consumer Research*, *5*, 96-102.

Rind B. (1977), «Effects of interest arousal on compliance with a request for help», *Basic and Applied Social Psychology*, *19*, 49-59.

Rind B., Benjamin D. (1994), «Effects of public image concerns and self-image on compliance», *Journal of Social Psychology*, *134*, 19-25.

Santos M. D., Leve C., Pratkanis A. R. (1994), «Hey buddy, can you spare seventeen cents? Mindful persuasion and the pique technique», *Journal of Applied Social Psychology*, *24*, 755-764.

Skilbeck C., Tulips J., Ley P. (1977), «The effects of fear arousal, fear position, fear exposure, and sidedness on compliance with dietary instructions», *European Journal of Social Psychology*, *7*, 221-239.

Smith D. E., Gier J. A., Willis F. N. (1982), «Interpersonal touch and compliance with a marketing request», *Basic and Applied Social Psychology*, *3*, 35-38.

Strenta A., DeJong W. (1981), «The effect of a prosocial label on helping behavior», *Social Psychology Quarterly*, *44*, 124-147.

Strohmetz D. B., Rind B., Fisher R., Lynn M. (2002), «Sweetening the till: The use of candy to increase restaurant tipping», *Journal of Applied Social Psychology*, *32*, 300-309.

Vallacher R. R., Wegner D. M. (1985), *A theory of action identification*, Erlbaum, Hillsdale.

Van Doorn E. A., Van Kleef E., Van der Pligt J. (2015), «How emotional expressions shape prosocial behavior: Interpersonal effects of anger and disappointment on compliance with request», *Motivation and Emotion*, *39*, 128-141.

Vogel T., Bohner G., Wanke M. (2015), *Attitudes and attitude change*, Routledge, New York e Londra.

Wallace J., Sadalla E. (1966), «Behavioral consequences of transgression: I. The effects of social recognition», *Journal of Experimental Research in Personality*, *1*, 187-194.

Werner C. H., Byerli S., White P. H., Kieffer M. (2004), «Validation, persuasion, and recycling: Capitalizing on the social ecology of newspaper use», *Basic and Applied Social Psychology*, *26*, 183-198.

Wilson T. D., Nisbett R. E. (1978), «The accuracy of verbal reports about the effects of stimuli on evaluations and behavior», *Social Psychology*, *41*, 118-131.

Wiltermuth, S. (2012), «Synchrony and destructive obedience», *Social Influence*, *7*, 78-89.

GIUNTI PSICOLOGIA

Davide Algeri, Sara Gabri e Luca Mazzucchelli
Consulenza psicologica online
Esperienze pratiche, linee guida e ambiti di intervento
160 pagine | 95535A | € 18,00 | eBook € 12,99 |

Adam Alter
Irresistibile
Come dire no alla schiavitù della tecnologia
336 pagine | 95471J | € 19,50 |

Paolo Antonelli
Le dipendenze affettive
Quando amare fa male
240 pp. | € 26,00 | eBook € 18,99

Piero Barbetta e Gabriella Scaduto
Diritti umani e intervento psicologico
240 pagine | 50461A | € 22,00 | eBook € 15,99

Eric Barker
Stai prendendo un granchio!
Quello che si dice del successo è sbagliato
416 pagine | 82190Y | € 24,00 | eBook € 16,99 |

Donald H. Baucom, Douglas K. Snyder e Kristina Coop Gordon
Tradimenti
Come aiutare le coppie a superarli
416 pagine | 53609A | € 24,00 | eBook € 16,99 |

Tal Ben-Shahar
La ricerca della perfezione
Smetti di inseguire il perfezionismo
304 pp. | 53315A | € 24,00 | eBook € 16,99 |

Luca Bernardelli
Guida psicologica alla rivoluzione digitale
208 pagine | 51891A | € 20,00 | eBook € 14,99 |

Angelo Bianchi (a cura di)
John Bowlby
Cure materne e salute mentale del bambino
288 pagine | 93039U | € 13,50 |

Charles Brenner
Breve corso di psicoanalisi
304 pagine | 60611S | € 22,00 |

Carlo Caltagirone, Fabrizio Piras e Paola Imbriani
Handbook of Neurorehabilitation and Principles of Neurology
800 pagine | 83171H | € 90,00 | eBook € 60,99 |

E. Campolmi e L. Prendi
La terapia psicologica in oncologia
L'approccio breve strategico tra mente e malattia
112 pagine | 95634D | € 16,00 | eBook € 12,99 |

Angelo Cangelosi e Santo Di Nuovo
La mente simulata
Intelligenza artificiale e robot nella vita quotidiana
FL2589 | eBook € 9,99 |

F. Cannistrà e F. Piccirilli
Terapia a seduta singola
Principi e pratiche
(rist. riveduta e corretta)
256 pagine | 95564F | € 22,00 | eBook € 15,99 |
(disponibile anche in inglese)

Andrea Castiello d'Antonio
e Luciana d'Ambrosio Marri
Conflitti
Come leggere e gestire i contrasti per vivere bene
128 pagine | 95742R | € 16,00 |
eBook € 11,99 |

Andrea Castiello d'Antonio
e Luciana d'Ambrosio Marri
Risorse umane e disumane
Come vivere oggi sul pianeta R.U.
FL3512 | eBook € 9,99 |

Donato Cattani
e Paolo Scapellato
Attacchi di panico e ansia acuta
Soccorso psicologico di base
112 pagine | 95054Z | € 18,00 |
eBook € 12,99 |

Margaret Chapman
Intelligenza emotiva
108 pagine | 93986U | € 6,90 |
eBook € 4,99 |

Margaret Chapman-Clarke
Mindfulness sul lavoro
128 pagine | 95545L | € 8,00 |
eBook € 5,99 |

Robert B. Cialdini
Le armi della persuasione
Come e perché si finisce col dire di sì
704 pagine | 82192E | € 30,00 |
eBook € 19,99

Robert B. Cialdini
Pre-suasione
Un metodo rivoluzionario per influenzare e persuadere
384 pagine | 51769A | € 24,00 |
eBook € 16,99

Silvio Ciappi
Odio
L'altra faccia del dolore
256 pp. | € 22,00 | 53336A |
eBook € 15,99 |

Mike Clayton
Modelli di management
144 pagine | 94981Y | € 6,90 |
eBook € 4,99 |

Irene Comisso,
Alberto Lucchini,
Stefano Bambi,
Gian Domenico Giusti
e Matteo Manici
Infermieristica in terapia intensiva
Principi di assistenza di base e avanzata
416 pagine | 83471F | € 40,00 |
eBook € 26,99 |

Ilaria Consolo
Il piacere femminile
Scoprire, sperimentare e vivere la sessualità
256 pagine | 66942D | € 18,00 |
eBook € 12,99 |

Cesare Cornoldi
Disturbi e difficoltà della scrittura
288 pagine | 69764V | € 26,00 |

Andy Cross
Talent Management
112 pagine | 93987V | € 6,90 |
eBook € 4,99 |

Susan David
Agilità emotiva
Non restare bloccato, accogli il cambiamento e prospera nella vita e nel lavoro
304 pagine | 95472K | € 22,00 |
eBook € 12,99 |

Erik de Haan
Team coaching
128 pagine | 95537C | € 8,00 |
eBook € 5,99 |

Liliana Dell'Osso
Fatti di quotidiana follia
160 pagine | 80527P | € 16,00 |
eBook € 11,99 |

Liliana Dell'Osso, Dario Muti
e Barbara Carpita
Il caso Coco Chanel
L'insopportabile genio
176 pagine | 95640K | € 16,00 |
eBook € 11,99 |

Fiona Elsa Dent
Leadership
112 pagine | 93985T | € 6,90 |
eBook € 4,99 |

Davide Dèttore
Trattato di psicologia e psicopatologia del comportamento sessuale
512 pagine | 65132W | € 32,00 |
eBook € 18,99 |

D. Dèttore, N. Giaquinta e A. Pozza
I disturbi da comportamenti focalizzati sul corpo
128 pagine | 95745U | € 18,00 |
eBook € 12,99 |

Santo Di Nuovo
Prigionieri delle neuroscienze?
240 pagine | 61654U | € 22,00 |
eBook € 14,99 |

Matthew Dixon e Brent Adamson
Il venditore sfidante
Il Modello Challenger
304 pagine | 51422A | € 20,00 |
eBook € 14,99 |

Angela Duckworth
Grinta
Il potere della passione e della perseveranza
336 pagine | 95436X | € 24,00 |

C. Dunkley e M. Stanton
Mindfulness e vita quotidiana
Una guida pratica
160 pagine | 95520K | € 15,00 |
eBook € 10,99 |

Sophia F. Dziegielewski
DSM-5 in action
Prima edizione italiana
752 pagine | 95005Y | € 87,00 |
eBook € 54,00 |

Paul Ekman
I volti della menzogna
Gli indizi dell'inganno nei rapporti interpersonali
368 pagine | 62149L | € 18,00 |
eBook € 12,99 |

Paul Ekman
Le bugie dei ragazzi
Frottole, imbrogli, spacconate: perché i nostri figli ricorrono alla menzogna?
256 pagine | 91524E | € 14,00 |
eBook € 6,99 |

Paul Ekman e Wallace V. Friesen
Giù la maschera
Come riconoscere le emozioni dall'espressione del viso
288 pagine | 84439W | € 18,00 |

Peter English
Affrontare conversazioni difficili
128 pagine | 95536B | € 8,00 |
eBook € 5,99 |

Luca Valerio Fabj
Il narcisismo patologico
240 pp. | 52712A | € 22,00

Lisa Feldman Barrett
Come sono costruite le emozioni
672 pp. | 52378A | € 40,00 |
eBook € 28,99 |

Ian Fleming
Lavoro di squadra
112 pagine | 94979W | € 6,90 |
eBook € 4,99 |

Ian Fleming e Allan J. D. Taylor
Coaching
112 pp. | 95538D | € 8,00 |
eBook € 5,99

Ada Fonzi (a cura di)
Manuale di psicologia dello sviluppo
Storia, teorie e metodi. Lo sviluppo cognitivo, affettivo e sociale nel ciclo di vita
320 pagine | 53323L | € 50,00 |

Patrick Forsyth
Negoziazione
128 pagine | 94980X | € 6,90 |
eBook € 4,99 |

Neil Francis
Il pensiero positivo.
Come creare un mondo pieno di possibilità
160 pp. | € 18,00

Anna Freud
L'Io e i meccanismi di difesa
192 pagine | 55397A | € 18,00 |
eBook € 12,99 |

Sigmund Freud
L'interpretazione dei sogni
640 pagine | 95566H | € 8,90 |
eBook € 5,99 |

Sigmund Freud
Sommario di psicoanalisi
112 pagine | 67799S | € 10,00 |
eBook € 6,99 |

E. Galli Zugaro
e C. Galli Zugaro
La leadership comunicativa
Come aumentare la performance personale e aziendale
272 pagine | 95439A | € 18,00 |
eBook € 12,99 |

Heidi Grant Halvorson
ed E. Higgins
Focus
Come guardare il mondo per avere successo
288 pagine | 83005G | € 20,00 |
eBook € 16,99 |

Steven C. Hayes
La mente liberata
Come trasformare il tuo pensiero e affrancarti da stress, ansia e dipendenze
512 pagine | N00013 | € 24,00 |
eBook € 16,99 |

Ryan Holiday
Ego è il nemico
Come dominare il nostro più grande avversario
224 pagine | 95473L | € 14,50 |
eBook € 13,99 |

Susan Isaacs
Dalla nascitaai sei anni
Impariamo a fare i genitori
128 pagine | 83806K | € 9,50 |
eBook € 6,99 |

Ernest Jones
Che cos'è la psicoanalisi?
128 pagine | 93962P | € 8,50 |
eBook € 5,99 |

Pam Jones
Gestione delle prestazioni
128 pagine | 94978V | € 6,90 |
eBook € 4,99 |

Scott Barry Kaufman
e Carolyn Gregoire
La mente creativa
Misteri e paradossi
240 pagine | 95519J | € 20,00 |
eBook € 14,99 |

Barbara Klein,
Stephen A. Hart,
Jacqueline M. Martinez
Psicologia dei gemelli
464 pp. | 53313A | € 30,00 |
eBook € 21,99 |

Melanie Klein
Invidia e gratitudine
128 pagine | 56707L | € 14,50 |

Melanie Klein
La psicoanalisi dei bambini
Nuova edizione rivista e ampliata a cura di H. A. Thorner
416 pagine | 57043X | € 19,50 |
eBook € 13,99 |

Philip Kotler
I 10 peccati capitali del marketing
Sintomi e cure
128 pagine | 95689L | € 14,50 |
eBook € 10,99 |

Bryan Kramer
Condividere
Il potere di scambiarsi informazioni, storie ed emozioni
108 pagine | 95613G | € 20,00 |
eBook € 14,99 |

Joan Lachkar
La coppia narcisistica borderline
Nuovi approcci alla terapia di coppia
304 pp. | 53314A | € 30,00 |
eBook € 21,99 |

Margherita Lang, Clara Michelotti, Laura Rivolta e Giulia Perotti
KABC-II
Kaufman Assessment Battery for Children (Second Edition)
224 pagine | 95004X | € 60,00 |
eBook € 41,99 |

Andrea Laudadio
Nessuno escluso
La forza della diversità per risolvere problemi complessi nella vita e sul lavoro
272 pp. | € 26,00 |
eBook € 18,99 |

Giuseppe Lavenia
Le dipendenze tecnologiche
Valutazione, diagnosi e cura
112 pagine | 95431S | € 14,00 |
eBook € 9,99 |

Richard Layard e David Clark
Il potere della terapia psicologica
Come migliorare la vita delle persone e della società
368 pp. | € 28,00 |
eBook € 19,99 |

Richard Layard e George Ward
Possiamo essere più felici?
352 pp. | 52600A | € 24,00 |
eBook € 16,99 |

Kurt Lewin
Teoria dinamica della personalità
384 pagine | 93038M | € 13,50 |
eBook € 9,99 |

Daniel Lumera
Meditazione a strappo
128 pp. | € 16,00 | eBook € 11,99 |

Roger A. MacKinnon, Robert Michels e Peter J. Buckley
Il colloquio in psichiatria e psicologia clinica
832 pagine | 95546M | € 90,00 |
eBook € 54,99 |

Giuseppe Mantovani
L'elefante invisibile
Alla scoperta delle differenze culturali
272 pagine | 80023Q | € 18,00 |
eBook € 12,99 |

Giuseppe Mantovani
(a cura di)
Manuale di psicologia sociale
Storie, teorie e metodi. Comunicazione, gruppi, culture, atteggiamenti e solidarietà
288 pagine | 54429U | € 34,00 |

Valentina Marini e Giada Susca
Galateo LinkedIn
Educazione civica, identità digitale e mondo del lavoro
240 pagine | 95586D | € 19,50 |
eBook € 13,99 |

Christopher Marquis
Il movimento B Corp
Un capitalismo sostenibile per un mondo migliore
320 pp. | 51801A| € 26,00 |
eBook € 18,99 |

Christina Maslach
e Michael P. Leiter
Il benessere sul lavoro
Come evitare il burnout e valorizzare le relazioni professionali
320 pp. | € 22,00 |
eBook € 15,99 |

Luca Mazzucchelli
Fattore 1%
Piccole abitudini per grandi risultati
288 pagine | 51123A | € 20,00 |
eBook € 14,99 |

Luca Mazzucchelli
L'era del cuore
Come trovare il coraggio per essere felici
208 pagine | 81294J | € 22,00 |
eBook € 14,99 |

Luca Mazzucchelli
Psicologia a strappo
60 pensieri da leggere, conservare e condividere con le persone che ami
128 pagine | 50738A | € 16,00 |

Kelly McGonigal
Il lato positivo dello stress
Perché lo stress fa bene e come sfruttarlo al meglio
320 pagine | 95565G | € 24,00 |
eBook € 14,99 |

Kelly McGonigal
La forza di volontà
Perché è importante e cosa puoi fare per migliorarla
320 pagine | 95688K | € 20,00 |
eBook € 14,99 |

Kelly McGonigal
La gioia di muoversi
Come l'esercizio fisico aiuta a trovare la felicità, la speranza e il coraggio
256 pagine | 81293S | € 22,00 |
eBook € 16,99 |

Matthew McKay, Jeffrey C. Wood
e Jeffrey Brantley
La terapia dialettica comportamentale
Esercizi pratici
432 pp. | € 28,00

George H. Mead
Mente, sé e società
512 pagine | 97261Z | € 22,00 |
eBook € 9,99 |

Margaret Mead
L'adolescenza in Samoa
272 pagine | 54948H | € 16,00 |
eBook € 10,99 |

Luciano Mecacci
Lev Vygotskij
Sviluppo, educazione e patologia della mente
176 pagine | 68404X | € 18,00 |
eBook € 12,99 |

Douglas Miller
Engagement
112 pagine | 95540F | € 8,00 |
eBook € 5,99 |

D. Mosquera e A. González
EMDR e disturbo borderline di personalità
352 pagine | 64005U | € 28,00 |

George Mumford
La mentalità vincente
I segreti per superare le sfide più grandi nello sport e nella vita
176 pagine | 95447J | € 15,00 |
eBook € 10,99 |

Donald Norman
La caffettiera del masochista
Il design degli oggetti quotidiani
(nuova edizione ampliata)
336 pagine | 95739N | € 22,00 |

Alberto Oliverio
Il cervello che impara
Neuropedagogia dall'infanzia alla vecchiaia
128 pagine | 69056Q | € 16,00 |
eBook € 9,99 |

Dan Olweus
Bullismo a scuola
Ragazzi oppressi, ragazzi che opprimono
148 pagine | 84692H | € 9,50 |

James Overholser
Il metodo socratico in psicoterapia
368 pp. | € 28,00 |
eBook € 19,99 |

Jo Owen
Avere successo
Da buon manager a grande leader
320 pagine | 95464B | € 20,00 |
eBook € 14,99 |

Jo Owen
Il manager globale
Come raggiungere prestazioni elevate
368 pagine | 95445G | € 19,50 |
eBook € 13,99 |

Jo Owen
I miti della leadership
Liberatevi dai pregiudizi per diventare grandi leader
320 pagine | 95690M | € 20,00 | e
Book € 14,99 |

B. Paoli ed E. Parpaglione
Manuale delle tecniche psicologiche
416 pp. | € 30,00 |
eBook € 21,99 |

Tony Peacock
Feedback a 360°
128 pagine | 93984S | € 6,90 |
eBook € 4,99 |

Guido Petter
Amicizia e innamoramento nell'adolescenza
288 pagine | 86463L | € 9,50 |
eBook € 6,99 |

Guido Petter
Dall'infanzia alla preadolescenza
360 pagine | 34101J | € 21,69 |

Guido Petter
Il bambino impara a pensare
(nuova edizione)
288 pagine | 54033V | € 22,00 |

Jean Piaget
Il giudizio morale nel bambino
448 pagine | 93964R | € 9,50 |
eBook € 6,99 |

Jean Piaget
Psicologia dell'intelligenza
224 pagine | 93034G | € 12,00 |
eBook € 8,99 |

K. S. Pope, J. N. Butcher
e S. Joyce.
A cura di D. Berto
MMPI, MMPI-2 e MMPI-A in tribunale
704 pagine | 83700D | € 100,00 |

Michael Port
TU: il migliore promotore di te stesso
Il metodo più veloce e più efficace per trovare più clienti di quanti ne possiate gestire
368 pagine | N00012 | € 22,00 |

Daniel Priestley
Tutto esaurito
Come avere la coda di clienti fuori dalla porta
192 pagine | 95448K | € 14,50 |
eBook € 10,99 |

Joe Pulizzi e Robert Rose
Uccidi il marketing
Come trasformare i costi del marketing in profitti
240 pagine | 95570M | € 20,00 |
eBook € 14,99 |

Fabrizio Quattrini
Il piacere maschile
#sessosenzatabù
256 pagine | 66943X | € 18,00 |
eBook € 12,99 |

Fabrizio Quattrini
Parafilie e devianza
304 pagine | 63233N | € 24,00 |
eBook € 16,99 |

Giovanni Paolo Quattrini
Per una psicoterapia fenomenologico-esistenziale
448 pagine | 54032H | € 29,00 |
eBook € 20,99 |

Giuseppe Riva
e Andrea Gaggioli
Realtà virtuali
Gli aspetti psicologici delle tecnologie simulative e il loro impatto sull'esperienza umana
176 pagine | 95744T | € 18,00 |
eBook € 12,99 |

Carl R. Rogers
La terapia centrata-sul-cliente
368 pagine | 55804T | € 24,00 |

Carl R. Rogers
Un modo di essere
400 pagine | 55398E | € 24,00 |

Hermann Rorschach
Psicodiagnostica
184 pagine | 94947N | € 34,00 |

J. Rust, M. Kosinski e D.Stillwell
Misurare la psiche
La psicometria contemporanea
288 pagine | 53316A | € 50,00 |
eBook € 35,99 |

A. Salvini e M. Dondoni
Psicologia clinica dell'interazione e psicoterapia
416 pagine | 54751S | € 29,00 |

Alessandro Salvini, Antonio Ravasio e Tania Da Ros
Psicologia clinica giuridica
560 pagine | 87032Y | € 34,00 |

Frank Scott-Lennon
Valutazioni
104 pagine | 94479X | € 6,90 |
eBook € 4,99 |

Hanna Segal
Introduzione all'opera di Melanie Klein
192 pagine | 61694P | € 18,00 |

Martin E. P. Seligman
Il circuito della speranza
Il percorso dell'uomo che ha aperto la psicologia all'ottimismo
512 pagine | 95609C | € 24,00 |

Martin E. P. Seligman
Imparare l'ottimismo
Come cambiare la vita cambiando il pensiero
384 pagine | 60184X | € 22,00 |

Federica Sibilla
e Chiara Imperato
Amore online
Le relazioni sentimentali ai tempi del Web
FL6010 | eBook € 9,99 |

Andrea Smorti
Narrazioni
Cultura, memorie, formazione del Sé
208 pagine | 83968H | € 14,00 |
eBook € 9,99 |

Michele Spaccarotella
Il piacere digitale
#Sex&TheSocial
272 pagine | 80753Z | € 22,00 |
eBook € 14,99 |

René A. Spitz
Il primo anno di vita del bambino
160 pagine | 93036C | € 8,50 |
eBook € 5,99 |

Dorothy Spry
Coaching cognitivo-comportamentale
112 pagine | 95544K | € 8,00 |
eBook € 5,99 |

Steven J. Stein e Paul T. Bartone
Resistere
Come utilizzare lo stress per raggiungere i tuoi obiettivi
400 pagine | 83608R | € 24,00 |
eBook € 16,99 |

Scott Stossel
Ansia
Paure e speranze alla ricerca di una pace interiore
448 pagine | 95584B | € 23,50 |
eBook € 16,99 |

R. Talmelli, S. Pallanti, G. Bormolini e G. Nardone
Ossessioni e compulsioni
Le ritualità propiziatorie tra neuroscienze, demonologia e psicoterapia
224 pagine | 50500A | € 18,00 |
eBook € 12,99 |

John Tierney e Roy F. Baumeister
Il potere del male
Come controllare il pregiudizio della negatività
352 pp.| 51424A | € 28,00 |
eBook € 24,50

F. Tramonti e A. Fanali
Identità e legami
La psicoterapia individuale a indirizzo sistemico-relazionale
192 pagine | 56855Z | € 18,00 |

Daniela Villani e Stefano Triberti
La personalità online
Tracce digitali dell'identità
192 pagine | 95585C | € 19,50 |
eBook € 13,99 |

Lev S. Vygotskij
Pensiero e linguaggio
304 pagine | 55071M | € 18,00 |
eBook € 5,99 |

Lev S. Vygotskij
Storia dello sviluppo delle funzioni psichiche superiori
256 pagine | 93037M | € 8,50 |
eBook € 5,99 |

Janine Waldman e Paul Z Jackson
Resilienza
128 pagine | 95543J | € 8,00 |
eBook € 5,99 |

Max Wertheimer
Il pensiero produttivo
448 pagine | 80285Y | € 22,00 |
eBook € 14,99 |

Donald W. Winnicott
Dalla pediatria alla psicoanalisi
448 pagine | 95444F | € 30,00 |
eBook € 15,99 |

Philip Zimbardo
Zimbardo
Memorie di uno psicologo
352 pagine | 83556G | € 26,00 |
eBook € 17,99 | (disponibile anche in inglese, francese, tedesco e spagnolo)

Philip Zimbardo e John Boyd
Il paradosso del tempo
La nuova psicologia del tempo che cambierà la tua vita
416 pp. | 51124A | € 24,00 |
eBook € 20,72 |

Philip Zimbardo e Shirley Radl
Il bambino timido
272 pp. | 52408A | € 22,00 |
eBook € 15,99 |

Philip Zimbardo e Rosemary Sword
Vivere e amare
Guarire dal passato, abbracciare il presente, creare il futuro ideale
256 pagine | 95714M | € 20,00 |
eBook € 14,99 |

Philip Zimbardo, Richard Sword e Rosemary Sword
La cura del tempo
Superare i disturbi post-traumatici con la nuova psicologia della Prospettiva Temporale
352 pagine | 95578V | € 24,00 |
eBook € 16,99 |